Claudia Kloihofer

Signale des Körpers

Claudia Kloihofer

SIGNALE
DES KÖRPERS

Wie Sie besser leben, wenn Sie
Ihrer inneren Stimme vertrauen

GOLDEGG
VERLAG

Bildrechte Autorenfoto: Privatfoto
Bildrechte Umschlag: David Humphrey, Fotolia.com

Der Goldegg Verlag achtet bei seinen Büchern und Magazinen auf nachhaltiges
Produzieren. Goldegg Bücher sind umweltfreundlich produziert und
orientieren sich in Materialien, Herstellungsorten, Arbeitsbedingungen und
Produktionsformen an den Bedürfnissen von Gesellschaft und Umwelt.

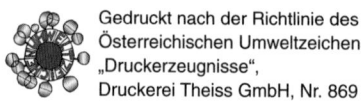 Gedruckt nach der Richtlinie des
Österreichischen Umweltzeichens
„Druckerzeugnisse",
Druckerei Theiss GmbH, Nr. 869

ISBN Print: 978-3-902903-76-1
ISBN E-Book: 978-3-903903-89-1

© 2014 Goldegg Verlag GmbH
Friedrichstraße 191 • D-10117 Berlin
Telefon: +49 800 505 43 76-0

Goldegg Verlag GmbH, Österreich
Mommsengasse 4/2 • A-1040 Wien
Telefon: +43 1 505 43 76-0

E-Mail: office@goldegg-verlag.com
www.goldegg-verlag.com

Layout, Satz und Herstellung: Goldegg Verlag GmbH, Wien
Druck und Bindung: Theiss GmbH

*Dieses Buch widme ich jenen Menschen
die mir besonders nahe sind:
Meinen Mann Wolfgang, meiner Familie
und meinen liebsten Freunden.
Durch ihre Fürsorge fühlte ich mich
gehalten, getragen und gekräftigt.
Sie lehrten mich die Liebe.
Weil ich diese Liebe kennen lernen durfte,
brauche ich nicht mehr zu kämpfen.
Ich erkannte, dass wir unser Leben selbst
erschaffen und lernen können, damit
eigenverantwortlich umzugehen.
Meine Begehrlichkeiten traten
zurück, mein Wollen endete.
Stattdessen bin ich nun bereit, mehr
dem Fluss des Lebens zu vertrauen.
Mein Herz und mein Bauch sind
bedeutende Ratgeber geworden.
Ich fand den Mut, meiner Intuition zu folgen
und die Signale meiner inneren Stimme
ernst zu nehmen.
Ich danke euch … durch eure Liebe
bin ich endlich angekommen!*

*Den Garten des Paradieses bettritt man nicht
mit den Füssen, sondern mit dem Herzen.*
(BERNHARD VON CLAIRVOUX)

Inhaltsverzeichnis

Vorwort oder:
der Prozess des Wollens …

Der Weg, den ich in diesem Buch beschreibe, nämlich jener zu mir selbst, begann mit meinem eigenen „Verlauf des Wollens" … Drei Jahre lang hielt er mich in Atem, rüttelte an meinen inneren Türen und bewegte mich wie ein Blatt im Sturm. Das Geschehen, während dessen sich dieses „Wollen" immer mehr verabschiedete, war vielfältig. Es handelte vom Kampf des „Ich sollte", „Ich müsste" und von dem, „Was ich gerne hätte". Was während dieser Zeit passierte, war überraschend und für mich zum Teil sehr überwältigend.

Das große Geschenk, das ich dadurch in meinem Herzen verspürte, ließ sich erst viel später erkennen. Es bedurfte der Erfahrung, die nur aus dem Erleben entstehen kann, um es in Händen halten zu können. Viele überhörte Signale vor meinem Unfall, die mir als liebevolle Hinweise auf diesem Weg dienten, fügten sich erst im Nachhinein zu einer kostbaren Perlenkette zusammen.

Würden wir es fertigbringen, uns von den kreisenden Gedanken in unserem Kopf zu lösen, könnte unsere innere Weisheit ein besserer Ratgeber werden. Wir könnten die Antworten in unserem Inneren finden, statt sie im Außen zu suchen. Der Kopf wäre ohne die tausend Ideen, die das „Ich will" als Basis haben, frei und unbelastet. Ohne das „Wissen wollen", das „Haben wollen", das „Erreichen wollen" wären wir offen für die Signale, die sich um uns herum zeigen.

Das Flüstern der Stimme, die uns warnt, hören wir nur, wenn wir sozusagen den Verstand „verlieren" oder zumindest leiser drehen und wach werden für das Jetzt, den Augenblick. Unser Denken ist offenkundig immer schon und immer noch aus der Vergangenheit bestimmt. Denn viele Gedanken erinnern uns an Erlebtes von gestern oder sind Muster unserer Eltern, die wir übernommen haben. Unser Verstand produziert Wissen und speichert Informationen. Meist geht das Wissen über das hinaus, was zum Handeln nötig ist. Im Gegenteil, zu viel Wissen lähmt das Handeln, weil wir so viele Optionen erkennen können und diese gegeneinander abzuwägen versuchen. Hin und her gedacht stecken wir dann auch noch fest – im Wollen. Diese Mischung aus Wissen und Wollen ist manchmal der Beginn des Scheiterns, weil wir den Zufälligkeiten und den Warnungen zu wenig Beachtung schenken.

Wir könnten erkennen, dass Situationen eigentlich nicht so „laufen", wie wir uns das wünschen würden. Der Traumjob zum Beispiel, der sich als Fiasko entpuppt, weil der neue Chef andere Umsetzungspläne hat, die einem so gar nicht in das eigene Welt- oder Menschenbild passen. Doch weil wir etwas erreichen wollen, eine Karriere anstreben, möglicherweise noch jung und unerfahren sind, warten wir ab und denken: „Es wird schon besser werden." Wir nehmen innere Warnungen und äußere Signale einfach nicht wahr. Unterdessen wird alles schlimmer und die Belastungen erhöhen sich, die Motivation erstickt und viel zu spät realisieren wir, dass der persönliche Traum, den wir so gerne umsetzen wollten, zerplatzt. Nicht selten finden wir uns enttäuscht oder ausgebrannt auf der Suche nach einem neuen „Wollens-Traum" wieder. Das Spiel beginnt von vorn. Diese Begehrlichkeiten entlarvte schon Buddha als die leiderzeugenden Irrtümer des Menschen.

Oder nehmen wir das Beispiel eines Projektes mit mehreren Beteiligten heraus, bei dem anfangs alles wie am Schnürchen lief, Vereinbarungen korrekt eingehalten wurden, Ideen und Treffen völlig stimmig und glatt vonstattengingen. Plötzlich und völlig überraschend begann das Vorhaben zu stagnieren, eine Förderung fiel aus oder ein Finanzier sprang ab und die Bank wollte auf einmal noch mehr Sicherheiten. Ab diesem Moment gestaltete sich alles zäh und die inneren Stimmen und die Zweifel, die nach dem Abbruch des Projekts riefen, begannen sich zu entwickeln. Termine mussten verschoben werden, unvorhergesehene Schwierigkeiten tauchten auf und jede Menge Hindernisse stellten sich allen in den Weg. Alles begann unglaublich zu stocken und die Sorgen, wie das wohl alles zu schaffen sei, wurden immer größer. Nach langen Mühen und verschiedenen Versuchen gestanden sich alle das Scheitern ein. Geld, Nerven und Menschlichkeit blieben auf der Strecke. Wenige Monate später erwies sich dieser Abbruch des Projektes als Gewinn, denn er bewahrte die meisten vor dauerhaften größeren finanziellen und gesundheitlichen Schäden. Was für ein Glück, wenn wir in so einem Fall doch auf die klaren Signale geachtet haben!

Auch in Beziehungen könnten wir die Zeichen erkennen und rascher handeln, wenn die Partnerschaft nach mehreren Jahren des Zusammenlebens eher monoton und routinemäßig zu werden beginnt, die Partner sich nichts mehr zu sagen haben oder nebeneinander her leben. Dann, wenn die Zeit, in der sie sich bemühen, gemeinsam etwas zu unternehmen, von Streit und Auseinandersetzungen gepflastert ist. Wenn die Momente der Harmonie weniger werden, aber es doch noch nicht so unerträglich ist, dass es gar nicht mehr auszuhalten zu sein scheint. Selbst wenn das gemeinsam erworbene Heim gepflegt ist und beide stolz macht, kann das Feuer einer Beziehung unter einer dicken Ascheschicht begraben sein.

Wann ist also die „richtige" Zeit zu handeln? Wann ist es sinnvoll, die Glut unter der Asche zu suchen und nach anderen Lösungen Ausschau zu halten? Wann ist es nötig, das Festhalten und das Wollen gegen Loslassen und Umänderung zu vertauschen? ... Spätestens, wenn die Zeichen deutlich auf Veränderung stehen, heißt es, sich zu öffnen und der inneren Führung zu vertrauen, denn sie steuert die passenden Hilfen für die Entscheidungen bei.

Beispiele für unbedingtes Wollen und Festhalten gibt es viele. Genuss, Wohlergehen, Ehrgeiz oder Sicherheit sind Wurzeln dieser Glückssuche. Im Wirtschaftsleben erhält man jede Menge davon. Ein Verlag baute auf eine tolle neue Story, einen Auftrag, der Millionengewinne abwerfen würde. Anfangs zog das Thema und die Begeisterung alle in den Bann, die Beteiligten legten lange Nachtschichten ein, denn die Motivation trieb sie dazu, weiter und tiefer in den Prozess des Entwickelns einzusteigen. Ab und zu wurden warnende Stimmen laut, die auf den einen oder anderen Irrtum hinwiesen, doch im Eifer der Umsetzung wurden sie einfach nicht gehört. Es entwickelte sich eine Gruppendynamik, bei der sich der eine durch den anderen anstecken und von jedem Zweifel ablenken ließ. Monate später platzte die Illusion vom großen Geschäft, alles entpuppte sich als Täuschung und kostete das Unternehmen Millionen Euros. Hätte man das nicht früher erkennen können? Gab es Hinweise und Signale, die darauf hindeuteten? Ja, die gab es, doch der Wunsch „die Story" zu haben und mit ihr das große Geld zu verdienen, war mächtiger.

„Das Wollen", das immer nach „noch mehr, noch besser und noch perfekter" strebt, macht blind und taub für die vielen Signale, die wir erkennen können. Dieses Wollen verhindert, dass wir sehen, welche Möglichkeiten es noch gibt. Es macht blind und taub für innere Führung.

All diese Beispiele haben eines gemeinsam: das Festhalten an einem gesetzten Ziel oder an einer Situation. Das Erzwingenwollen von etwas. Der Reiz des Erfolgs, die damit verbundene Macht, das verheißungsvolle Prestige sind Bestandteile vieler Täuschungen. Zu wichtig ist der Wunsch, dadurch Bewunderung zu erhalten und unweigerlich ist damit auch die Angst vor dem Versagen verbunden. Eine sich selbst erfüllende Prophezeiung.

Den großen Crash, der bei vielen in Form von Burnout, Herzinfarkt, Schlaganfall oder aber plötzlichen Unfällen folgt, hätte man wahrscheinlich verhindern können. Die Scherben in den Herzen der Menschen, die hohen Summen an verloren gegangenem Geld und die zerplatzten Blasen der Illusion stellen die Betroffenen vor eine bittere Realität. Zurück bleiben Fragen, die sich viele erst dann erlauben, wenn es zu spät ist: Warum haben wir das nicht bemerkt? Hätte ich früher aussteigen können und damit gröberen Schaden oder einen finanziellen Verlust vermeiden können? Wann wäre der richtige Zeitpunkt gewesen, um etwas zu erkennen?

Vielleicht liegt die Lösung dafür, dass wir das „Wollen" einfach einmal lassen, in etwas ganz Schlichtem. Mag sein, dass es so gewöhnlich und einfach erscheint, dass wir nicht daran glauben können. Denn auch hinter dieser Schlichtheit liegt ein Missverständnis. Wir alle haben gelernt, dass Erfolg uns „nicht geschenkt" wird. Wenn wir etwas erreichen wollen, muss das schon schwer gehen. Deshalb sind wir immer auf der Suche. Wir suchen das, was uns zufrieden machen soll, im Geld, das wir verdienen, im Image und in der Anerkennung durch andere. Wir werden blind für das, wonach wir uns eigentlich sehnen, dafür, was uns wirklich guttut. Wir missachten alle Warnhinweise, die uns laut und deutlich sagen: „Stopp! Das ist nicht dein Weg!"

Ohne den alles überschattenden Einfluss des „Wollens",

können wir das wohlige Gefühl im Bauch wahrnehmen, das uns leitet, wenn wir eine Entscheidung suchen und noch unsicher sind. Wir bleiben achtsam für die inneren Zeichen.

Ich selbst habe mir angewöhnt, auf meine inneren Impulse zu hören und im Zweifel eher Nein zu sagen. Oft habe ich dann eine Entscheidung gegen etwas gefällt, das ich zuerst unbedingt haben wollte. Zum Beispiel lehnte ich einen Auftrag ab, den ich wirklich dringend gebraucht hätte. Die „Chemie" zwischen dem Auftraggeber und die Einstellung gegenüber Menschen passten nämlich so gar nicht zu meinem Menschenbild. Anfangs war ich darüber noch irritiert und unsicher, richtig gehandelt zu haben. Bald jedoch bot sich mir eine andere Gelegenheit. Mich rief ein Kunde an und offerierte mir eine langfristige Zusammenarbeit. Hätte ich damals den Auftrag nicht abgelehnt, hätte ich keine Zeit für einen neuen Kunden aufbringen können. Also erhielt ich die Gelegenheit, bei der ich meinem klaren Ja vertraute. Die abgelehnte Zusammenarbeit erwies sich letztlich als nicht ideal für mich und das festigte mein Vertrauen in meine Intuition.

Basierend auf dieser inneren Gewissheit und Führung, sind wir mit Bestimmtheit in der Lage, Entscheidungen zu treffen und dazu zu stehen. Wir halten es leichter aus, gegen den „Strom" zu schwimmen, entgegen der Meinungen der Masse zu handeln. Auszusteigen aus dem Gänsemarsch, den andere vorgeben. Wir benötigen nicht mehr die Anerkennung oder die Anpassung an eine Norm, sondern stärken den Mut, ganz danach zu entscheiden, was wir *jetzt* wahrnehmen. Selbst Schuldgefühle verschwinden, wenn wir klar zu den Folgen des eigenen Handelns stehen.

Das Wollen trennt uns auch von einer enormen Ressource, dem „Nichtwissen". Im Nichtwissen werden wir offen für das, was mit dem Denken nicht zu erfassen ist. Anfangs meinen wir hilflos, verwirrt und ziellos zu sein. An jenem Punkt der inneren Hilflosigkeit, an dem wir das Wollen loslassen, empfinden wir Instabilität. Wir suchen nach Möglichkeiten und denken im Kreis, anstatt den Fokus der Aufmerksamkeit wie eine Videokamera zu verändern, die Gedanken anzuhalten und still zu werden. Wie ein Künstler, der den Mut hat, vor einer weißen Leinwand zu sitzen und zu warten, bis ihm etwas einfällt, bis ihn sozusagen die „Muse" küsst, könnten wir zulassen, dass „etwas" passiert und für uns eine gute und gangbare Lösung entsteht. Wir könnten lernen, darauf zu vertrauen, einmal nichts tun zu müssen und auch nichts tun zu wollen, sondern abzuwarten, zuzulassen und wachsam zu sein. Weg von der „eigenen" Geschichte, hin zum Leben ohne Wollen. Nur daraus kann sich dann etwas entwickeln, das den Verlauf der Sache oder eines Inhalts völlig zu verändern vermag. Die Begrenzungen unserer Vorstellungen verhindern die Möglichkeiten, die sich ergeben können, wenn wir uns darauf einlassen. Man könnte auch sagen, das „Wollen" verhindert, dass der Zufall die Regie übernehmen kann, dass etwas Größeres in unserem Leben passieren könnte, wenn wir nur dem Zufall eine Chance geben würden.

Hesse schrieb in Siddhartha: „Es gibt, oh mein Freund, nur ein Wissen, das ist überall. Es ist in mir und in dir und in jedem Wesen. Dieses Wissen hat keinen ärgeren Feind als das Wissen wollen."

Erst wenn wir die verstandesmäßigen Aktivitäten anhalten, verbinden wir uns mit diesem Wissen. Dann erst können wir die Stimme im eigenen Herzen hören und werden erkennen, wie sicher sie uns führt.

Ihre *Claudia Kloihofer*

Kapitel 1 Lebensspuren

Als sich mein Leben um 180 Grad drehte

6. 11. 2010, der erste Samstag im November und der 310. Tag des Jahres. Es war föhnig, fast sommerlich warm und sonnig, ganz ungewöhnlich für den fortgeschrittenen Herbst. Ein Tag wie aus dem Bilderbuch! Für jeden Naturfreund eine Einladung zum Genießen.

An diesem Tag blieb plötzlich und unvermittelt meine *persönliche Lebensuhr* stehen. Ich wurde durch eine Art „Blackout"-Erfahrung praktisch in ein neues Leben katapultiert. Eine Windböe, so stark und so überraschend, dass es unmöglich war, ihr zu entkommen, zwang mich anzuhalten, zu stoppen auf meiner Straße des Lebens.

Mein Motorrad prallte mit einem entgegenkommenden Auto beinahe frontal zusammen. Es ging alles blitzschnell! Während ich noch meine Fahrt genoss, mich über diesen außergewöhnlichen Tag freute, das Freiheitsgefühl in mich aufsog, geschah es: Zusammenstoß. Ohne zu bremsen, prallte ich in das entgegenkommende Auto. Noch heute erinnere ich mich an das dumpfe, heftige Geräusch. Ich schlitterte meterlang die Straße entlang und landete in einem der herbstlich beackerten Felder. Und dann: ein Augenpaar. Verwundert über ein Geschehen, das ich damals nicht realisierte, bat ich diese großen Augen, mir einen Arzt zu rufen, da mein Arm schmerzte. Sonst fehlt mir jede, wirklich jede Erinnerung!

Als ich zwölf Stunden später in einem Krankenbett der Intensivstation aufwachte, dämmerte mir, dass etwas Schreckliches passiert sein musste. Was? Warum? Keine Ahnung! Nichts als die Erinnerung an eine beglückende Motorradfahrt, mehr nicht.

Erst der Arzt, mein Mann und meine Familie erzählten mir, was passiert war und welche Folgen mein Zusammenstoß auf mich und meine Zukunft haben würde.

Systematisch suchte ich zuerst nach Bildern zum Unfallhergang in meinem Kopf. Doch da war nichts. Rein gar nichts. Ich hatte keine Ahnung, was passiert war, nur die Erinnerung an eine Motorradfahrt, die Spaß machte. Damals war das Motorradfahren ein willkommener Kontrast zu meinem beruflichen Stress, der mich Tag und Nacht bewegte, weil vieles nicht so, wie ich es mir wünschte, ablief. Mobbing im Job drängte mich an die Grenze meiner Belastbarkeit. Burn-out-Tendenzen und unspezifische körperliche Beschwerden, die wahrscheinlich durch meinen psychischen Stresszustand hervorgerufen wurden – daran erinnerte ich mich. Doch ein Verkehrsunfall mit schweren körperlichen Folgen schien mir zu diesem Zeitpunkt so unrealistisch wie Schnee im Sommer.

Schritt für Schritt wurde mir durch die Polizei, die behandelnden Ärzte und vor allem durch den einzigen weiteren Beteiligten, Franz, meinen „Unfallgegner", der Hergang geschildert. Selbst dann erschien mir alles, als würde ich einen Traum träumen, der wahrhaft schmerzvoll, aber nie real geschehen war. Zu Tränen rührte mich Franz, als er mir bei seinem ersten, nicht selbstverständlichen Besuch zwei Wochen nach dem Unfall, einen kleinen Schutzengel schenkte. Dieses kleine, liebenswürdige Symbol sollte vermutlich auch ihn selbst versinnbildlichen und auf meine persönliche „Helferbrigade" hinweisen, die an jenem Tag besonders sorgsam im Einsatz gewesen war. Franz war nicht nur mein persönlicher Beschützer, sondern er half mir, mein Unfallpuzzle zu einem ganzen Bild zusammenzusetzen. Mit Schrecken und angstgeweiteten Augen erinnerte er sich, wie er mich auf sein Auto zukommen sah. Seine Ausweichmanöver misslangen! Ich zeigte keine Reaktion, keines seiner Signale nahm ich wahr, nichts. Rollend, fast stehend, musste er am Fahrbahnrand hilflos mitansehen, wie ich auf seinen Wagen zusteuerte, ungebremst und reaktionslos.

„In diesem Moment hatte ich nur ein Bild im Kopf: Dieser Fahrer fährt in seinen Tod!", meinte er und dabei standen noch immer Tränen in seinen Augen. Die Angst und die Verzweiflung, die ihn damals gequält hatten, schilderte er unter höchster Anspannung. Denn auch sein Leben war akut gefährdet gewesen und damit die Zukunft seiner beiden Söhne und seiner Familie.

Durch seine oftmaligen, herzlichen Besuche und Erzählungen konnte ich den Hergang und die Abläufe langsam zusammensetzen, jedoch noch lange nicht verstehen. Franz füllte meine Gedächtnislücken und erleichterte damit sich und sein eigenes erlebtes Trauma. Unsere Gespräche halfen, das heftige und traumatische Erlebnis zu verarbeiten. Gott sei Dank ist ihm bei unserem Zusammenprall nur wenig passiert.

Natürlich habe ich mich oft gefragt, wie und warum es zu so einem schweren „Black-out-Unfall" kommen konnte. Hatte ich wichtige Hinweise und Zeichen des Lebens übersehen? War ich so unglücklich gewesen, dass mein Lebensmut erloschen war? Oder hatte das Schicksal einen Plan für mich bereitgehalten, den ich nicht erkennen konnte? Doch wer kennt schon den Plan des Schicksals?

9½ Stunden, die alles veränderten

9½ Stunden kämpfte der diensthabende Arzt, Dr. Alexander Raab, um die Erhaltung meines linken Armes nach dem Zusammenstoß. Der Arm war um neunzig Grad verdreht, blutete und war auf die Hälfte seiner Länge zusammengequetscht und gestaucht. Ihm hatte jeglicher Puls gefehlt. Wie durch ein Wunder gelang der Notärztin am Unfallort etwas Seltenes. Ganz gegen herkömmliche medizinische Regeln folgte sie ihrem „Bauchgefühl". Sie stabilisierte und schiente, renkte ein, korrigierte und holte dadurch auf dem Weg ins Krankenhaus den Puls in den Arm zurück. Ihrer Kompetenz und ihrer Intuition verdanke ich es, dass mein Arm nicht amputiert werden musste. Nur die Finger waren leider nicht mehr zu retten. Mittel-, Ring- und kleiner Finger mussten noch während der ersten Operation abgetrennt und mit Drähten stabilisiert werden.

In einer neuneinhalbstündigen Operation wurde mein Gliedmaß mit 62 Nägeln, drei großen Metallplatten und jeder Menge Drähte „geflickt". Unzählige Knochensplitter und Bruchstücke mussten wie ein Puzzle zu einem neuen Ganzen zusammengefügt werden. Zahlreiche Operationen folgten. Gehirnerschütterung, Milzriss, Becken-, Kreuzbeinbruch und Rippenbrüche machten mir zu schaffen. Bald folgten noch zwei Lungeninfarkte, anscheinend eine durchaus übliche Reaktion des Körpers nach schweren Polytraumata. Sie machten mir Angst, nahmen mir sprichwörtlich den Atem und versetzten mich tagelang in einen fieberhaften Zustand. Verzweifelt kämpften Ärzte darum, mich zu stabilisieren und meine Angehörigen rangen darum, mich nicht zusätzlich zu beunruhigen.

Zwei Monate verbrachte ich zuerst in der Intensivüberwachung und später in der Unfallstation des Landesklinikums Sankt Pölten. Unerträgliche Schmerzen in meinen amputierten Fingern, ein riesiges Hämatom am linken

Oberschenkel, blaue Flecken bis zu den Zehen machten mir Probleme und hielten Ärzteschaft und Pflegerinnen und Pfleger in Alarmbereitschaft.

Manchmal verzweifelt und vom Schmerz verzagt, hungerte ich nach menschlicher Wärme, nach Gehaltenwerden und nach liebevoller Zuwendung. Mein Sehnen und meine Hoffnung zentrierten sich auf ein Thema: „Alles wird gut werden!" Diese Hoffnungen wurden von meiner Familie liebevoll unterstützt. Tagelang saßen meine Schwestern, meine Mutter und mein Partner an meinem Krankenbett. Sie schenkten mir Kraft, Liebe und Zuversicht. Meine Familie rückte zusammen, sie war immer da, wenn ich Hilfe brauchte, und in unseren Herzen wurden die familiären Fäden noch fester verbunden.

Pfleger und Ärzte spendeten mir trotz Stress und karger Zeitressourcen Mut und Trost. Zart und feinfühlend nahmen sie mir meine Angst. „Perlen der Menschlichkeit" nenne ich sie. Selten, kostbar und unbezahlbar. Ich durfte so vielen Menschen begegnen, die meine Schmerzen an Körper und Seele auf ganz besondere Weise linderten. Ich lernte die Qualität der Herzen kennen, in einem System, das kaum Ressourcen und Zeit für mehr als medizinische Betreuung zur Verfügung hatte, und doch menschliche Zuwendung schenkte, die meiner Heilung so hilfreich war.

Da war die gute Fee, Schwester Christiane, die im Aufwachraum nach meinen vielen Operationen meine Schmerzen abschwächte und meinem quälenden Rücken zusätzlich eine Massage angedeihen ließ. Sie lagerte mich seitlich, steckte mir ein Kissen hinter meinen Rücken, bettete mich sanft, ließ meine Schmerzinfusion ein wenig schneller in die Blutbahn laufen und bescherte mir so den tiefsten und entspannendsten Schlaf, den ich je in einem Krankenhaus erleben durfte.

Oder meine Pflegerinnen und Pfleger, „Pflegeengel"

nenne ich sie, die Mitarbeiter der Unfallabteilung 2, die mich behutsam und ganz sanft betteten, meine Haare im Liegen wuschen, bürsteten, mich fütterten, mich im Bett wendeten. Vorsichtig und sachte – zu fünft mussten sie anpacken –, denn ich litt Höllenqualen. Fünf Wochen konnte ich ausschließlich starr auf dem Rücken verbringen, mich nicht bewegen, nicht drehen und mein linker Arm lag wie ein Fremdkörper, dick und schmerzend, neben mir. Meine Hand und die Fingerstümpfe hatten das Aussehen eines „Baseballhandschuhs". Die kleinsten Berührungen waren wie eine Folter für mich, trieben mir vor Schmerzen die Tränen in die Augen. Dazu kam die Scham über meine Stummel, die ich erst einmal annehmen und akzeptieren musste. Doch meine Pflegerinnen und Pfleger und die leitenden Ärztinnen und Ärzte waren da, bis ich meine ersten Schritte allein tun konnte. Nie werde ich die Freude und das Strahlen unserer Gesichter, von Schwester Leopoldine und mir, vergessen, als wir nach einem Monat des starren Liegens gemeinsam die ersten fünf Schritte vom Bett ins Badezimmer schafften.

Das Team der Physio- und Ergotherapie motivierte mich täglich bei seinen Besuchen. Jedes Mitglied des Teams spornte mich an, trotz Wundschmerzen bei meinem Versuch, die Fingerstümpfe zu bewegen, meine Übungen auszuführen oder brachte mich mit heiteren Sprüchen und ansteckender Fröhlichkeit zum Lachen. Obwohl Lachen damals genauso schmerzhaft war wie jede kleinste Bewegung meines geschundenen Körpers, taten mir diese Besuche sehr gut. Heute noch besuche ich diese Menschen gerne, wenn es meine Zeit erlaubt, denn ihre Heiterkeit schenkte mir und anderen Patientinnen und Patienten so viel Zuversicht, trotz der sehr ernsten Lage. Niemand von uns wusste, was die Zukunft bringen würde, doch in ihrem ständigen Bemühen und „Probieren", Bewegung in die Starrheit des Körpers zu bringen, war das Lachen die erste Hilfe, die die Starre auflöste und die Beweglichkeit des Geistes durch Lachen förderte. Ich danke euch!

Diese warme, menschliche Zuwendung half mir, nicht aufzugeben. Selbst dann nicht, wenn mir eine weitere schlechte Nachricht über meinen Genesungsverlauf oder Komplikationen und unendliche Schmerzen wieder einen harten Rückschlag erteilten.

Wochenlang hing ich am Dauerschmerzkatheter, an Cocktails von Schmerzmittelinfusionen, Opiaten und Morphinen. Sie linderten meinen physischen Schmerz und hielten mich in einer Art Dämmerzustand fest. Trotzdem konnte ich mich nur gelegentlich und zwischendurch innerlich entspannen. Denn in meinem Kopf dröhnten Fragen um Fragen. Wie konnte mir nur so ein Unfall passieren? Was habe ich in meinem Alltag übersehen? Schicksal oder Zufall? Ein Wink des Himmels? Doch vor allem brannte in mir die eine Frage: Was soll ich aus dieser Situation lernen? Heute weiß ich es, es war kein Wink, sondern ein Geschenk des Himmels.

Die monatelange Genesungszeit hat nicht nur meine Sicht auf das Leben, sondern meine ganze Lebenseinstellung und mein gesamtes Leben verändert. Mit unbewusster Lebensführung war es vorbei, als ich von einem Augenblick zum anderen und in vollem Umfang auf fremde Hilfe angewiesen war. An die Zuwendung gütiger und hilfsbereiter Menschen gebunden. Ich werde nie vergessen, wie ich nach dem Unfall jedem und wirklich jedem Morgen mit einem unermesslichen „Gefühl der Dankbarkeit" begegnete, weil ich lebte und weil mein Arm und meine linke Hand noch da waren. Weil ich keine Verletzungen an Kopf und Wirbelsäule hatte und weil ich nach jeder weiteren Morphiuminfusion schmerzfreie Augenblicke erleben durfte.

Verlust der Mitte – menschliche Verstrickungen und die Spirale der Negativität

Aufregende und heftige Zeiten vor meinem Unfall hatten mein Gefühlsleben durcheinandergewirbelt. In diesem Ozean emotionalen Aufruhrs stoppte das Leben und „lud mich höflich ein", mich von den negativen Gemütszuständen zu befreien, die sich seit einiger Zeit bei mir breitgemacht hatten.

Geboren aus dem Wunsch nach innerer Sicherheit, hatte ich meiner Selbstständigkeit als Unternehmensberaterin den Rücken gekehrt und einen fixen Job angenommen. Die vielen beruflichen Reisen in Österreich, Deutschland und der Schweiz und all das Auf und Ab, das eine Selbstständigkeit eben mit sich bringt, mochte ich nicht mehr. Meine neue und sehr erfüllende Beziehung mit Wolfgang sollte durch mehr Ruhe und Regelmäßigkeit eine Art „Krönung" erleben. Denn bis dahin war ich beinahe jede Woche in einem anderen Flugzeug, mehrere Tage in der Woche in Hotels und auf langen Autoreisen zu unterschiedlichen Orten, an denen ich meine Beratungen und Seminare abhielt, unterwegs gewesen. Daher war mir eine Anstellung als Personalentwicklerin in einem Textilunternehmen mit circa 800 Mitarbeitern gerade recht. Ruhe sollte sie mir bringen, Kontinuität und eine Art Stabilität. Leider kam es völlig anders.

Was mich als externe Unternehmensberaterin in den verschiedenen Betrieben besonders ausgezeichnet hatte, wurde in der Fixanstellung zur Schwäche. Jedes Unternehmen funktioniert nach einem eigenen System. Als außenstehende Beraterin gelang es mir meist sehr rasch, dieses interne System zu erfassen, Schwierigkeiten zu erkennen und Lösungen anzubieten. Doch nun war ich plötzlich selbst Teil eines Firmensystems. Ich wechselte also von der Beobachterin zur Beteiligten. Früher waren meine Kundinnen und Kunden Personalentwickler großer Konzerne, die mein Know-how einkauften. Durch meine Außensicht konnte ich so manche „Betriebsblindheit" beleuchten. Das war sogar erwünscht und ich wurde für meine Fachkompetenz gelobt und bezahlt. Als Beobachterin eines Systems und mit den Erfahrungen unterschiedlicher Branchen brachte ich „frischen Wind" in festgefahrene Systeme. Jetzt wechselte ich die Position. Und mich ereilte das gleiche Schicksal so mancher Mitarbeiterinnen und Mitarbeiter, die sich überwiegend um interne „Selbstorganisation" und Querelen kümmern mussten. Das System schluckte meine Neutralität, machte mich persönlich und fachlich zu einer Beteiligten und verschlang damit die Ressource meiner Schaffenskraft. Viele hierarchische Wege, übergreifende endlose Meetings, langwierige oder keine Entscheidungen kosteten Zeit und raubten mir Energie. Bald fand ich mich auch inmitten menschlicher Verstrickungen und vor allem in Machtspielen wieder.

Meine Intuition warnte mich, ich spürte, was los war, aber ich konnte es nicht aussprechen. Oder traute ich mich damals noch nicht? Meine innere Stimme riet mir, so schnell wie möglich wieder auszusteigen, der Sicherheit den Rücken zu kehren und meine Karrierepläne innerhalb eines Konzerns über Bord zu werfen. Ich hatte mich schon lange an das Leben als „Freigeist" und Selbstständige gewöhnt. Doch scheinbar hatte der Prozess meines „Wollens" ganz schleichend das Kommando übernommen: „Eine tolle Marke, für die du da arbeiten kannst ..., das schaffst du ..., Aufgeben heißt verlieren ..., schmeiß nicht alles so schnell hin ..., kannst du nicht einmal Beharrlichkeit zeigen?", forderte und polterte der Verstand. Er übertönte die zarte Warnung tief in mir, die das sinnlose Unterfangen erkannte.

Mein Tätigkeitsbereich, der zu Beginn meiner Anstellung definiert worden war, drohte sich aufgrund eines Geschäftsführerwechsels plötzlich zu verändern. Unklare, vage Aussagen und Jobaufträge sorgten, nicht nur bei mir, sondern auch bei vielen meiner Kollegen, für Verwirrungen. Alles im Unternehmen war im Umbruch, und ich noch zu „neu", um Gehör zu bekommen.

Mein Gefühl, jener sensible Sensor, der mich bisher in meiner Beraterinnentätigkeit erfolgreich gemacht hatte und so hilfreich gewesen war, arbeitete jetzt gegen mich. Ständig stellte ich Missstände im Firmensystem fest. Doch mir gelang es nicht, die zuständigen Menschen darauf anzusprechen. Alle meine Lösungsideen mussten auf Gelegenheiten und Möglichkeiten warten, um gehört zu werden. Gespräche mit der Geschäftsleitung, die letztlich für das Chaos im Unternehmen verantwortlich waren, fanden nie statt oder wurden lange hinausgeschoben. Es gab niemanden, dem ich meine professionelle „Human-Ressource-Sicht", meine Erfahrungen als Beraterin und meine positiven Entwicklungsvorschläge vermitteln konnte. Die Führung kümmerte sich um Kosten und Bilanzen, doch für die Menschen und deren Herzens- und Seelenleid nahm sich niemand Zeit.

Während ich Wertschätzung und gemeinsame Entwicklung in den Vordergrund rückte, bestimmte die neue Führung, was zu geschehen hatte, ohne auch nur im Geringsten andere miteinzubeziehen. Ihnen schien die Angst um ihre eigene Position wichtiger zu sein als ihre Mitarbeiter. Hinter vorgehaltener Hand wurden Intrigen gesponnen. Meine Haltung Menschen gegenüber war völlig konträr zu jener des neuen Vorstandsvorsitzenden. Auf mich prasselte eine Fülle an Hierarchien, Unmenschlichkeit und Verschlossenheit ein, mit der ich nach meinen ersten Einstellungsgesprächen nicht gerechnet hatte. Die Änderung der Führung änderte auch meine Jobbeschreibung, für die ich drei Monate zuvor voller Begeisterung eingestellt worden war. Ich reagierte viel zu langsam, denn zuerst wartete ich noch voller Neugier, wohin sich die Führung entwickeln wollte. Hätte ich nach den ersten zwei Monaten meiner Anstellung gleich auf ein neuerliches Abstimmungsgespräch gedrängt, um Grundsätzliches zu klären und nachzubessern, wäre mir so manches erspart geblieben. Doch die Umstände ließen so ein Gespräch nicht zu. Oder war mir mein „Wollen" im Weg?

Vernichtung des „humanitären Kapitals" scheint in einigen Betrieben alltäglich zu sein. Während einige Unternehmen mithilfe von externen Beratern versuchen, Fehler auszumerzen, Mitarbeiter zu motivieren und effektiver zu werden, schienen in diesem Unternehmen Managementtheorien anders verstanden und gelebt zu werden.

Vorbei mit dem modernen, sozialen Unternehmertum! Der Mensch wurde zum „Budgetposten" und deshalb behandelt wie im frühen Mittelalter. Jede Menschlichkeit versteckte sich hinter Zahlen, Aktivitäten, Finanzplänen und Controllingmaßnahmen. Das Einbeziehen der Mitarbeiter in Entwicklungen, um Fehlerquellen, Angst und Demotivation zu verhindern, war hier unmöglich. Die klare und deutliche Kommunikation der Leitung an die Belegschaft, dass etwas direkt angesprochen werden kann, gehört bei internen Veränderungen zu einem „Must-have".

Denn Mitarbeiter übernehmen in einem modernen Unternehmen gerne Verantwortung und werden zu Höchstleistungen angespornt, wenn eine Unternehmenskultur gebildet wird, in der:

… man Fehler machen darf,

… sich jeder gestaltend einbringen darf, ganz nach seinen/ihren Stärken,

… offen und flexibel kommuniziert wird,

… Probleme gemeinsam gelöst werden,

… Menschen den Blick auf Möglichkeiten sehen lernen, anstatt in einer engen Problemsicht zu verharren,

… die innere Haltung und das Wissen lebendig sind und

... in der wir die meisten Angelegenheiten gemeinsam ausarbeiten.

Doch in dieser Firma wurde das Gegenteil gelebt. Die Menschen der mittleren Führungsebene waren mehr mit sich, mit ihren internen Rangkämpfen und dem Intrigenschmieden beschäftigt. Sie hatten kaum mehr Zeit für ihre eigenen Aufgaben. Alle im engsten Führungskreis wollten nur eines: sich besonders profilieren und bei der neuen Führung punkten! Meeting über Meeting wurde abgehalten und deren Inhalte blieben geheim. Das schürte die „Gerüchtebörse" und die Angst, den Job zu verlieren, stieg mit jedem Treffen der Führung. Es gab Unruhe und Verunsicherung. Das Unternehmen bereitete sich auf einen Verkauf vor, daher wollte man mit „geschönten" Zahlen einen besseren Preis erzielen. Alles war geheim, trotzdem spürte jeder Einzelne im Unternehmen, was los war, und eine enorme Unsicherheit entmutigte viele meiner Kollegen und Kolleginnen. Laut einer Studie aus dem Kalenderjahr 2011 kosten unmotivierte Mitarbeiter deutsche Firmen über 122 Millionen Euro pro Jahr. Der Firma entging also eine Menge an Geld, das so dringend gespart werden sollte, doch das wurde von der Geschäftsleitung nicht erkannt.

Meine Ideen und Vorschläge wurden zum unangenehmen Hindernis im Kampf um die Gunst der Geschäftsleitung.

Als Personalentwicklerin sollte ich eine neue Mitarbeiterakademie aufbauen und Motivation und Begeisterung in den Vordergrund rücken helfen. Meine direkte Vorgesetzte begann, mich beinahe täglich zu kontrollieren und zu spät bemerkte ich ihren persönlichen Kampf um ihre eigene Position und damit gegen alle potenziellen Kontrahenten. Anfangs war ich noch hoch „motiviert" und erkannte das Machtspiel nicht, welches sich anbahnte.

Ich hätte allerdings auf Gespräche bestehen sollen. Meine warnenden, inneren Stimmen überhörte ich aus Eifer, Dienstbeflissenheit und Ehrgeiz. Sie mahnten mich schon in den ersten drei Monaten und rieten mir auszusteigen oder die unklaren und kontroversen Aufgabenverhältnisse sofort klarzustellen.

Die Veränderungen in der Firma nahmen unbarmherzige Formen an. Langjährigen Mitarbeiterinnen und Mitarbeitern wurde gekündigt, Arbeitsstunden wurden einfach reduziert und Einzelbüros zu Großraumbüros umgebaut, obwohl dies die Kollegen durch den störenden Lärmpegel und die Einflüsse der Umgebung bei ihrer Arbeit einschränkte. Mitarbeiterinnen und Mitarbeiter saßen immer häufiger an meinem Schreibtisch und klagten ihr Leid und ihre Ängste. Trotz meiner kurzen Zugehörigkeit zum Unternehmen litt ich mit den Menschen und wurde selbst rasch in den Bann der unmenschlichen Machenschaften gezogen.

Der Druck, der auf allen lastete, war spürbar. Doch er wurde von der Geschäftsleitung nicht wahrgenommen, sondern ignoriert. Niemand lehnte sich auf, aus Angst davor, den Job zu verlieren! Mehr denn je versuchten sich die Mitarbeiter den Gegebenheiten zu unterwerfen. Zuständigkeiten und Aufgaben wurden ohne vorherige Absprache verändert. Termine der Mitarbeiter mit der Leiterin der Personalabteilung, meiner Vorgesetzten, waren herzlose Entlassungsgespräche oder an Bedingungen geknüpft, die für den Einzelnen unzumutbar und kaum akzeptabel waren. Nicht selten folgte die Selbstkündigung. Eine Taktik, die der Firma Geld sparen helfen sollte, welches dann für andere haarsträubende Entscheidungen völlig unnötig wieder ausgegeben wurde, scheinbar willkürlich und intransparent. Die Motivation der Mitarbeiterinnen sank weiter und die Unsicherheit wurde immer größer, weil die Firmenleitung keine klare Ausrichtung kommunizierte. Niemand wusste, wohin das große Firmenschiff steuern sollte! Teil eines solchen Firmensystems zu sein kann uns buchstäblich blockieren und unsere Sinne trüben. Ganz unbemerkt fand ich mich mitten in einer Machtdemonstration meiner Vorgesetzten wieder. Die Erledigung meiner Arbeit wurde mir sehr schwer gemacht. Viel zu spät bemerkte auch ich, dass ich in die Negativspirale mitverwickelt wurde und einfach kein Gehör fand. Das schien mich fast zu paralysieren.

Als Teil eines mächtigen Firmensystems wird scheinbare Sicherheit mit Abhängigkeit bezahlt. Der Blick fürs Wesentliche wird durch übertriebenen Ehrgeiz getrübt. Letztlich musste ich realisieren, nichts für das Ganze tun zu können, sondern nur kleiner, hilfloser Teil eines mächtigen Konzerns zu sein, an deren Spitze die Zahlen mehr Wert haben als der Mensch, obwohl mir beim Einstellungsgespräch das Gegenteil zugesichert worden war.

Unter dem Mäntelchen der „Neustrukturierung" wurde gekündigt, unkonkret und vage kommuniziert, ohne zu sagen, wohin das Schiff steuern solle. Dabei hätte Klarheit und eine konkrete und deutliche Kommunikation den Erfolg jeder Veränderung im Unternehmen mitgetragen.

Die angstvolle Stimmung legte sich wie ein „Virus" über mich und die anderen

Mein Körper sendete unermüdlich Signale. Stresszeichen wie Nervosität, Schlaflosigkeit, Herzrasen bis hin zu Albträumen luden mich ein, sie als unstimmige Hindernisse zu enttarnen. Klarsehen heißt, die Situationen ohne die üblichen Begrenzungen und Verzerrungen durch den Verstand oder falsches Ego zu beleuchten. Doch ich war so mit meinem „Wollen" beschäftigt, dass ich nicht in der Lage war wahrzunehmen, was sich offensichtlich zeigen wollte. Trotzig wie ein kleines Kind stellte ich mich vor den Weg der Leichtigkeit und der Lebensfreude und vermeinte, durch Kämpfen einen Sieg zu erringen. *Ich wollte es mir beweisen!* Ich wollte die Aufgabe meistern, *hatte aber nicht den Mut, mir meine Fehlentscheidung* einzugestehen, sondern quälte mich vorerst damit zu entsprechen, bis meine Zeit kommen würde.

Heute weiß ich, dass ich eine Form der Ohnmacht kennenlernte, die mich handlungsunfähig machte. Wenn das Herz verschlossen ist und der Fokus nur auf den Problemen liegt, ist es schwer, sein volles Potenzial zu entfalten. Mir wurde klar, dass man Opfer werden kann, selbst dann, wenn man die Theorien dazu kennt. Förmlich schockiert, hatte ich mehr und mehr meine klare, objektive Sicht verloren. Der kostbare Zugang zu mir und meiner inneren Führung wurde von lautem Getöse und Empörung übertönt. Ich verbog mich, um kurzfristig zu entsprechen, und folgte Anweisungen, die ich nicht wirklich gutheißen konnte. Mein Sicherheitsbedürfnis war ein schlechter Ratgeber, denn es erschwerte mir die notwendige Entscheidung. Zugegeben, heute weiß ich, welche alten Verhaltensprogramme mich dabei hinderten: „Man gibt doch nicht so schnell auf!", „Wer nachlässt, gesteht sich sein Scheitern ein!", „Hab Geduld, es wird besser werden!" Die Angst vor einer ungewissen Zukunft ließ mir scheinbar keinen Spielraum. Angst trägt vielfältige Namen und lässt uns völlig widersinnig gegen Windmühlen kämpfen. Mag sein, dass es Versagensangst, Existenzangst, Angst zu missfallen ist, eine Vorstellung, ein inneres Bild, also eine Illusion, ist es immer.

Während ich mit mir und meinen Ängsten beschäftigt war, trennte ich mich völlig unbemerkt und allmählich von meiner Intuition, meiner mir sehr vertrauten Ratgeberin, die mich bisher sicher durch stürmische Zeiten gelotst hatte. Bisher konnte ich ihr bei meinen Entscheidungen zuverlässig vertrauen. Ihre Signale kamen tief aus meiner Mitte und wurden vom meinem Herzen „geprüft". Aus dieser Mitte kam das untrügliche Gefühl für Richtig oder Falsch. Doch diese wichtige Quelle wurde allmählich von Sorgen, von meinem inneren Chaos der permanenten Gedanken übertönt. Ganz, ganz heimlich hatte ich meine Mitte verloren und mit ihr meine innere Stimme.

Wenn wir über lange Zeit emotional belastet sind, entfernen wir uns von uns selbst, weil uns die Erlebnisse und Erfahrungen ständig beschäftigen. Wir denken im Kreis oder verdrängen das Unangenehme in den Körper. Statt in uns selbst zu ruhen, verlieren wir den Zugang zur inneren Führung. Viele Krankheiten haben hier ihren Ursprung und könnten viel früher wahrgenommen und behandelt werden.

Was ist die eigene innere Mitte und wie findet man sie wieder?

Manche nennen es Bauchgefühl, andere sprechen vom zweiten Gehirn. Es ist dieses starke Gefühl, ganz in sich zu ruhen, bei sich zu sein. Das Stimmige zu tun, das sich gut anfühlt. Selbst dann, wenn im Außen Stress herrscht oder die eigene Meinung gegen den „Main-Stream" steuert. Die innere Führung erhält die Impulse und Schlussfolgerungen tief aus unserem Zentrum, dem Unbewussten. Sie ist sicherer Ratgeber in allem, was gut für uns ist. Mit ihr sind wir imstande, komplexe, den Verstand schon längst überfordernde, Situationen noch mit Leichtigkeit zu bewältigen. Sie hat die Weisheit der Unterscheidung. Nicht selten ist die Stimme aus dem Inneren flüsternd, leise, sie benutzt unterschiedliche Tonlagen und will eigentlich nichts anderes, als Hilfe leisten. Meist erkennen wir mit ihrer Hilfe menschliches Verhalten intuitiv und weniger durch Fakten.

Je mehr wir in uns „zentriert" sind, umso mehr können wir sie hören und ihr vertrauen. Durch bewusste Übungen gelingt uns eine Zentrierung. Dadurch verstärkt sich der körperliche und geistige Zustand, der uns erlaubt, uns authentischer, sensitiver und offener wahrzunehmen. In der Zentrierung, dem Spüren der inneren Mitte, erwächst eine körperliche und emotionale Stärke, die uns mit unserem Umfeld verbindet. Dieses Selbstbewusstsein befähigt uns, Vertrauen zu uns und unseren Empfindungen aufzubauen und bringt uns mehr Klarheit und Gelassenheit. Wir können lernen, offen zu werden, so als ob wir die Fenster aufmachen und frische Luft hereinlassen. Wenn wir unsere Mitte finden, hören wir die Stimme des wahren Selbst, die uns rät, nach ihr zu handeln. Noch ein positiver Effekt: Unsere Beziehungen zu uns und anderen wachsen.

Die eigene Mitte zu spüren und zentriert zu sein ist besonders im beruflichen Kontext hilfreich. Sie hält uns in Kontakt mit unserem Umfeld und schützt uns gleichzeitig vor der Übernahme von Problemen anderer und vor dem Sich-selbst-Überfordern. Oft ist im Moment des Zentrierens ein Gefühl des Aufrichtens im Körper bemerkbar, das auch von außen erkennbar ist und die Ausstrahlung verändert. Diese Änderung entspannt bei Stresssituationen, unterstützt und schenkt die nötige Sicherheit vor schwierigen Gesprächen und Präsentationen. Regelmäßige Zentrierung aktiviert den Informationsfluss im Körper, im Besonderen ist die Stimme des Herzens besser hörbar. Zentrierung fördert die Gesundheit.

Bewusstes In-den-Bauch-Atmen kann ein erster wichtiger Schritt sein, seine Mitte mehr zu spüren. Meditationen, Qigong, Tai-Chi oder Yoga sind weitere Möglichkeiten zum vertiefenden Erleben.

Wenn wir unser Herz verschließen und nur unserem Kopf folgen, statt der inneren Führung, vertrauen wir dem Leben nicht.

Reine Kopfmenschen glauben, was nicht beweisbar ist, kann nicht sein. Oder schreiben die Fähigkeit, etwas intuitiv zu erkennen, maximal esoterischen Gruppen zu. Wird die Person jedoch plötzlich „nur" mit unklaren und unbeweisbaren Faktoren konfrontiert, erlebt der „Denker" so manche Erschütterung und wird total verunsichert.

Wie Helene, die schon seit 14 Monaten an Rückenproblemen litt, die sich in keinen medizinischen Zusammenhang bringen ließen. Ihre Schmerzen waren jedoch so stark, dass sie etwas unternehmen musste. Hunderte von Euros investierte sie in alternative Methoden, die ihr nur wenig Erleichterung verschafften. Während der Verstand Tatsachen prüfte und abwog, bis auch der Kopf schmerzte, hatte ihre innere Stimme schon längst eine passende Lösung. Sie war seit 30 Jahren mit Fritz verheiratet. Die Ehe verlief ohne große Höhen und Tiefen, sie hatten sich aneinander gewöhnt. Jedoch wurden gewisse Gewohnheiten von Fritz für Helga so sehr zur Belastung, dass sie verzweifelte. An Trennung war nach so langer Zeit nicht zu denken, das ließen ihr Sicherheitsempfinden und ihre Konventionen nicht zu. Ihren Ärger und ihren Gram schluckte sie hinunter, bis ihr Körper sie förmlich zwang, dorthin zu schauen, wo es sie am meisten schmerzte, in ihre Seele! Sie lernte darauf zu achten, was sie brauchte und für sie besonders wichtig war. Dabei musste sie sich von alten erlernten Programmen, wie zum Beispiel „Ich mache es anderen recht", verabschieden und so manche Bewertung aus ihrem Kopf überarbeiten. Ihrem Körper halfen kleinere Rituale beim Entrümpeln. Sie übte sich darin, sich so auszudrücken, dass Fritz und sie damit entspannt umgehen konnten. Beide vermieden es, dem anderen unbewusst wehzutun. Helga fand wieder Zugang dazu, was für sie wichtig war. Mit der Zeit entdeckten sie wieder die „Glut unter der Asche" und sie verlor ihre starken Rückenschmerzen.

Die Entscheidung, nicht auf das Bauchgefühl zu hören, treffen wir manchmal ganz bewusst, nämlich dann, wenn die Selbstdisziplin gewinnt. Dann wird der Berater zwischen Kopf und Bauch, unser Herz, ausgeschaltet. Dabei liegt im Gefühl der inneren Mitte jenes enorme eigene Potenzial, das uns spüren lässt, was nötig und wichtig ist, was wir wollen, was uns guttut oder einfach nur, wer man ist. Aus ihr können wir mit Gewissheit Richtig oder Falsch unterscheiden. Sie verbindet das Bauch- und das Herzgefühl zu einem: *„Es fühlt sich gut und richtig an!"*

Einzelne hören unbewusst auf zu fühlen und auf die innere Stimme zu hören, um sich vor dem zu schützen, was ihnen Angst macht. Klassische Beispiele für diese Angst sind massive Veränderungen im Job, Intrigen unter Kolleginnen, Mobbing oder ein bevorstehender Konkurs. Im persönlichen Bereich sind es Scheidungen, ein hohes Maß an Geringschätzung durch das engere Umfeld, vielleicht sogar psychischer oder physischer Missbrauch. Solche massiven Stressauslöser lassen das innere Gefühl für Richtig oder Falsch ganz einfach verloren gehen. Dem Verlust der inneren Mitte folgt der Verlust des Vertrauens. Das wiederum wird durch den Verstand wettgemacht. Der Verstand möchte deshalb verstehen, weil er das, was er versteht, auch kontrollieren kann. Doch Kontrolle benötigt enorme Kraft und viel Energie. Statt im Vertrauen Erleichterung zu finden, beginnt eine Spirale der Kraftlosigkeit, die bis zum totalen Zusammenbruch führen kann. Andauernde Ignoranz des Fühlens führt dazu, dass der Körper reagiert. Wenn der Verstand die Oberkontrolle übernimmt, führt das auf lange Sicht zu Krankheiten und die Freude im und am Leben geht verloren. Dabei kennt jeder die Kräftigung durch Erholung, Stille, Ruhe, beim Nichtstun und Entspannen. Auch der Kopf benötigt solche Ruhephasen.

Zunächst sind es kleine Anzeichen, die uns hinweisen

wollen, etwas zu verändern, meist in Form von körperlichen Symptomen oder Krankheiten, zum Beispiel allgemeine Stresssymptome wie nervöse Gereiztheit, Bluthochdruck, Schlafstörungen und Allergien. Später sendet der Körper beharrliche, unübersehbare Stoppzeichen in Form von ernsten Krankheiten, Depressionen oder der Volkskrankheit Nummer eins, dem „Burn-out"!

Ich bin mir ganz sicher, dass das Vertrauen in die bewusste Führung aus dem Inneren, mithilfe der Intuition in unserer Zukunft noch einen ganz hohen Stellenwert bekommen wird. Wir würden uns viele negative Erfahrungen ersparen können, denn die Schicksalskräfte führen jene, die sich führen lassen.

Nicht selten sind die Signale des Bauchs aus unserem Inneren unlogisch, irrational und unwissenschaftlich. Erinnern Sie sich auch an Entscheidungen, von denen Sie im Nachhinein sagen konnten: „Weshalb ich genau dorthin gefahren, etwas so entschieden habe oder meine Freundin gerade jetzt im Ausland angerufen habe, *weiß ich nicht*. Es war aber goldrichtig und hat allen enorm geholfen." Der Intellekt braucht Beweise, weshalb wir etwas tun! Wenn wir spontan, aus unserem Bauch heraus handeln, erleben wir sehr oft Freude und erfahren Positives. Doch wenn wir womöglich mustern, uns immer an unsere innerste Überzeugung klammern, statt die Kontrolle aufzugeben, werden wir unglücklich. Wen wundert es gegenwärtig, manchmal nur noch müde zu sein?

Wenn ich früher gehandelt und mein berufliches „Schlamassel" verlassen hätte, wäre mir vielleicht mein Unfall erspart geblieben. Hinterher ist man meist klüger. Wir denken uns: „Das habe ich doch im Grunde vorher gewusst, mein erster Eindruck stimmte also, hätte ich nur meinem ‚Bauchgefühl' vertraut."

Wenn die Stimme des Verstandes unsere Entscheidungen

übernimmt, entledigen wir uns des natürlichen Herz- und Bauchgefühls und verbiegen uns für etwas, was nicht mit unserem Innersten übereinstimmt, weil wir meinen, es „muss" so sein. Dabei schenkt uns das Leben so viele Zeichen, denen wir folgen könnten, wenn wir wieder lernen würden hinzuschauen und die Symbole der Leichtigkeit und der Freude wahrzunehmen. Ein untrügliches Zeichen dafür, dass etwas für uns passt, sind die Freude und der Spaß der hinter einer Entscheidung oder einem Handeln steht. Fehlt die innere Freude, ist der Motivator für das Handeln eher der Verstand und das Ego.

Erst heute erzählte mir ein Freund, dass er sich zu einer Entscheidung durchgerungen hätte. Er habe einen Job, von dem er meinte, sein Herz und sein Glück würden davon abhängen, abgesagt. Zuerst wollte er ihn unbedingt. Danach hatte er jedoch lange Zeit mit Schwierigkeiten zu kämpfen. Missglückte Termine, Hindernisse, Erschwernisse, dann wieder Absagen … Alles deutete auf ein „Nein" hin. Doch er wollte dieses „Nein" nicht akzeptieren, denn für ihn hingen Einkommen und Prestige davon ab. Erst nach langen und oftmaligen Versuchen gewann er sein tiefes inneres Gefühl, das ihm immer wieder sanft von der Mühe des Unterfangens abriet, zurück. Als er sich nun endlich dagegen entscheiden konnte, spürte er in seinen Worten die Erleichterung. „Wofür tue ich mir das an?", meinte er. „Lieber genieße ich die Tage und die Zweisamkeit! Wer weiß, wie lange ich das noch tun kann?" Tatsächlich begann er, nach dieser Entscheidung wieder aufzublühen. Fröhlichkeit und Heiterkeit fanden in seinem Herzen wieder jenen Platz, den er schon lange vermisst hatte. Heute sagt er lächelnd: „Ich bin einer Illusion nachgerannt! Doch dies zu erkennen, dauerte fast zwei Jahre."

Mit den eigenen Begehrlichkeiten zwingen wir das Leben so zu funktionieren, wie wir es uns vorstellen wollen. Doch sehr häufig „lebt" das Leben dann anders, als wir uns das denken. Erst ohne Wollen, also im Loslassenkönnen, können wir die Gelegenheiten wahrnehmen, die ganze Schönheit zu erkennen und uns beschenken zu lassen. Damit ist nicht gemeint, keine Wünsche mehr haben zu dürfen, nein, gemeint ist das unbedingte „Wollen" gegen eine Form von wacher Neugierde zu tauschen. Geradezu spielerisch „finden" wir dann bei so vielen Anlässen unsere Gelegenheiten, die unseren Wünschen dienen. Es geht nur darum, wach und bei sich zu sein! Je mehr wir auf unsere innere Stimme hören, fühlen, was wirklich ist, desto mehr fügt sich ein Mosaiksteinchen zum anderen und wir gewinnen an Lebenskraft. Tun wir es nicht, fühlt sich das Leben normalerweise sehr anstrengend an.

Seit wir die Wissenschaften zu unserer neuen „Religion" erklärt haben, drücken wir uns mehr mit unserem Verstand aus und weniger über unsere Herzenskraft. Da heute Religionen keinen Halt mehr bieten, suchen manche Ersatz. Esoterik ist für einige ein „rotes Tuch", Spiritualität noch immer ein Thema, das besser zu bestimmten Gruppierungen als in ein modernes Business passt. Durch die Suche nach Halt an völlig falschen Orten haben wir uns selbst einer Kraft enthoben, die eine starke Quelle darstellt, aus der wir uns nähren könnten. *Wer seiner inneren Stimme vertraut*, wird gelassen, weil sich die Angst zurückzieht und sich in ihm das Gefühl verstärkt, dass er im Leben, trotz allem, was war und ist, gut aufgehoben ist. Er lässt die Ich-Bezogenheit hinter sich und befreit sich von der Fixierung, wie etwas oder jemand zu sein hat. Die fieberhafte Suche nach Selbstbestätigung hört auf. Er öffnet sich für die Fülle an Möglichkeiten, die er im Augenblick noch nicht sehen, aber vielleicht erahnen kann. Der Mensch hat nun einmal zwei Bewertungssysteme. Genauso wie wir zwei Augen, zwei Nieren und zwei Beine haben, besitzen wir auch die

Herzenskraft (= Intuition) und den Verstand. Die Intuition, also die Herzenskraft, hat sehr viel mit unserer Eigenliebe und dem Gefühl des Ganz-authentisch-Seins zu tun. Wer sie benutzt, steigert das innere Vertrauen in eine Freiheit, die jeder Mensch im Herzen trägt. Die Zufriedenheit, die diesem Handeln entsprießt, formt sich aus einem Gefühl der Freude, und Freude ist ja bekanntlich das Kind der Liebe.

Der Zugang zu meiner Mitte heilte nach meinem Unfall genauso langsam wie meine Verletzungen. Ich erkannte, dass aus Verletzungen der Seele dicke Schutzpanzer werden können, die uns hindern, unserem inneren Gefühl zu vertrauen. Stattdessen folgen wir mehr dem Verstand, irren intellektuell herum und überhören die zarte Stimme des Ichs. Was ich mir alles erspart hätte, darüber möchte ich gar nicht nachdenken, denn letztlich weiß ich, dass mich das Leben beschenkt hat. Damit meine ich, dass erst durch meinen schweren Unfall und die damit verbundenen Schmerzen und die mühevollen Schritte zurück, ein „normales" Leben möglich wurde, das aus einem anderen Stoff gewoben wurde als mein bisheriges Leben.

Ein Hauptanliegen dieses Buches ist es deshalb, Sie zu bestärken, mehr Ihrem „Bauchgefühl" zu trauen, stärker Ihrer Intuition zu folgen und darauf zu achten, wann Sie sich von ihr entfernen. Alle wichtigen Signale entstehen durch Sie selbst und Ihre innere Führung, wenn Sie nur den Mut aufbringen, ihr zu vertrauen. Bestimmte Beispiele, Worte und Sätze mögen Sie ermutigen, mehr aus Ihrer inneren Mitte zu handeln und die Power des eigenen Herzens zu entdecken.

Opfer kann jeder werden, genauso wie Glückssucherin!

Seine Identität zu verlieren ist wohl eine der tiefsten Erfahrungen, die Menschen machen können. Es schien mir, als würde eine Geschichte, nämlich meine Vergangenheit, einfach wegfallen und in mir nichts als Gegenwart hinterlassen. Eine Gegenwart, ernst, schmerzlich und zerbrechlich. An Zukunft war nicht zu denken, die war in den damals erlebten Momenten noch sehr ungewiss. Erst im Annehmen und Akzeptieren des Geschehenen gelang mir auch ein höheres Verständnis. Darin lag für mich selbst die größte Herausforderung. Immer wieder wollte sich mein Ego in den Vordergrund rücken, sich als hilfloses Opfer betrachten. Ich fühlte mich gemobbt, unverstanden und als traurige Geschädigte von Machtkämpfen. Der Unfall riss mich aus diesen Verstrickungen und aus meiner inneren Unordnung und ließ mich in einem Schockzustand zurück. Einfach aus dem Nichts passierte all das.

Arm fühlte ich mich und ich ertappte mich dabei, wie ich nach Mitleid heischte, in meinem Leiden aufging und es dabei gleichzeitig ablehnte. Noch konnte ich die Kostbarkeit dieses Erlebnisses nicht in meinem Herzen erkennen. Sehr behutsam musste ich erst meine Gefühle ordnen und wahrnehmen, achtsam mir selbst begegnen. Mein Leben wurde auf „null" gestellt. Jetzt begann eine Art Ursachenforschung, um in Zukunft die Fehler zu verhindern, die zu meinem Unfall geführt hatten. Als Coach und Beraterin löste ich gemeinsam mit meinen Klientinnen und Klienten viele Probleme und wusste immer Rat. Doch was jetzt? Als ich die Rolle tauschen musste und nun selbst betroffen war? Ich fragte mich, wo ich bei meiner eigenen Therapie beginnen sollte? Wo sollte meine Arbeit an mir selbst starten? Ich spürte ein Durcheinander in mir, es fehlte innere Harmonie, Zentriertheit. Mein Ich und mein Selbst als etwas, das zusammengehört, fühlten sich getrennt an und völlig desorientiert.

Bisher war ich der festen Überzeugung gewesen, dass nichts im Universum grundlos geschehe. Die neuen Wissenschaften vermitteln uns schon sehr lange die Zusammenhänge. Zum Beispiel im Ursache-Wirkungs-Prinzip des Konstruktivismus. Hier heißt es, wir kreieren uns unsere Wirklichkeit selbst. (Dazu mehr im Kapitel 2.) Daher fragte ich mich: „So ein schwerer Unfall? Wenn mir so etwas passiert und ich so stark verletzt werde [Wirkung], welche Ursache steckt dahinter?" Deshalb wurde meine Arbeit an meinen inneren Bildern, meinen Bewertungen und an meiner Seele fast genauso wichtig wie die Beweglichkeit meines Körpers, meiner Finger und meines Armes. Ich wurde noch mehr zur Suchenden als zuvor, ich wurde zu einer *Sucherin des Glücks*. Heute weiß ich, ich suchte mich selbst, meine Mitte und meine verlorene Intuition.

Meine Entscheidung, wie ich mich trotz Weh fühlte, hing weitgehend von meinen inneren Bewertungen der jeweiligen Situation ab. Ich litt Höllenschmerzen, ja, ich sehnte mich danach, endlich ohne Schmerzen im Krankenbett zu liegen, mich wenigstens zur Seite zu drehen oder fähig zu sein, mich aufsetzen zu können. Doch wirklich unglücklich oder depressiv fühlte ich mich dabei nie. Auch nicht an meinen heftigsten Schmerztagen, an denen die Ärzte resigniert noch stärkere Schmerzmittel suchten, um die Bewegungslosigkeit und den einsetzenden Phantomschmerz der fehlenden Finger erträglicher zu machen. Damals konnte ich nur starr am Rücken liegen und musste von den Pflegerinnen mit einem Tuch bewegt werden, um nicht wundzuliegen. Doch selten verließ mich sogar in solchen Situationen mein Vertrauen. Welche Art von Vertrauen war das? Es schien irgendwie doch Teil von mir zu sein, wie ein natürlicher Fatalismus, der plötzlich wieder da war. In meinem Kopf malte ich mir Bilder davon, wie ich mein Leben wieder ganz normal leben würde. Sah mich in der Zukunft, vital fit und ohne Behinderung. Viel später erkannte ich, welche wirkungsvollen mentalen Techniken ich unbewusst angewendet hatte.

Als erwachsene Frau habe ich die anerzogenen katholischen Werte längst abgelegt. Jedoch weiß ich, dass es eine Instanz in mir gibt, die einer Selbstheilungskraft vertraut, auf die wir ursprünglich einmal programmiert waren. Ich nenne es mein höheres Selbst, meine eigene Schöpferkraft, mein Quellbewusstsein oder einfach nur Gott.

Die Schmerz- und Neurophysiologie ist heute zur Erkenntnis gekommen, dass eine feste Absicht die Energie für eine Heilung bündeln kann. Psyche und Schmerz sind untrennbar miteinander verbunden. Wer seine Absicht positiv formuliert und sich darauf konzentriert, unterstützt eine positive Veränderung. Der Versuch, das Erlebte auszusperren oder in der Opferrolle zu verbleiben, funktioniert nicht für ein glückliches Leben. Daher lautete meine Zauberformel, die ich in mir wie ein Mantra ständig rezitierte: „Alles ist gut!" Wenn meine Phantomschmerzen fast unerträglich wurden, ich mich gequält an den Spiegel setzte und meine Spiegeltherapie für meine linke Hand übte, legte ich meine gesamte Aufmerksamkeit auf „Alles ist gut!". (Mehr zur Spiegeltherapie im Kapitel 2, „Das Geheimnis der Spiegeltherapie – ‚Zauberkunst' für die Praxis'.) Selbst dann, wenn eigentlich das Gegenteil der Fall war, mich Schmerzen quälten und ich das Gefühl hatte, meine Finger würden bei vollem Bewusstsein abgetrennt. Ich erkannte immer wieder, wenn ich in mir „Alles ist gut!" vorsagte, verlor der Schmerz seine Heftigkeit. Ich beschloss anzunehmen, was war, und das darin enthaltene Geschenk, die Kostbarkeit und die auferlegte Aufgabe zu suchen, die mir das Leben in diesem Moment auftrug.

Wenn ich an meine Situation vor dem Unfall zurückdenke, so fühlte ich mich damals so unglücklich wie noch nie zuvor in meinem Leben. Besondere Umstände hatten dazu beigetragen, dass mein Innerstes in Unordnung und ich ins Wanken geraten war. Ich hatte damals meine Selbstständigkeit aufgegeben, in der Hoffnung, ruhig und stressfrei einem Job nachgehen zu können, der mir Spaß machen sollte. Ich wollte meine vielen Reisen und mein unregelmäßiges Leben gegen Kontinuität tauschen. Ich wollte meine Wertvorstellungen für alle Beteiligten zum Wohl und zur Freude entwickeln, konnte es jedoch nicht. Ganz im Gegenteil fand ich mich hilflos und handlungsunfähig in einer „falschen" Funktion wieder. Und das, obwohl ich in drei langen Vorstellungsgesprächen das Gefühl gehabt hatte, das gefunden zu haben, was ich gesucht hatte. Doch meine Seele hatte scheinbar eine Kurskorrektur vorgenommen, deren Richtung ich zu diesem Zeitpunkt leider noch nicht kannte. Charlie Chaplin schrieb einen wunderbaren Text, den ich besonders liebe. Viele seiner Einsichten beschreiben meine ganz persönliche Erfahrung, die ich bei meinem Neubeginn erleben durfte. Liebe Leserinnen und Leser, erlauben Sie mir, den Text originalgetreu zu zitieren:

Charlie Chaplin an seinem 70. Geburtstag am 16. April 1959:
„Und als ich mich selbst zu lieben begann, habe ich verstanden, dass ich immer und bei jeder Gelegenheit, zur richtigen Zeit am richtigen Ort bin und dass alles, was geschieht, richtig ist – von da an konnte ich ruhig sein. Heute weiß ich, dieses Gefühl nennt man Vertrauen.
Als ich mich selbst zu lieben begann, konnte ich erkennen, dass emotionaler Schmerz und Leid nur

Warnungen für mich sind, nicht gegen meine Wahrheit zu leben. Heute weiß ich, man nennt es **authentisch sein.**

Als ich mich selbst zu lieben begann, habe ich aufgehört, mich nach einem anderen Leben zu sehnen und konnte sehen, dass alles um mich herum eine Aufforderung zum Wachsen war. Heute weiß ich, das nennt man **Reife.**

Als ich mich selbst zu lieben begann, habe ich aufgehört, mich meiner freien Zeit zu berauben und ich habe aufgehört, weiter grandiose Projekte für die Zukunft zu entwerfen. Gegenwärtig mache ich nur das, was mir Spaß und Freude bereitet, was ich liebe und mein Herz zum Lachen bringt – auf meine eigene Art und Weise und in meinem Tempo. Heute weiß ich, das nennt man **Ehrlichkeit.**

Als ich mich selbst zu lieben begann, habe ich mich von allem befreit, was nicht gesund für mich war – von Speisen, Menschen, Dingen, Situationen und von allem, das mich immer wieder herunterzog – weg von mir selbst. Anfangs nannte ich das „GESUNDEN EGOISMUS", aber heute weiß ich, das ist Selbstliebe.

Als ich mich selbst zu lieben begann, habe ich aufgehört, immer recht haben zu wollen, so habe ich mich weniger geirrt. Heute habe ich erkannt, das nennt man **Demut.**

Als ich mich selbst zu lieben begann, habe ich mich geweigert, weiter in der Vergangenheit zu leben und mich um meine Zukunft zu sorgen. Jetzt lebe ich nur mehr in diesem Augenblick, wo alles stattfindet. So lebe ich heute jeden Tag und nenne es **Bewusstheit.**

Als ich mich selbst zu lieben begann, da erkannte ich, dass mich mein Denken armselig und krank machen kann. Als ich jedoch meine Herzenskräfte anforderte,

bekam der Verstand einen wichtigen Partner. Diese Verbindung nenne ich heute **Herzensweisheit.**
Wir brauchen uns nicht weiter vor Auseinandersetzungen, Konflikten und Problemen zu fürchten, denn sogar Sterne knallen manchmal aufeinander und es entstehen neue Welten."

Mir würde es nicht gelingen, diese Einsichten mit so berührenden Worte auszudrücken, doch ich verstehe: **„Das heißt Leben!"** Leben, das auf individuelle Art lebt, ganz unverwechselbar.

Manchmal bewegt sich das Leben, laut, gewaltig und furchterregend. Manchmal lieblich, weich und flüsternd, aber es bewegt sich immer. Es ist eben lebendig und mit dem Verstand nicht auszumachen oder zu verstehen. Nur unsere Bewertungen machen aus ihm gute oder schlechte Erfahrungen. Wir würden uns weniger hilflos fühlen, würden wir mehr unseren inneren Impulsen vertrauen, den Verstand nicht getrennt vom Herz sehen und uns auf die Quellen des Lebens, die aus unserem Inneren sprudeln, einlassen. Meist fehlt uns nur das Wissen um das *Wie?*

Kapitel 2
Wer sein Gehirn optimal nützt, kann Verletzungen rascher heilen

Bis Mitte der Neunzigerjahre wussten die Wissenschafter wenig über unser Gehirn. Man meinte damals, einmal gebildete Denk- und Verhaltensstrukturen bleiben ein Leben lang erhalten. Die bildgebenden Verfahren der Computertomografie brachten jedoch eine Menge an neuen Erkenntnissen. Dabei fanden die Forscher heraus, dass grundlegende Veränderungen im Gehirn immer möglich sind. Man muss sein Gehirn nur anders benutzen, beziehungsweise anders „verschalten", also anders denken. Das veränderte nicht nur die Mittel der Medizin, sondern eröffnete für jedermann und jedefrau undenkbare Möglichkeiten. Aus meiner Sicht wissen noch viel zu wenige Menschen, wie sehr es an ihnen selbst liegt, ihr volles Gehirnpotenzial zu nutzen. Das heißt, Glück kann jeder selbst herbeiführen!

Ich selbst entdeckte über den Umweg meines Unfalls diese Chance. Sogar mehr als das: Diese Erkenntnisse halfen mir, meinen Körper wieder besser benutzen zu lernen. Die erweiterte Sichtweise veränderte auch mein alltägliches Leben und ich erkannte die Wurzel allen Leidens. Denn unser Denken und unser Erleben sind eng miteinander verwoben. Je mehr wir die alten Konditionierungen durch unsere Familie und die Einschränkungen unserer Bewertungen lassen können, umso erfüllter empfinden wir unser Leben.

Das Wissen über die Funktionsweise des Gehirns erleichtert auch die Bewältigung von Belastungen. Festhalten an negativen Erwartungen löst Angst aus und blockiert die Möglichkeit, im Gehirn kreative Lösungen zu entwickeln. Die drei wichtigsten Grundpfeiler für körperliche und psychische Heilung sind daher:

– Vertrauen in die eigenen Fähigkeiten zu entwickeln,
– die Hilfe anderer anzunehmen und darauf zu vertrauen und
– ein Urvertrauen aufzubauen, das alles wieder gut wird.

Gelassenheit beginnt im Kopf, erst danach im Körper

Zufriedenheit und Glück sind Ergebnisse eines harmonischen Zusammenspiels von Herz-, Bauchgefühl und Verstand. Menschen, die diese Balance in sich tragen, strahlen Ruhe und Frieden aus. In der Zeit meiner Regeneration schien mein inneres Bewertungssystem einen Konflikt auszutragen. Während der Verstand Fragen stellte, sendete mein Bauch unaufhörlich unterschiedliche Signale und Gefühle. „Ich hatte einen Unfall, habe keine Erinnerung mehr daran und bin schwer verletzt", lautete die simpelste Aussage in meinem Kopf. „Drei Finger verloren, der Arm entstellt und beinahe amputiert, bleibende Behinderungen. Kannst du darin auch einen Sinn sehen?", fragte mein ängstliches Herz. Nur ein unbestimmtes diffuses Gefühl tief in meinem Inneren ermutigte mich, weniger auf meinen Verstand zu hören. Was passiert ist, ist passiert. Diese innere Stimme flüsterte mir beständig zu, den Kampf aufzugeben und nicht immerzu nach Antworten zu suchen. Trotzdem plagten mich Selbstvorwürfe, Selbstbeschuldigungen und beharrliche „Warum-Fragen".

„Angesichts solcher Umstände sind Angst, Wut, Hilflosigkeit oder gar Panik und Depression naheliegende Emotionen, und vielleicht sogar „normal", tröstete ich mich. Jedoch deuteten meine starken Empfindungen auf meine verborgenen Schattenseiten hin. Es beschäftigte mich, wie es Menschen in Ausnahmesituationen schaffen können, souverän und handlungsfähig zu bleiben. Jeff Foster[1] meinte in seinem Buch „Eine außergewöhnliche Abwesenheit", dass alles Leiden eine Variation von „niemals genug" sei und uns von der Lebendigkeit und vom Selbst trennt. Diese Idee, dieser Mangel, traf mich mitten ins Herz und spornte mich an, nach meinem Vertrauen und meiner vergangenen Besonnenheit Ausschau zu halten, und jener Leichtigkeit wieder mehr Raum zu geben, die mich früher als junges Mädchen geleitet hatte. Das Leben meinte es gut mit mir und so wurde ich wachsam für jeden Veränderungsimpuls, der von außen auftauchte und in meiner inneren Empfindungswelt eine Rolle spielte. Es dauerte beinahe zwei Jahre, bis ich in mir wieder die nötige Balance fand.

So entstanden im Laufe der Monate hilfreiche Methoden, die ich Ihnen nun als meine „Sieben Wege für mehr Gelassenheit" vorstelle.

Sieben mutige Schritte für mehr Gelassenheit
1. Aussöhnen und „Ja" sagen
2. „Warum-Fragen" sein lassen
3. Erkennen von Zusammenhängen
4. Leben im Jetzt
5. Im Fluss des Vertrauens sein
6. Landeplätze für das Neue finden
7. Bewertungen aufgeben

Mag sein, dass auch Sie durch dauerhafte körperliche Beschwerden belastet sind, Schmerzen oder Verletzungen Ihren Alltag bestimmen oder Sie sich in einer unglücklichen Lebenssituation befinden, in der Sie um eine Entscheidung ringen. Die Schmerzen halten Sie fest im Griff und die Gedanken an den belastenden Job oder die Beziehung drehen sich im Kreis. Hier wünscht sich beinahe jeder Unbeschwertheit, Heiterkeit und Leichtigkeit! Vielleicht sind Ihnen meine Anregungen Hilfe dazu, aus dem eigenen mentalen Konstrukt auszusteigen und Ihr „Leiden" zu beenden.

1. Aussöhnen und „Ja" sagen

Der erste Weg Gelassenheit wiederzufinden, war für mich der, mich mit mir und meiner Geschichte auszusöhnen. Ja zu mir selbst, meinem aktuellen Aussehen und zu den Ereignissen zu sagen. Meine Verletzungen und den damit verbundenen, sehr langsamen Heilungsprozess anzuerkennen und zu akzeptieren, sodass der Körper seinem eigenen individuellen Zeitmaß folgen musste.

Selbst mein Drängen und meine Ungeduld konnten nichts an meinem Zustand ändern. Es ist eben so: Durch das Ziehen an den Blättern wird der Baum auch nicht schneller größer. Vor allem aber musste ich mir meine Schattenseiten eingestehen, die ich tief in mir verdrängte, und die sich durch den Unfall in unterschiedlichen Formen zeigten. Sie wie einen alten Bekannten zu begrüßen, zu treffen und sie liebevoll anzunehmen, war eine wunderbare Gelegenheit, mit mir ins Reine zu kommen.

Ignoranz ist die Wurzel allen Leidens. Die größte Herausforderung liegt dabei darin, die Emotionen, die wir uns vielleicht unbewusst vom Leibe halten wollen, anzunehmen. Ganz offensichtlich machte ich in dieser „unmittelbaren Erfahrung" Bekanntschaft mit einem Gefühl, das ich bis dahin verdrängt hatte. Es führte mich zum Hintergrund meiner offensichtlichen Selbstverletzung. Zum Beispiel schien ich lieber die Schuld bei anderen zu suchen, als sie mir selbst einzugestehen. Statt etwas zu verändern und die belastende Situation zu verlassen, machte ich mir selbst unbewusste Vorwürfe, ärgerte mich und gab mir ungewollt die Schuld, versagt zu haben. Tief in mir lenkte ich die unliebsamen Emotionen wie Wut, Gram und Angst gegen mich. Dieses Denkprogramm fand in meinem Unfall seinen Höhepunkt. Jetzt erkannte ich meine eigenen Programme, die mit meiner Lebensgeschichte zu tun hatten. Erst als ich lernte, mich mit mir selbst auszusöhnen, die Gefühle dazu weder abzulehnen noch Schuldige oder Verantwortliche zu suchen – also damit keine Story zu verbinden, die sich um meinen Ärger rankten – verschwanden auch die negativen Emotionen der Wut und Selbstverletzung.

Mitten im Zentrum der Ereignisse machte mir das Leben also ein Geschenk. Es zeigte mir die Mechanismen, die auch mit dieser Art von Selbstabwertung zu tun haben und lenkte mich damit an eine tief verborgene, essenzielle Stelle meines bisherigen Lebens.

Spätere Begegnungen mit meinen Klienten bestätigten meine Erfahrungen. Wenn wir voll und ganz in eine negative Emotion hineingehen, sie einfach erkennen, ohne eine „Geschichte" daraus zu machen, ist sie sofort wie weggeblasen. Zu sagen, *es ist, wie es ist*, ist besser, als sich mit Ausreden zu entschuldigen. Sätze wie: „Aber ich habe eben eine schlimme Kindheit hinter mir!", „Ich musste immer für meine Mutter da sein, es gab niemand anderen!", „Mein Partner ärgert mich und treibt mich ständig zur Weißglut, da kann ich nicht ruhig bleiben", sollten wir einfach lassen. Hinter dem offensichtlichen Ärger verbirgt sich nämlich zumeist eine andere tiefere Emotion. Dieser gilt es, auf den Grund zu gehen! Somit lenken wir nicht ständig Energie in unsere Selbstverteidigungsmechanismen und in unseren Selbstschutz. Wir können dort zu der Tiefe unserer wahren Empfindungen gelangen, wo es still ist und wir unsere innere Stimme besser hören können.

2. „Warum-Fragen" sein lassen

Jede „Warum-Frage" führt uns in die Irre und lenkt uns in die Vergangenheit. Sie leitet die Aufmerksamkeit zurück an das Erlebte, das in unserem Gehirn als Bild und Erfahrung gespeichert wurde. Da unser Gehirn ein abbildendes Organ ist, das ausschließlich Bilder speichert, nennen es Forscher auch Vergangenheitsorgan. Die Erlebnisse werden mit dem jeweiligen Gefühl, das wir dabei empfanden, gekoppelt und als Verschaltungsmuster gespeichert. Durch das Erinnern an die Episoden geben wir den Bildern im Kopf immer wieder neue Energie, sie bleiben daher emotional „geladen". Diese „alten" Geschichten werden in einer Art „Download" kontinuierlich ins Jetzt befördert.

Der Neurobiologe und Gehirnforscher Gerald Hüther[2] spricht in diesem Zusammenhang von emotionaler Erregung und einer intensiven „Bahnung" oder vom „Priming" der neuronalen Verschaltungen, je öfter wir die alten, negativen Bilder mit Energie aufladen. Daher beeinflusst das ständige Wiederholen unserer Vergangenheit die gegenwärtigen Reaktionen und unser neuerliches Erleben, also das gesamte Denken, Handeln und Fühlen. So manche Lösungen bleiben, wenn wir in den alten Mustern verharren, einfach verborgen. Denken Sie an einen indischen Elefanten, der nur mit einem Hanfseil angebunden ist. Seine inneren Bilder, die er als kleiner Elefant, als er angekettet war, gespeichert hat, reichen aus, um als ausgewachsener Elefant zu glauben, dass ein Versuch, sich von dem Seil zu befreien, nutzlos ist.

Peter zum Beispiel schläft jede Nacht nur vier Stunden. Während er sich unruhig von einer Seite zur anderen dreht, laufen seine Gedanken Galopp. Er grübelt darüber nach, was noch zu tun ist, denkt daran, was im Laufe des Tages nicht geklappt hat und macht sich dadurch Sorgen. Seine Genauigkeit und sein Perfektionismus lassen ihn sogar an Wochenenden nicht rasten. Er meint: „Wenn andere arbeiten, soll ich nichts tun? Das macht mir ein schlechtes Gewissen." Selbst während des Tages grübelt er nach und bemerkt, wie sehr ihn seine Gedanken blockieren. Körperliche Symptome wie Ohrensausen, Nervosität und ein Druck auf der Brust sind ständige Begleiter in seinem Alltag. Versuche, mit Körpertherapien und Meditation seine Gedanken zur Ruhe zu bringen, scheitern. Peter schafft es nicht, aus seinem negativen Kreislauf auszusteigen. Jeder Gedanke, der sich mit Unerledigtem und Vergangenem beschäftigt, wird in seinem Gehirn neu mit Energie geladen. Warum ist das so?

Antworten, die zu einer grundsätzlichen Erleichterung führen und in eine positive Richtung lenken, entstehen meist durch andere Fragen als die nach dem Warum. Jene Fragen, die eine neue, eventuell innewohnende Lösungsrichtung vorgeben. Zum Beispiel:
– Was ist mir gelungen, worauf bin ich stolz?
– Was benötige ich in dem Moment, damit ich rasten kann?
– Was tut mir gut?
– Wofür kann ich mich selbst loben und lieben?

Aber auch Fragen allgemeiner Art helfen statt der klassischen Warum-Fragen, die Sie sich in unterschiedlichen Situationen stellen können:
– Was soll ich aus der momentanen Situation erkennen oder lernen?

- Wie reagiert mein Körper, mein Inneres, mein Herz in diesem Augenblick?
- Was kränkt mich wirklich?
- Worüber kann ich trotz meines Zustands dankbar sein?
- Was wäre, wenn ich einen negativen Gedanken einfach einmal umkehre?

Stellen Sie sich Ihre Antworten bildhaft vor! Fühlen Sie sehr bewusst, wie schön etwas ist oder wäre. Fühlen Sie sich in die Situationen, so gut Sie können, hinein. Sie werden rasch sehen, was passiert. So beschäftigen Sie sich mit dem Gelingen und den positiven Möglichkeiten, anstatt mit dem Negativen. Vor allem aber beginnen Sie, in Ihrem Gehirn neue positive Verknüpfungen auszubilden. Die neuronalen Verschaltungen beginnen ein anderes, positives Netz auszubilden. Dadurch verändern sich Ihr Erleben und Ihre Stimmung.

3. Zusammenhänge erkennen

Heute bin ich überzeugt, dass jedes Ereignis einem vollkommenen Zusammenhang entspringt und so wie es eintritt, richtig ist, und zwar für jeden, dem es widerfährt. Meiner Meinung nach ist jedes Schicksal, jede Krankheit, jeder Unfall und jede abrupte Veränderung eine Aufforderung des Lebens, sich intensiver mit sich und dem Erlebten zu beschäftigen und Zusammenhänge besser zu verstehen. Es fordert uns auf, die Kontrolle aufzugeben. Manches scheint hinter den verschlossenen Pforten des Lebens verborgen zu bleiben. Doch wir können tief im Herzen erahnen, was Leiden und Krankheit verursacht, wenn wir uns dafür öffnen. Vielfach versuchen wir, Schmerz auszuweichen und ihn zu vermeiden. Möglicherweise hat der, der einen Schicksalsschlag erlebt, wichtige Signale übersehen, die sich im Herz, in der Gegenwart, im Jetzt beharrlich zeigen und nicht mehr übersehen beziehungsweise überhört werden wollen. Es könnte auch sein, dass sich im Schicksal eine Erfahrung verbirgt, die sich die eigene Seele zum Lernen ausgesucht hat. Jedenfalls bedeutet sich dem Schicksal zu stellen auch zu entdecken, was unkontrollierbar ist! Daher stehen wir vorerst vor einem Rätsel. Man muss dabei nicht an die Seele glauben. Allerdings schenkte mir dieser Glaube eine tiefere innere Ruhe.

Dass wir alle möglicherweise einem Plan folgen, den wir uns selbst ausgewählt haben, ist für viele Menschen nicht einfach nachvollziehbar, aber auch kein esoterischer Humbug. Religionen und ihre Lehren sprechen viel darüber, doch sind sie in der modernen Zeit längst nicht mehr Hafen der Zuflucht und Haltegriff bei Turbulenzen. Vielleicht lassen sich ja Mysterien heute leichter über die neuen Erkenntnisse in der Forschung erklären und erhalten dadurch wieder ein Plätzchen in den Herzen der Menschen. Die neuen Wissenschaften lehren uns, was im Außen passiert, folgt einer inneren Entsprechung. Die Quantenphysik weist uns auf eine Verbindung und einen Zusammenhang der gesamten Materie und damit auf unser aller Erleben hin. Das bedeutet, dass das Sehen von Einzelheiten und Details zwar so manches vereinfacht, aber auch den Blick auf das Ganze verfälscht. Das Neue an dieser modernen Erkenntnis besteht darin, dass Materie nicht aus Materie aufgebaut sein muss, sondern aus winzigen Teilchen, die sich immer wieder neu verbinden. Beim Beobachten wird die Materie immer kleiner bis hin zum Atom und endet darin, dass es im Universum winzigste Formen ohne Substanz[3] gibt. Diese winzigen Substanzen werden von den Physikern nur mehr durch ihr Beziehungsgefüge erkannt und wahrgenommen. Selbst der Beobachter verändert dieses sensible Gefüge durch seine bloße Beobachtung. Je genauer wir uns also in Details vertiefen, umso ungenauer werden die Ergebnisse. Das beweist auch Hans-Peter Dürr, ein deutscher Quantenphysiker. Er spricht statt von „Teilchen" und „Atomen", von „Wirks" und „Passierchen", was ich nicht nur äußerst nett, sondern besonders passend finde, weil diese „Passierchen" Einfluss auf unsere Wahrnehmung und somit auf unser Erleben haben.

Die Theorie von Hans-Peter Dürr lehrt uns also, dass wir nicht nur länger auf das Begreifen von Einzelheiten fixiert sein, sondern stattdessen eine Sichtweise ausprägen sollten, die uns einen Blick auf die Zusammengehörigkeit allen Seins erschließt. Er vergleicht den Blick auf das Ganze mit einem Orchester, das am schönsten klingt, wenn alle gemeinsam musizieren. Selbst wenn ein Einzelinstrument durchaus seine Schönheit und seinen besonderen Klang aufweist, ist das ganze Orchester vollkommener. Das Wesentliche ist die Beziehungsstruktur und das Zusammenspiel, das die Feinheit selbst ausmacht.

Das bedeutet, dass wir von einer Art Informationsfeld umgeben sind, das auf uns wirkt. In jedem Moment sind wir Teil dieses Feldes und vermögen es sogar zu verändern. Wesentlich ist nur, sich auf diese lenkenden Felder einzustellen. Die Wirkung auf uns ist unschwer zu erkennen, wenn wir den kreativen Raum darin zulassen. Denn wir sind angebunden an ein universelles Wissen, dessen Zugang für uns möglich wird, wenn wir ohne zu bewerten mit den Augen der Liebe schauen, nicht mit den Augen der Sorge.

Wer kennt nicht die Beseeltheit, das satte Gefühl im Herzen, wenn wir glücklich sind? Wir verströmen Sicherheit und Kraft, wenn wir mit uns im „Reinen" und im Herzen zufrieden sind, wenn wir weder entsprechen müssen noch uns irgendwie ausgenützt fühlen. Dann versprühen wir dieses starke Gefühl und unser Lachen ist zutiefst ansteckend. Wir erleben uns verbunden mit den Mitmenschen und nichts kann uns erschüttern. Wir fühlen uns frei in unseren Herzen, glücklich und zugetan. Es ist, als ob sich ein „Puzzlesteinchen des Positiven" zum anderen fügt. Wie von selbst „passieren" Zufälle und alles gelingt uns.

Dasselbe passiert aber auch umgekehrt. In belastenden Situationen oder unter andauerndem psychischen Druck fühlen wir uns isoliert und alleingelassen. Die negative Spirale nimmt genauso ihren Lauf. Denn wir konstruieren uns unsere Wirklichkeit und können uns mit unseren Sinnen ebenso gut auf die Suche nach Lebensfreude machen.

Auch die moderne Medizin muss sich eingestehen, trotz enormer Weiterentwicklungen bei manchen Krankheiten noch immer vor großen Rätseln zu stehen. Nur die Sicht und die Behandlung von Einzelheiten, einzelner Organe und von Symptomen führen nicht zwangsläufig auch zu einer Heilung. Vielmehr sollte es zu einem Weg vom Detail, vom getrennten Sehen, hin zum ganzheitlichen Blick kommen. Dann wird auch der Begriff Psychosomatik nicht mehr Endstation von Beschwerden sein, die nicht eindeutig zuzuordnen sind, sondern die Suche und das Einbeziehen anderer Ebenen zum zentralen Behandlungsschwerpunkt werden. Zum Glück werden die Listen und die Möglichkeiten jener Ärzte und Therapeuten, die diese Sichtweise vertreten, immer länger und vor allem immer erfolgreicher.

„Sich auf das Universum einzulassen kann etwas sehr Praktisches sein, wenn es richtig getan und verstanden wird. Der Mensch wäre niemals so hilflos, wie er zu sein glaubt und sich fühlt, wenn er sich nur in seine inneren Energien und die tiefen versteckten Quellen des Lebens einfühlen könnte", meint zum Beispiel Dr. Randolph Stone. Ich habe mit alternativen Behandlungsmethoden, allen voran mit der Polarity-Therapie, der von Randolph Stone entwickelten Methode zur Behandlung des Menschen frei von Medikamenten, jedenfalls ausgezeichnete Erfahrungen gemacht.[4]

Den Blick für Zusammenhänge zu schärfen, ermöglicht es auch, Veränderungssignale bewusster zu erkennen, eine Haltung wiederzuentdecken, die Gefüge erahnen und verstehen lässt. Dabei ist die Intuition das beste Hilfsinstrument, um diese Gesamtheit zu erfassen und die Warnsignale als Gelegenheiten wahrzunehmen.

Ein Beispiel für diese Zusammenhänge ist meine Klientin Anna. Als sie erkannte, dass ihre Asthmaanfälle mit ihrem ungeliebten Vorgesetzten zu tun haben könnten, fiel es ihr wie Schuppen von den Augen. Jahrelang hatte sie die Ursache in medizinischen Lösungen gesucht. Ohne Erfolg! Erst als sie sich bewusster mit ihrem Körper und seinen Symptomen auseinandersetzte, fiel ihr auf, wann diese stärker wurden. Mit meiner Hilfe gelang es ihr, die Wurzel und den Auslöser zu finden. Gemeinsam machten wir uns vorerst auf die Suche in ihrem Familiensystem. Dort fanden wir den Ursprung ihrer Atemnot in ihrer Beziehung zu ihrem Vater. Als kleines Mädchen hatte er ihr immer wieder das Gefühl gegeben, nichts richtig machen zu können. Das nahm ihr buchstäblich die Luft zum Atmen. Dadurch stellte sich bei ihr auch ein Gefühl des Versagens ein. Durch die bloße Anwesenheit ihres Chefs wurde das gleiche Gefühl von damals neuerlich ausgelöst. Das Gefühl, nichts richtig machen zu können, äußerte sich in ihren Asthmaanfällen. Durch ein bewusstes Rückgaberitual veränderte sich ihr gesamter Zustand und die „Wut im Bauch", von der sie immer wieder sprach, verschwand genauso wie ihre Asthmaanfälle.

Wir haben die Freiheit zu entscheiden. Wir können selbst wählen, den Signalen oder Impulsen zu folgen, etwas zu tun oder nicht zu tun, eine Sache zu verändern oder zu lassen. Hinweise gibt es meist viele, sie auch wirklich ernst zu nehmen ist die Kunst, die jeder trainieren kann. Ein Schlüssel für die Unterscheidung zwischen einfachen äußeren Hindernissen und tatsächlichen Warnungen ist es, klar zu spüren, ob das unbedingte Wollen im Vordergrund steht oder ein Aufruf, etwas tatsächlich zu unterlassen, gemeint ist. Meist zeigen sich solche wichtigen Stoppzeichen kontinuierlich und oft hintereinander, damit wir sie bemerken.

Herzklopfen, das sich immer vor wichtigen Ereignissen einstellt und eine klare Entscheidung verhindert, kann ein Hinweis sein. Genauso kann auch ein schlechtes Gewissen ein Signal sein. Selbst nach der dritten Übersiedlung und dem fünften Jobwechsel hatte Alexandra beispielsweise immer noch das Gefühl, ihren „Platz im Leben" nicht finden zu können. Dieses Dauergefühl führte sie gemeinsam mit mir dazu, ihren Platz in ihrer Familie zu hinterfragen. Wir fanden heraus, dass sie als jüngstes ihrer sechs Geschwister bis heute ihren Platz dort noch nicht gefunden hatte. Sie musste zuerst einmal das Gefühl entwickeln, auch als jüngstes Mitglied ihrer Familie willkommen zu sein. Dadurch kam Alexandra zum ersten Mal an und die Angst, verlassen zu werden, entspannte sich in einem Gefühl von „Ich darf bleiben!"

Wenn wir die Wiederholung der Signale ignorieren, werden sie heftiger und unangenehmer.

Eine hilfreiche Regel ist es, Ereignissen, die sich dreimal wiederholen, Beachtung zu schenken. Das Prinzip der Dreiheit findet sich in vielen Lehren und Methoden wieder. Auch Menschen, die in beratenden Berufen tätig sind, wird oft empfohlen, ein Angebot zur Unterstützung maximal dreimal zu wiederholen.

Dieses Prinzip der Dreiheit finden wir spannenderweise sowohl im spirituellen Bereich als Körper – Geist – Seele als auch in den Religionen als Form der Dreifaltigkeit und ebenso in anderen Ansätzen wie zum Beispiel Pita – Vatha – Kapha als Basis der Ayurvedischen Medizin. Das Trias-Prinzip finden wir beinahe in jedem Bereich unseres Lebens.

(Siehe auch Kapitel 4, „Stabile Werte haben drei Aspekte".) Sogar im unternehmerischen Denken sind es drei Schritte, Schlüssel oder Pole, die wir als Basis für den Erfolg definieren. Wenn wir diese Dreiheit als Hinweise deuten, um offen für Veränderungen zu bleiben, gelingt es, sich mit dem Fluss des Lebens und den Signalen des Universums zu verbinden und möglicherweise Krisen abzuwenden. Als sehr einfaches Modell unterstützt es die eigene Intuition und erleichtert es, den Lebensweg zu finden.

Wer sich für Numerologie interessiert, findet diese Besonderheit der Dreiheit übrigens auch hier: Isabella Farkasch[5], Trainerin und Spezialistin der Lehre der Kabbala, meint dazu: „Ein dreifach im Namen vorkommender Buchstabenwert wird als besonders wirksam gewertet. Wer zum Beispiel dreimal den Buchstaben A in seinem Namen trägt, ist besonders willensstark und kann sich auch gut durchsetzen, da das Selbstbewusstsein gefestigt ist. Dreimal den Buchstaben B wiederum prägen einen sehr lern- und wissbegierigen Menschen.

Natürlich ist es gut, Botschaften unseres Körpers in positiver Weise für uns zu nutzen. Es wäre aber wahrlich schrecklich, wenn wir jeder Kleinigkeit eine Bedeutung umhängen würden und hinter jedem Scherbenhäuflein eine Drohung vermuten. Ein sensibles Wahrnehmen von Signalen und Warnungen ist leichter, als man annimmt. Eigentlich bedeutet es nur zu lernen, ganz „bei sich zu sein". Mit einer Art Zentriertheit, also mit dem Spüren der inneren Mitte, gelingt es besser, hinter einem äußeren Impuls eine wahre „Botschaft" zu verstehen, ohne dabei in Paranoia zu verfallen.

Für mich gab es genug Zeichen, die mich, hätte ich sie beachtet, davon abgehalten hätten, meine schicksalhafte Motorradfahrt im November 2010 anzutreten. Doch mein Wunsch loszufahren und den tollen Tag auszunutzen, war zu groß. Damals war ich nicht in der Lage, die Kette der Warnungen zu erkennen, die so manches verhindern hätten können. Den ersten Hinweis sprach mein Mann aus, der mir aus meiner damaligen Sicht übertrieben besorgt und ängstlich riet, vorsichtig zu sein. Ich empfand seine Sorge damals als viel zu überzogen. Außerdem forderte er damit eine Trotzreaktion heraus. Was bildete er sich denn ein? Mir Vorschriften machen zu wollen? Auch die Intuition der Menschen, die uns lieben, sollten wir nicht ignorieren!

Das zweite Signal kam vom ÖAMTC-Pannenfahrer, der meinem Motorrad Starthilfe gab und mich umsichtig darauf hinwies, mich doch etwas wärmer anzuziehen. „Der Tag ist zwar sonnig, doch mit dem Fahrtwind könnte es sehr kühl werden", meinte er. Auch hier hätte ich noch umdenken können. Mit meiner dicken Lederjacke ausgerüstet, wollte ich dann die Fahrt antreten. Doch der Reißverschluss der Jacke ging kaputt. Spätestens jetzt hätte ich mir denken können: Vielleicht ist es besser, zu Hause zu bleiben. Doch dann sah ich die Sonne scheinen und weg war die Sorge. „Nicht so zimperlich, Claudia – der Tag ist warm und schön!", verscheuchte ich mein inneres Stimmchen … Auch dieses, aus heutiger Sicht fast eindeutige Signal, wischte ich zur Seite und zog einfach eine andere Jacke an. Getrieben von meinem Wollen fuhr ich los. Meine Ratio, die dem Wollen diente, hatte gesiegt.

Eigentlich hätte mir selbst auffallen sollen, dass ich zu diesem Zeitpunkt oberflächlich betrachtet „gesund" wirkte, doch innerlich brodelte es in mir wie in einem Kochtopf. Die firmeninternen Vorgänge blockierten mich, einem inneren Gefühl mehr zu trauen, das mir empfahl, lieber zu Hause auszurasten. Mein Kopf war nicht frei, für die Stimme der Weisheit, die mich mahnte, unkonzentriert und chaotisch zu sein. Ich täuschte mir sogar vor, diese entspannende Motorradfahrt nötig zu haben, um meinen Kopf wieder freizubekommen. Gefangen in den innerlichen Verstrickungen, konnte ich auch die äußeren Hinweise nicht erkennen, die zuerst sanft und dann immer kräftiger an meine Wahrnehmungsstür klopften.

Albert Einstein meinte: „Der intuitive Geist ist ein heiliges Geschenk und der rationale Geist ist ein treuer Diener. Wir haben eine Gesellschaft, die den Diener ehrt und haben dabei das Geschenk vergessen."

Das Wollen ist eines der stärksten Gefühle in uns und daher ist es nicht verwunderlich, wenn es manchmal die zarten Töne und Warnungen der Intuition überhören lässt. Neuste Erkenntnisse der Gehirnforscher, allen voran Gerald Hüther und Manfred Spitzer, weisen uns darauf hin, dass Gefühle unser Erleben bestimmen und Bewertungen unser Handeln.

4. Leben im Jetzt

Unser Denken ist offenkundig immer schon und immer noch aus der Vergangenheit bestimmt. Normalerweise richten wir unsere Aufmerksamkeit zu 40 Prozent in die Vergangenheit, nur 20 Prozent leben wir in der Gegenwart und mit 40 Prozent unseres Bewusstseins orientieren wir uns auf die Zukunft.

Halten Sie einen Moment inne, während Sie das lesen. Woran denken Sie? Hängen Sie den Worten nach, die Sie gelesen haben? Oder warten Sie gespannt darauf, was nun folgt? Oder lesen Sie den Abschnitt schon zum dritten Mal, weil Ihre Gedanken ständig abschweifen und es Ihnen schwerfällt, sich zu konzentrieren? Geht es Ihnen wie Maria? ... Sie legt das Buch zur Seite und beginnt zu grübeln. Ihre Gedanken schweifen von diesem Augenblick hin zu ihrer letzten Begegnung mit Klaus. „Oh, wie schön war das gemeinsame Abendessen, so unbeschwert haben wir schon lange nicht mehr gelacht. Hoffentlich sehen wir uns bald wieder. Er ist immer so beschäftigt und die Zeit ist sehr karg für ein ausgedehntes Treffen ..." Sie hängt ihren Gedanken nach und schon ist ihre Aufmerksamkeit in der Vergangenheit oder sie macht sich Sorgen um die Zukunft.

Erleben Sie das auch so? Ihr Gedankengefüge folgt dem Muster. Der menschliche Geist versucht alles, was er wahrnimmt, in ein Geflecht aus Gedanken und Bedeutungszuschreibungen einzuspinnen.

Mir ging es auch lange so. Meine Gedanken und Gefühle schrien nach Liebe, Sicherheit und Beachtung. Ich fragte mich, ob ich das verdient hätte, ob es anders hätte sein können. Mir lag das Hadern mit dem eigenen Schicksal näher, als mich mit mir selbst und meinen Lernaufgaben zu beschäftigen. Dabei verbraucht jeder Kampf gegen die Offensichtlichkeiten alle Energie, die so dringend für Erneuerung und Heilung benötigt wird.

Widerstand und Verbitterung sind Kampfansagen gegen das Leben, das beständig seinen Lauf nimmt. Meist haben Belastungen äußere Turbulenzen oder Schicksale, Kriege, die wir gegen uns selbst führen, als Ursachen. Martha führt zum Beispiel seit Jahren einen Feldzug gegen sich selbst. Sie fühlt sich von ihrer Familie ausgenutzt und leidet an der Last der vergangenen Ehejahre. Sie meint: „Ich habe jahrelang nur gegeben, weiß, dass ich auf mich achten sollte, aber ich kann nicht! Ich lese Bücher, besuche Seminare, aber meine Gedanken kreisen ständig um meine Vergangenheit. Ich habe Angst vor der Zukunft. Fast lähmt mich die Angst vor der Angst und macht mich handlungsunfähig. Einerseits sehne ich mich nach einer Veränderung, andererseits schaffe ich es nicht, es mir gut gehen zu lassen."

Wo viel Altes stirbt, will Neues geboren werden!

Beobachten, wahrnehmen, nicht bewerten, daraus besteht die erste Phase des Prozesses der Neubildung und diese bewirkt einen Zugang zu neuer Lebenskraft. Dabei hilft fast jede Methode, die die Seele entlastet. Schreiben, Gespräche, tatsächliches Entrümpeln der Wohnung, alte Gefühle aufschreiben, verbrennen, abschließen mit der Vergangenheit, alles, was den Geist zur Ruhe bringt. Es geht vor allem darum, gewohnte Verhaltensmuster aufzubrechen. Das bedeutet, raus aus der eigenen, engen Sichtweise und hinein in die Sicht, die mit anderen verbunden ist, in das Erkennen eines großen Zusammenhangs.

Aber vor allem geht es um eines: Die Tatsachen als Tatsachen anzuerkennen. Ganz im Sinne von Ludwig Wittgenstein, der meinte: „Denn die Welt ist alles, was der Fall ist. Im Annehmen der Tatsachen liegt die Aufgabe, die zur Lösung führt." Das erfordert etwas Mut, aber schenkt Ihnen rasch wieder Kräfte und legt Ressourcen frei.

Wer also den Krieg gegen sich selbst beendet, findet Frieden im Innen und Außen. Beginnen wir, ganz im Jetzt zu bleiben und den Wert zu erkennen, der im Loslassen der Vergangenheit und der Zukunft liegt. Natürlich erfordert es Mut, sich mit sich selbst und den Ereignissen zu beschäftigen. Es bringt aber auch viel Leichtigkeit mit sich, sich von den echten Impulsen des Lebens lenken zu lassen.

Als Martha sich mit ihrer Vergangenheit aussöhnte, wurden ihre Gedanken ruhig. Frieden und Stille stellten sich ein, die ihr halfen, ihre Ängste zu besiegen und sich auf ein neues Ziel auszurichten.

5. Im Fluss des Vertrauens sein

Manfred war mit seinem Leben sehr unzufrieden. Unglücklich und beinahe verbittert bat er um Hilfe. Obwohl er eine gute Ehe führte und zwei wundervolle Töchter hatte, die er auf keinen Fall verlieren wollte, hegte er düstere und depressive Gedanken und machte sich Selbstvorwürfe. Er sagte zu sich selbst: „Ich mache es den anderen niemals recht! Ich zweifle an allem und an jedem, ich traue kaum jemandem mehr. Ich habe Angst, meine Raten für das Haus nicht mehr bezahlen zu können. Die Sorgen und die Gedanken an meine Zukunft treiben mich zum Wahnsinn. Dabei sind die Schulden bald abbezahlt. Aber ich fühle eine enorme Last auf mir, die ich nicht mehr tragen kann. In mir schreit alles! Ich kann nicht mehr. Ich bin ausgepowert und müde!" – Seine Selbstzweifel hatten mit seinem mangelnden Selbstvertrauen zu tun.

Ohne es zu wissen, sind wir immer nur ein paar Gedanken vom inneren Frieden entfernt. Im „Fluss des Lebens" zu sein bedeutet anzunehmen, was ist, Gewissheit in sich zu festigen und anzuerkennen, dass starke Stürme, Unwetter und Niederschläge einen Fluss aufpeitschen und in Unruhe bringen können. Doch danach folgen auch immer wieder Phasen der Ruhe, der kraftvollen Vorwärtsbewegung, in der Neuordnung und Klärung stattfinden können. Diese positiven Aspekte erlebt jeder auf unterschiedlichsten Ebenen. Vorausgesetzt, wir geben den Widerstand auf. Vielfach kämpfen wir jedoch gegen die Tatsachen an und erblicken in unseren Erfahrungen nur unliebsame Situationen. Wir sehen eher das Minus, bedauern uns selbst oder richten den Blick nur auf das, was fehlt. Belastende Emotionen werden zu Energiefressern.

Wir verlieren deshalb so viel Lebensmut, weil wir Tatsachen gerne verdrängen, statt die Aufforderung anzunehmen und bewusst hinter das Erlebte zu blicken, in ihnen „goldene Gelegenheiten" zu suchen und diese in Lebensenergie und Lebenskraft umzuwandeln. Ein abruptes Unglück, ein Stopp oder eine äußere Veränderung enthält die größte Chance, Förderliches von Hinderlichem zu trennen und sich dabei neu auszurichten, fast so, als ob man entrümpelt oder in ein neues Zuhause übersiedelt.

Langsam, Schritt für Schritt lernte Manfred seinen Druck und die eigenen negativen Bewertungen über sich selbst zu sehen und zu begreifen. Er lernte, seine wahren Wünsche von äußeren Konventionen zu unterscheiden. Sein Vertrauen gewann er wieder, indem er sich darauf zu konzentrieren lernte, worauf er stolz war, worüber er sich freuen konnte. Er machte sich all das bewusst, was er im Leben geschaffen hatte. Er ließ alle Bewertungen los und legte seinen Fokus ausschließlich darauf, was ihm gelungen war. Seine Depression war eine Einladung des Lebens, einen anderen Blick auf sich selbst zu suchen. Mit dem Blick auf das Positive kam auch wieder die Ruhe. Sie erlaubte ihm zu unterscheiden, was loszulassen war und was er festhalten sollte.

Die Vorwärtskraft hinter jedem Ereignis ist letztlich jene, die den Energiepegel wieder ansteigen lässt. Natürlich halten solche unvorhergesehenen Situationen wie mein Unfall jede Menge Geduldsübungen für uns bereit.

Jeden Tag überfluten Mainstreammedien uns mit Bildern über Veränderungen. Alles wird neu entwickelt, nichts soll beim Alten bleiben, denn Altes hat in unserer Gesellschaft keinen Wert. Doch meist sind die Bilder aus den Medien schnell wieder vergessen. Nur wenn sie uns selbst betreffen, halten wir sie länger fest. Das Sterben des Alten macht uns Schwierigkeiten. Wir reagieren verwirrt und unsicher, wenn wir etwas aufgeben sollen, ohne ein neues Ziel oder ohne neue Perspektive zu haben. Dieser Zustand von Instabilität ist nach unserem Gefühl etwas Unangenehmes. Doch Instabilität bedeutet nicht gleich hinzufallen und liegen zu bleiben, sondern ist gleichzeitig die Basis dafür, etwas Neues zu entwickeln und kreativ sein zu können. Als Kinder haben wir Radfahren, Skilaufen, Schwimmen und alle anderen Sportarten erst mal über Instabilität erfahren. Wir haben etwas ausprobiert und versucht, sind niedergefallen, wieder aufgestanden, so lange, bis wir „den Dreh heraus" hatten und uns sicherer fühlten. Die meisten haben ihre Unsicherheiten getilgt und finden es heute ganz normal, Rad zu fahren oder zu schwimmen. Als Erwachsene wollen wir die erreichten Zustände dann auch festhalten.

Oft hindert uns jedoch Angst daran, etwas anderes, Neues auszuprobieren, um wieder Stabilisierung zu finden. Werden wir durch ein Erlebnis aus unserem inneren Zentrum gerissen, wippen wir erst einmal wie ein Stehaufmännchen um unsere eigene Mitte oder verlieren völlig das innere Gleichgewicht. Während die einen jedoch nur hin und her pendeln und bald wieder ihre Balance gefunden haben, benötigen die anderen sehr lange, um ihre Stabilität wiederzufinden. In dieser Zeit des sich Wiederfindens in einer neuen Situation müssen längst überholte Ansichten hinterfragt und losgelassen werden, um Platz für einen Neubeginn zu schaffen. Als Kinder haben wir viele Dinge unbewusst und durch Beobachtungen aufgenommen, wo und wie wir unseren Platz in der Familie behaupten. Wir haben Programme entwickelt, wie wir mehr Aufmerksamkeit von unseren Eltern erhalten können oder wie wir mit Erfahrungen umgehen müssen. Als Erwachsene laufen dieselben inneren Entwürfe ab.

Vertrauen in das Leben zu haben bedeutet, seinen wirklichen inneren Impulsen zu folgen und sich vom eigenen Herzen leiten zu lassen. Dabei müssen wir die eigenen Sicherheitsgedanken aufgeben lernen, denn sie entstehen aus der Angst. Der unbedingte Glaube an die eigenen Fähigkeiten erzeugt jedoch Vertrauen. Dadurch können wir uns fallen lassen und etwas Neues kann entstehen. Denn vieles geschieht beinahe von allein, wenn wir Vertrauen haben. Wenn wir lernen, das zu leben, was in unseren Herzen brennt, wird die Saat aufgehen.

6. *Landeplätze für das Neue finden*

Das Neue braucht das Abstreifen von tief verinnerlichten Annahmen: „Das weiß ich schon", „Das kenne ich schon", „Das habe ich schon erlebt". Wenn wir loslassen und wachsam zuhören, was uns das Leben in jedem Moment anbietet, kann uns unser Herz finden. Erst dann kann der Raum für Intuition entstehen, den wir meist Zufall nennen. Wir können den Funken der Zukunft nur sehen, wenn wir uns erlauben, ohne Vorurteile und ohne Angst zu sein. Eine neue Idee, eine Vision, ein Ziel, etwas, zu dem es uns hinzieht, kann sich quasi überall zeigen. Man muss nur damit beginnen, sich wieder für das Leben zu öffnen und sich dafür zu interessieren. Vielleicht rufen wir spontan eine Nummer an, die wir gerade in einer Zeitung gelesen haben und erhalten einen Auftrag. Oder treffen einen alten Freund, der uns etwas erzählt, das genau die Antwort enthält, die wir suchen. Wer es wagt, zu vertrauen und sich vom „Ich will" zu befreien, findet leichter das Neue. Der Weg zum Neuen führt über das In-die-Stille-hinein-Horchen, aus der heraus das Noch-nicht-Manifestierte erscheint. Wer hat nicht auch schon die Erfahrung gemacht, dass im Augenblick der größten Verzweiflung und des damit verbundenen Loslassens plötzlich etwas Unerwartetes, etwas Erleichterndes oder Erlösendes auftaucht. Mitten im Sortieren kann ein Moment der Leere entstehen, am Null-Punkt des Nichtwissens. (Über die Kraft des Nichtwissens erfahren Sie mehr im Kapitel 4.)

Bilden Sie dieses Vertrauen nicht erst dann aus, wenn Sie verzweifelt sind oder Ihnen das Schicksal bereits übel mitgespielt hat. Es kann jeden Tag ein Teil unserer Haltung werden.

7. Das Bewerten aufgeben

Das Gehirn ist nach langen Jahren des Nichtwissens zentrales Forschungsthema der modernen Wissenschaft geworden. Heute kann man dem Gehirn „beim Denken zusehen" oder genauer gesagt, dabei zusehen, welche elektrischen und biochemischen Spuren unser Denken hinterlässt. Botenstoffe im Gehirn, die über Nervenzellen miteinander kommunizieren, sind ein Grund dafür, dass ein Hochgefühl durch Liebe, Erfolg, Lob, Bestätigung oder Motivation entsteht. Forscher beweisen, dass wir sogar in der Lage sind, unser Glücksempfinden zu steuern. Die Erneuerbarkeit und Plastizität des Gehirns entsteht durch die Fähigkeit der Gehirnnervenzellen, sich immer wieder neu zu verbinden. So sind wir durch die Synapsen in der Lage, ein Leben lang zu lernen. Wir können unser Gehirn selbst bis ins hohe Alter positiv oder negativ neu modulieren.

Dabei sind unsere Bewertungen ein wichtiger Schlüssel. Wie wir eine Situation erleben und in dieser entscheiden, wird durch unsere Wahrnehmung gefiltert. Unsere inneren Bilder und unser Empfinden über Situationen, zum Beispiel ob wir ein negatives oder positives Bild von einer Situation haben wollen, ist bei jedem Menschen unterschiedlich. Nicht die äußeren Ereignisse lösen unsere Gefühle und unser Verhalten aus, sondern unsere Wahl der Gedanken, Bilder und ihre Bewertung darüber erzeugen eine Erregung, also eine Aktivierung im Gehirn. Gerald Hüther beschreibt, wie wir diese inneren Bilder quasi „überschreiben" können[6] und damit eine vermehrte oder verringerte Ausscheidung von Glückshormonen beeinflussen. Denn diese Bilder speichert unser Gehirn wie ein Computer durch die synaptischen Verschaltungen.

Wenn wir Situationen negativ bewerten, uns verantwortlich, schuldig oder schlecht fühlen, kann es durchaus nützlich sein, uns selbst die Frage zu stellen: Wo wurde ich hineingeboren? Welche ungeschriebenen Gesetze trage ich in mir?

Das Tolle dabei ist, dass wir ein neues positives Erwartungsbild so oft in uns wiederholen können, bis wir dazugelernt haben. Was heißt, dass wir unsere Wahrnehmung und damit unsere Wirklichkeit selbst erschaffen. Begrenzungen und Bewertungen über uns und andere entstehen im Kopf und werden ins Herz gesogen. Daher ist unser Erleben veränderbar! Wir entscheiden, welche Bedeutung wir unseren bisherigen Erfahrungen geben. Auch darüber, ob wir innere Grenzen ziehen oder offen und wertneutral mit den Situationen umgehen. *„Wir erzeugen zwar nicht unser Leben selbst, aber unser Erleben!"*, meinte dazu Gunther Schmidt vom Milton Erickson Institut in Heidelberg.

In der buddhistischen Literatur gibt es dazu folgende Geschichte: „Der Säugling einer Mutter war gestorben. Die Frau kam noch mit ihrem toten Kind auf dem Arm zu Buddha und erbat sich seine Hilfe gegen ihr Leid. Ja, sie fragte Buddha sogar, ob es Mittel gäbe, ihr Kind wieder zum Leben zu erwecken. Der Buddha antwortete: Wenn sie eine Familie fände, in der noch nie jemand gestorben sei, werde ihr Kind wieder lebendig. Die Frau ging von Haus zu Haus und fand heraus, dass bisher niemand vom Tod verschont geblieben war: Großeltern, Geschwister, Kinder. Die Frau hatte geglaubt, in ihrem Schmerz völlig allein zu sein, aber die anderen Menschen hatten bereits dasselbe erlebt, es überlebt und verkraftet."

Auch ich dachte in den ersten Wochen: „Ich kann es nicht aushalten! Die Schmerzen sind zu groß! Ich werde nie mehr meinen Arm bewegen können. Ich werde nie mehr einen Löffel zum Mund führen können. Meine linke Körperhälfte ist schwer lädiert! Mein Rücken, mein Becken, meine

Hüfte, meine Knie schmerzen und sind unbeweglich. Ich bin schwer betroffen." Eine bittere Realität, bis ich in der Amputationsabteilung im „Weißen Hof" ankam, die für die nächsten Monate mein Aufenthaltsort sein sollte. Was mir erst so schwer zu tragen erschien, wurde im Vergleich zu anderen Schicksalen plötzlich aushaltbarer und halb so schlimm. Im Vergleich zu anderen hatte ich nämlich buchstäblich wirklich Glück gehabt!

Der 16-jährige Patrick zum Beispiel, der im Rollstuhl saß. Ihm wurde nach einem schweren Landmaschinenunfall ein Bein zur Gänze amputiert, das zweite blieb ihm Dank der Kunst der Ärzte glücklicherweise erhalten. Es wurde in mühevoller Kleinarbeit zurechtgebogen, geschient und gedreht. Oder Lukas, der beide Beine bei einem Autounfall verloren hatte und danach an den Rollstuhl gefesselt blieb. Sie hatten beide noch schwerer zu tragen und unbeabsichtigt ermutigten sie mich, meinen eigenen Verlust leichter annehmen zu können. Meine Gedanken veränderten sich, denn mir wurde klar, dass alles viel schlimmer hätte kommen können.

Wir brauchen uns natürlich nicht immer an schlimmeren Schicksalen zu orientieren, trotzdem erleichtert uns diese Sichtweise, dass es auch anders hätte kommen können.

Das Dilemma der Angst – wie negative Erwartungen im Gehirn wirken

Angst macht unfrei, sie blockiert Geist und Körper. Die ausbleibenden endogenen Opiate[7], das sind Hormone, die wir, wenn wir Glück empfinden, produzieren. Sie wirken auf unsere Emotionalzentren im Gehirn. Die Ausschüttung der Glücksbotenstoffe Dopamin, Oxytozin und Opioide „belohnt" uns mit subjektivem Wohlergehen und mit körperlicher und mentaler Gesundheit. Üblicherweise beruhigen diese Botenstoffe den angesammelten Stress und reduzieren unsere Angst. Doch belastende Situationen und Beziehungen führen zu einer Verringerung dieser Hormone. Wir schütten dann vermehrt Adrenalin und andere Stresshormone aus. So überschüttet, fühlen wir uns vor Angst erstarrt oder einfach handlungsunfähig. Bei lang andauernden Stresssituationen erahnen wir, dass es so nicht weitergehen kann und eine andere Lösung gefunden werden muss. Nur wie? Immer wieder durchdenken wir unzählige Möglichkeiten und suchen unser Gehirn nach brauchbaren Bildern und Denkmustern ab. Doch wie automatisch rutschen unsere Gedanken in die alten Bahnen und Programme der inzwischen ungeeignet gewordenen Verhaltensmuster.

Wir versuchen zum Beispiel, den Stress durch mehr Arbeit und längere Anwesenheitszeiten auszugleichen. Dadurch erhoffen wir uns höhere Anerkennung und glauben, dass wir den Job damit nicht mehr verlieren können. Körperliche Symptome nehmen wir nicht ernst oder unterdrücken sie mit Medikamenten. Anstatt auszurasten und Energie zu tanken, erhöhen wir weiter die Arbeitsintensität. Dabei nähren wir oft den falschen Glauben mit der Ausrede, dass es sich ohnehin nur um eine momentane Situation handle.

Sehr viele Menschen nähren die Angst und die damit verbundenen Gefühle des Misstrauens, des Mangeldenkens, der Negativität, der Furcht und der Melancholie und verschließen sich gleichzeitig allen positiven Chancen. Sie stellen alles infrage, sind voller Zweifel und Verunsicherung, lassen Bedrücktheit, Antriebslosigkeit und Frust zu und öffnen damit einer negativen Spirale Tür und Tor. Ängstigende, innere Bilder, denen wir nachhängen und denen wir zu viel Aufmerksamkeit geben, wirken, als nährten wir ein inneres „Ungeheuer". Dadurch überschwemmen wir unser Gehirn mit Wellen an Stresshormonen[8], die wieder Angst und

Druck verursachen. So wie Scheuklappen bei Pferden verengen sie unseren Blick und führen in unserem Gehirn zu einer einseitigen Sichtweise. Hilflosigkeit und Verzweiflung machen sich breit und der Körper wird oft über einen langen Zeitraum hinweg von diesen Hormonwellen überflutet. Die entsprechenden Emotionen führen zu verschiedenen Reaktionsketten und unterschiedlichen Arten von Depressionen[9]. Oft, völlig unbewusst und unabhängig, geschieht das außerhalb unserer Kontrolle. Unruhige Träume rauben zusätzlich den Schlaf, der uns Erfrischung und Kraft spenden sollte. So einen Zustand können wir nur so lange aufrechterhalten, bis das schwächste Glied der Kette unseres Körpers zusammenbricht. Krankheit, Burn-out, plötzliche, schicksalhafte Veränderungen auch in unseren Beziehungen sind dann nicht selten. Aus so einem Negativkreislauf auszusteigen, erfordert Willensstärke und professionelle Maßnahmen, die auch wirklich funktionieren.

Meine emotionale Balance zwischen meinem Denken und Fühlen zu finden war in der Zeit meiner Rehabilitation enorm schwierig. Gedanken um meine Zukunft kreisten unaufhörlich in meinem Kopf. Ich hatte Angst. Die Angst vor dem Tod war geringer als die Angst vor dem Leben. Ich fragte mich fortwährend, was aus mir und meiner Behinderung werden solle. In dieser Zeit belasteten mich meine Gedanken. Ich wollte mir nicht vorstellen, dass der Satz: „Ich kann nicht!" oder „Es geht nicht!" mein Leben bestimmen sollte. Angst ist existenziell, wenn sie eine reale Gefahr für Leib und Leben darstellt. Sie schien daher berechtigt, als ich das Pochen der Apparate, die meinen Herzschlag und meinen Blutdruck kontrollierten, wahrnahm. Auch die reale Gefahr von zwei Lungenembolien und den damit einhergehenden hohen Fieberschüben löste berechtigt Angst aus.
Angst, die durch Gedanken an mögliche Verluste oder

eine ungewisse Zukunft ausgelöst wird, ist ein gewaltiges Täuschungsmanöver unseres Gehirns, eine Illusion. Ich „quälte" mich sozusagen in einem von mir selbst produzierten, inneren Film, in dem ich und meine Ängste die Hauptdarsteller waren. Ähnlich wie in einem Hollywood-Streifen reihte ich Bilder an Bilder, Ängste an Ängste, Situationen an Situationen und vergeudete machtvolle Energien. Diese standen mir nun aber nicht für meine Heilung zur Verfügung.

Ich muss Ihnen sicherlich nicht beweisen, dass der unbewusste Umgang mit den eigenen Ängsten und Widerständen uns auf einen Energiepegel absinken lassen kann, der so niedrig ist, dass es uns sogar schwerfällt, den Mund zu öffnen, den Arm oder den Kopf zu heben oder aus dem Bett aufzustehen. Mitunter waren meine körperlichen Beschwerden in diesem Zustand so heftig, dass ich lieber aufgeben wollte, als weiterzumachen.

„Es sind nicht die Dinge oder die Begriffe, die uns beunruhigen, sondern die Meinung, die wir über die Dinge haben", meint Heinz von Foerster[10] in seinem Buch „Wissen und Gewissen".

Die Vielfalt der Welt wird über unsere Sinnesorgane in die neuronale Einheitssprache der inneren Bilder übersetzt und im Gehirn gespeichert. In der Kindheit lernen wir durch Beobachten und Kopieren Verhaltensmuster, um Werte- und Orientierungssysteme kennenzulernen. Wir übernehmen unbewusst informelle Regeln wie zum Beispiel, wie „man zu sein hat", wie „man sich benehmen soll", „was gut und schlecht" ist und kreieren eine moralische Instanz, eine Art inneren Richter, der in uns Schuldgefühle oder Ängste auslöst. Wir lernen uns zu rechtfertigen oder uns und andere für etwas zu bestrafen. Diese Verschaltungen im Gehirn werden durch die Sinnesorgane aktiviert und entfesseln den ganzen Komplex an informellen, gespeicherten Regeln. Daher scheint es uns so schwer zu gelingen, aus dem Dilemma der Angst auszusteigen.

Wir können uns jedoch befreien!

Zuallererst, wie bereits erwähnt, indem wir lernen, die Tatsachen anzunehmen und bewusst wertzuschätzen, was jetzt ist. Erst dann kommt auch die Bereitschaft, sich an Erlebnisse und Ereignisse zu erinnern, ihnen einen passenden Platz im Herzen zu geben, sie zu würdigen und beteiligten Personen zu vergeben. Denn Vergebung ist eine geheime, aber wichtige Zutat, um blockierte Energien wieder zu befreien. Auch dann, wenn es negative Erfahrungen waren, die wir erleben mussten. Im Loslassen können wir sie, ohne sie zu bewerten oder zu verdrängen, als vergangen akzeptieren. Sich mit ihnen zu versöhnen, darin liegt ein enormer Energiezugewinn. Hass bindet stärker als Liebe und macht uns unfrei. Denn die Triebfeder des Hasses entspringt einem tiefen inneren Gefühl von Minderwertigkeit. Wenn das Innere heilen kann, erleben wir die Gegenwart kostbarer, fühlen uns liebenswerter und freier. Daher hilft ein Blick zurück, um Altes zu erlösen und zu befreien. So lässt sich eine neue Zukunft gestalten.

Im Aufgeben des Widerstands gegen die Tatsachen liegt die „goldene Gelegenheit", uns selbst zu begegnen und die Energie in pure Lebensenergie zu verwandeln.

Ständig über die eigenen Probleme nachzudenken, sie zu diskutieren und jedem zu erzählen, wirkt wie Dünger auf sie. Denn Gefühle werden durch das Reden verstärkt, in stark belasteten Situationen natürlich auch entspannt. Jeder kennt das erleichternde, gute Gespräch mit Freunden oder in der Therapie. Doch ein immer wiederkehrendes Erzählen, ohne eine Lösung zu suchen, ändert wenig an den Tatsachen.

Die gute Nachricht: Wir können selbst Regisseure der eigenen Zukunft sein, anstatt Opfer der Umstände. Sich getrennt, isoliert, krank und depressiv zu fühlen ist eine höfliche Einladung des Lebens, einen Wechsel der eigenen Perspektive vorzunehmen oder neue Balance herzustellen.

Wer Angst, Neid, Ärger, Eifersucht oder Enttäuschung in sich genau analysiert, wird bemerken, dass nicht die Situationen diese Gefühle erzeugen, sondern die Gedanken, die wir uns über eine Situation machen. Über unsere Bewertungen und Beurteilungen heften wir ein Etikett auf das Erlebte. Wir beobachten uns und andere und kleben das passende Schild daran: *„Mein Nachbar grüßt kaum zurück, wenn ich ihn sehe"* – Etikett: Er ist arroganter Schnösel!, *„Ich bin so arm, denn ich muss so viel leiden!"*, *„Ich bin zu dick/zu dünn/glücklich/unglücklich/arm/bedauernswert"* – Etikett: Ich bin bemitleidenswert, *„Meine Kolleginnen behandeln mich unfair"* – Etikett: Ich bin ein armes Opfer! Selbstmitleid und Verbitterung bringen niemandem etwas, schon gar nicht uns selbst.

Wir haben den freien Willen und können autonom entscheiden, wie wir ihn nützen. Benützen wir ihn einseitig für Bewertungen oder Verurteilungen? Oder suchen wir in jeder Situation auch die guten Dinge? Dann können diese in unserem Leben wachsen.

Verzweiflung und Ratlosigkeit haben aber auch eine positive Seite. Sie sind die Voraussetzung dafür, dass wir einen neuen, geeigneteren Weg zur Bewältigung der Angst suchen.

Wer glücklich leben möchte, sucht in seinen Lebenssituationen die Gegenkraft der Angst. Fragen Sie sich jetzt, was der Gegenpol der Angst ist? Was imstande ist, die Dunkelheit in Buntheit zu verwandeln? Was Licht in einen dunklen Alltag bringt? Die wichtigsten Gegenkräfte der Angst sind Liebe, Hoffnung und Dankbarkeit! Mit inneren und äußeren Bildern, Fotos oder Zeichnungen, die unser Glücksempfinden wieder neu hervorholen, können wir sie uns vorstellen und im Außen so anbringen, dass wir sie, wenn auch unbewusst, wahrnehmen können. Dadurch geben wir ihnen mittels Gedankenkraft Nahrung und unser Gehirn lernt andere „Bahnungen" zu bilden. Eine weitere Gegenkraft ist Toleranz. Durch sie sind wir imstande, das Ver- und Beurteilen anderer ganz bewusst zu unterlassen und wertfrei das Jetzt, den Moment zu akzeptieren. Wer glücklich sein will, nimmt das, was auf ihn zukommt, mit Freude an, macht sich nicht selbst zum Sklaven und Diener von Besitztümern und Karrieren. Denn Gesundheit und Glück hängen nicht nur vom Körper ab, sondern auch von den Energien, die ihn in Gang halten, die durch ihn hindurchströmen und ihn mit Leben erfüllen.

Selbst Depression, Niedergeschlagenheit und Traurigkeit drücken sich über Metaphern, also Bilder, die oft schon in der Alltagssprache vorkommen, aus. Zum Beispiel sagen manche: „Ich trage eine Last auf meinen Schultern, die nicht mir gehört!", „Irgendwie fühlt es sich an, als ob mich ein schwerer Stein hinunterzieht!" oder: „Ich fühle einen Druck auf meiner Brust!" Ich schlage dann oft vor, symbolisch Steine oder schwere Gegenstände zu suchen, die etwa dem Gewicht der erlebten Last entsprechen. Die Steine machen erst einmal deutlich, was hier Belastendes herumgeschleppt wird. Lassen Sie sich dabei reichlich Zeit, um wirklich spüren zu können, wie schwer die Last ist. Atmen Sie dieses Gefühl auch noch zusätzlich in den Stein hinein. Danach empfehle ich Ihnen, diesen Stein oder den Gegenstand an einen „guten Platz im Ganzen" zu bringen. Damit meine ich einen Ort, der weit weg vom eigenen Zuhause ist, wie zum Beispiel einen Fluss, einen Berg oder unter einem Baum. Dort legen Sie Ihre Last ab und erleichtern Ihr Befinden mit dem Satz: „Ich habe es lange getragen. Doch jetzt ist es mir zu schwer geworden. Daher gebe ich es zurück ans Ganze!" Erleben Sie selbst die damit verbundene, wohltuende Erleichterung!

Klientinnen und Klienten, die diese Erfahrung gemacht

haben, berichteten mir, dass ihr Druck wesentlich leichter geworden sei oder sogar ganz verschwand.

So navigieren Sie sich wohltuend durch Ihren seelischen Druck, erleichtern Angst, Druck und Schmerz und aktivieren die positiven Gegenpole der Angst. Lassen Sie sich einfach von Ihrer Intuition inspirieren!

Je mehr unsere Gedanken um das eigene Ich kreisen, desto unglücklicher werden wir. Eine Reduzierung der Ich-Bezogenheit hilft uns, zu heilen und die Selbstliebe zu entwickeln. Denn wir sind mehr als unser Körper, wir sind das, was unseren Körper beseelt. Wir können jedoch aufhören, unsere Denkaktivitäten ängstlich um diesen Körper kreisen zu lassen. Mit ein wenig Mut und Zuversicht lässt sich Neues ausprobieren und positive, innere Bilder, die uns unterstützen, „bahnen". Wir brauchen nur aus den dunklen Gedankenmustern der Angst auszusteigen und im Gehirn wieder positive Hormone zu erzeugen. So werden die jeweiligen guten und positiven Gefühle in unserem Gehirn als Verschaltungsmuster gespeichert.

Zu denken ohne zu fühlen, ist nicht vorstellbar. Die Freiheit der Gedanken wird Sie erstaunt feststellen lassen, dass der Schmerz noch da, aber das Leiden verschwunden ist.

Der Psychiater Carl Gustav Jung wusste: „Alle Konflikte, alle Lösungen sind in unserem Unbewussten vorgeformt, daher wird der Weg für uns Menschen leichter, wenn wir Unbewusstes und Bewusstes näher aneinander rücken. Wir können mit unserem Gehirn weit mehr Positives bewirken, wenn wir es richtig benutzen. Bereits ein Gesamtbild vor Augen zu haben, ist positiv."[11]

Jedes innere Wachstum entsteht, wenn wir der Liebe dienen und nicht der Angst. Denn Liebe ist die mächtigste Energie, die wir einsetzen können. Dann können sich auch alte Verhaltensmuster wie Pessimismus oder Misstrauen lösen, die sich uns oft als Hindernisse für unsere Entwicklung in den Weg gestellt haben. Nicht die romantische Liebe ist gemeint, nein, es geht um die Liebe zum Leben, um die Selbstliebe, die Liebe zur Natur, die Liebe zur Kunst und um das stabile Gefühl, wertvoll zu sein, egal, was passiert ist.

Lebenskrisen zeigen uns letztlich, wie wir uns und unserer Liebesfähigkeit näher kommen können.

Methoden, die Schmerzen lindern und Leid erleichtern

Anita fühlt sich seit Langem sehr ausgepowert. Obwohl sie als junge Frau viel unternimmt und sich aktiv in Vereinen engagiert, fühlt sie sich sehr einsam. Sie grübelt oft nach und denkt tief in ihrem Inneren: „Ich bin es nicht wert, eine Beziehung zu haben und glücklich zu sein!" Seit einigen Jahren lassen sie Albträume nicht mehr schlafen.

Erinnerungen können Kerker sein und beinahe lähmend auf uns wirken oder sie beglücken, beflügeln und inspirieren unsere Gegenwart. Letztlich entscheiden wir andauernd über den Inhalt unserer Gedanken und niemand kann diese Entscheidung für uns treffen. Es ist unsere Freiheit zu wählen, welche unserer Gedanken uns als sinnvoll erscheinen.

Vielfach bleiben wir aber besonders nach traumatischen Erlebnissen in der Vergangenheit gefangen und das Erlebte bestimmt unsere Gedanken. Wie schon beschrieben, beeinflussen unser konditioniertes Selbst, unser Ego, unser kultureller Überbau und die persönliche Erziehung die Bewertung dieser Gedanken.

Bewusstsein und Aufmerksamkeit erschaffen daher unsere Realität und unser bisheriges Erleben. Physiker und Hirnforscher sind sich mittlerweile einig, dass wir uns unsere Wirklichkeit selbst erschaffen. Was im Außen passiert, besitzt eine innere Entsprechung. So wie bei Anita, die sich sehnlichst eine Beziehung wünscht. Ihr Glaubenssatz, nicht wertvoll zu sein oder nicht sein zu dürfen, drückt sich im Außen aus. Sie lebt ohne Beziehung! Jedes Ereignis ist vollkommen, weil es einem größeren vollkommenen Zusammenhang entspringt. Möglicherweise folgen wir einem „göttlichen" Plan, „quantenphysisch" gesprochen „wirkt" jene Energie, die wir ins Universum bringen und formt unser Erleben. Wer also glaubt, es nicht wert sein zu dürfen, aus welchem Hintergrund auch immer, erzeugt seine Realität.

Positive innere Bilder helfen uns, uns aus der Gefangenschaft der Trübsinnigkeit zu befreien. Die Erinnerungen und die inneren Bilder können eine enorme Hilfe sein, um wieder Begeisterung und Freude im Körper erleben zu können. Holen Sie sich Ihre Glücksmomente bewusst zurück! Die erste Verliebtheit, einen erfolgreich geschafften Abschluss, Ihre Hochzeit, die Geburt Ihres Kindes, all das kann zu Ihrer „Anti-Depressions-Strategie" werden.

Anita kreierte daher positive Bilder, in denen sie sich geliebt und wertvoll erleben konnte. Sie begann, sich an die wunderbaren kurzen oder auch langen Momente der Freude in ihrem Leben zu erinnern. Das veredelte ihre Glücksgefühle und sie gewann so ihre Begeisterung wieder zurück. Als ihre Beraterin und Mutmacherin riet ich ihr in den Spiegel zu sehen, um wahrzunehmen, welch liebevolles Wesen ihr hier entgegenblickt.

Wir laden die Bilder mit unseren Gedanken jedes Mal von Neuem mit Energie auf und fühlen uns dabei gleich viel wohler. Es funktioniert! Lassen Sie sich überraschen. Falls Ihnen das simpel erscheint, haben Sie recht. Es *ist* einfach. Doch es wirkt. Sie werden es merken, wenn Sie sich in Krisenzeiten die Mühe machen, es selbst auszuprobieren.

Werfen Sie alten Ballast ab, indem Sie sich auf das Gute, das Gelingen und das Positive konzentrieren und mutige Wege des Denkens und Handelns gehen. Anita zum Beispiel begann zu malen und zu tanzen. Dadurch fand sie wieder ihre eigene Mitte und gewann ein neues wundervolles Körpergefühl. So verlor sie nach und nach ihre Angst. Es klingt einfach und ist es auch, doch ist es auch ein bewusstes an sich Arbeiten.

Ein Mangel an Liebe zeigt sich in einem Mangel an Vertrauen, nämlich in das Leben selbst. Daher liegt es an uns, Kräfte zu entwickeln und die Aufmerksamkeit auf Gesundheit, Erfolg, Freude oder auf Glück zu legen. Jeder Gedanke, jedes gesprochene Wort und jede Handlung werden zum Dünger für die Liebe und bringen uns unserer „Liebesfähigkeit" und unserer Heilung näher.

Ich habe eine Menge über meine Verantwortung und meine Selbstbestimmtheit gelernt. Meine Verantwortung für den Unfall, die Verantwortung für meine Verletzungen, aber auch die Verantwortung für meine Heilung. Ich habe erfahren, dass es bestimmte Techniken gibt, die jene Kräfte der Heilung entfalten, die jeder von uns in sich trägt. Wirken auch Sie selbst an Ihrer Gesundung mit. Hier finden Sie einige Methoden, die mir persönlich bei der Besinnung auf das Positive sehr hilfreich waren.

Führen Sie eine Dankbarkeitsliste!
Notieren Sie sich Situationen, für die Sie dankbar sein können. Vielleicht fällt Ihnen dies schwer, doch ich bin sicher, dass Ihnen etwas einfällt, auch wenn es nur Kleinigkeiten sind.

Mein Unfall hat mir gezeigt, dass es Dinge gibt, die wir als so selbstverständlich betrachten, dass uns gar nicht mehr auffällt, wie großartig es zum Beispiel ist, wenn unser Körper richtig „funktioniert": Ich lag wochenlang im Krankenbett, konnte mich nicht bewegen und war dennoch so dankbar dafür, mich nicht an Kopf und Wirbelsäule verletzt zu haben. Ich jubelte innerlich darüber, dass die Armnerven wohl beschädigt, aber nicht durchtrennt worden waren. Ich erfreute mich an der Tatsache, mich in äußerst kompetenten Expertenhänden zu wissen.

Führen Sie eine Liste, die Sie ständig erweitern können. Wenn Sie ab und zu Ihre eigene Liste durchlesen, tut das gut und gibt Ihnen Kraft. Auch im Kleinen und Kleinsten liegt das Große.

In Veränderungszeiten kann es sein, dass uns viele Dinge gleichzeitig zu schaffen machen. Und oft ist es die Summe des Erlebten, damit meine ich alle Erfahrungen, die wir bisher gemacht haben, die Grund dafür ist, dass wir nicht mehr an die innere Sicherheit und die Zuversicht glauben. Es scheint vielmehr so, als ob sich alles nie mehr zum Guten wenden würde. Es reihen sich Ereignisse an Ereignisse, die uns auf Trab halten, wie zum Beispiel eine Scheidung, eine Krankheit, ein Jobverlust oder finanzielle Sorgen. Verzweiflung und alte Denkmuster setzen sich schneller durch, als einem lieb ist. Schmerzen hindern uns zusätzlich am Positivdenken. Doch mit Entschlossenheit und ein wenig Übung schaffen Sie es ganz bestimmt, selbst an grauen Tagen die Sonne wieder scheinen zu lassen. Lassen Sie sich nicht von sich selbst austricksen! Pessimisten malen die Gegenwart und die Zukunft in den schwärzesten Farben. Zeichnen Sie Ihre Gegenwart und Ihre Zukunft bunt, farbenfroh und lebendig. Lassen Sie es nicht zu, dass gemachte und ehemalige Erfahrungen über Sie bestimmen. Was und wie Sie denken entscheiden Sie selbst! Welche Bedeutung Sie Ihren bisherigen Erfahrungen geben, wie Sie sie bewerten liegt ganz bei Ihnen. Natürlich gelingt es nicht immer, positiv zu bleiben. Ich kann Ihnen aber versichern, wenn Sie sich aufmerksam auf Ihr Gelingen konzentrieren, finden Sie in winzigsten Kleinigkeiten die Möglichkeit sich aufzurichten. Trainieren Sie Ihre Gedanken genauso, wie sich ein Skirennläufer auf einen Abfahrtslauf vorbereitet. Er konzentriert sich mit inneren Bildern auf den Sieg und malt sich jede Stelle und jedes Hindernis so aus, dass er es perfekt bewältigen kann.

Damals litt ich unter meinen körperlichen Beeinträchtigungen, wollte meine Finger verstecken, umhüllen, unsichtbar machen. Ich fühlte mich als fremdes Wesen in einer perfekten Welt und wollte einfach verdrängen, was ganz offensichtlich war und mich auf etwas anderes konzentrieren, auf etwas Schönes, nicht Schmerzhaftes, auf mein Leben, auf mein Lachen, die Freude und alle schönen Erinnerungen. Doch meine Suche und die Sorge nach meiner zukünftigen Lebensaufgabe beschäftigten mich andauernd. Sollte mein Unfall eine verborgene Seite in mir so richtig hervorrufen? Aber welche? Das Alte, nämlich mein Trainingsbereich in der eleganten und oberflächlichen Kosmetikwelt, passte nicht mehr zu meinem behinderten Arm. Die vielen Flugreisen innerhalb des europäischen Raums waren vorbei, denn ich wollte mich nicht mehr diesen Strapazen aussetzen. Nahezu ohne Unterlass quälten mich die Gedanken an meine Zukunft. Ich wollte mir Klarheit über mein zukünftiges Tun und Handeln verschaffen. Im Kopf berechnete ich meine Chancen, prüfte und plante meine Selbstständigkeit. Ich wollte keine Trainings, sondern Hilfe für Menschen anbieten, die dieselben oder schlimmere Situationen erlebt haben. Ich erwog eine Arbeit mit Menschen, die behindert sind. Gleichzeitig fühlte ich aber auch ein Vakuum in mir. Etwas in mir wollte sich nicht „ausschließlich" um meine körperliche Genesung kümmern. Es gab kaum eine Minute, in der mich meine Zukunftsfragen nicht quälten. Mir wurde klar, dass ich der Tatsache ins Auge sehen musste, dass nichts wie vorher sein würde. Damals schaffte ich nur kleinste Schritte nach vorne, meine Regeneration ging schleppend voran und immer wieder tauchten neue Hürden und Rückschläge auf.

Erst viel später begriff ich: Wenn ich mich ganz auf das Jetzt hätte konzentrieren können, hätte ich hundert Prozent meiner Heilungsenergie zur Verfügung gehabt. Doch so fand ich vorerst keine Ruhe und war ständig mit meiner Vergangenheit und meinen Zukunftsängsten beschäftigt. Um im Jetzt sein zu können, musste ich mich als Erstes mit mir und meiner Lebensgeschichte versöhnen, Ja zu mir selbst und Ja zu meinem Unfall sagen und vor allem die Folgen, also meine Behinderung, akzeptieren. Dafür musste ich mich öffnen und es geschehen lassen, dass der Körper in seiner Gesundung einem eigenen, wenn auch langsamen Zeitmaß folgte. Ich musste Geduld erlernen und anerkennen, dass meine Verletzungen und der Heilungsprozess durch Druck oder wie ich gerne bemerke „durch das Ziehen an den Blättern" nicht beschleunigt werden kann.

Baby-Steps führen zum Glücklichsein

Wenn Sie mit einer Situation oder Ihrem Verhalten sehr zufrieden waren, machen Sie sich bewusst klar, was passiert ist und versuchen Sie in den nächsten Tagen, fünf Prozent mehr davon zu tun.

Zum Beispiel: Aus meinen ersten fünf Schritten wurden einen Tag später zehn, drei Tage später fünfzehn und so weiter. Später weitete ich meinen Gehradius auf Stockwerke aus und danach auf die Runden im herrlichen Park der Rehabilitationsklinik.

Um Krisen überwinden und weitermachen zu können, müssen wir uns neu sehen und verstehen lernen, verstehen, welche Kräfte in uns gerade wirken. Es dient der Sache gar nicht, uns selbst unter Druck zu setzen und uns ungeduldig zu überfordern. Vielfach bewirken wir aber aus Übereifer das Gegenteil.

Als Coach und Trainerin hatte ich gelernt, anderen eine starke Helferin zu sein. Für viele Probleme meiner Klientinnen und Klienten wusste ich Rat, gemeinsam suchten wir nach Lösungen. Selbst in schwierigen Situationen fanden wir den Schlüssel, mit dem sich eine verschlossene Tür öffnen ließ. Doch als ich selbst betroffen war, wusste ich nicht, wo ich beginnen sollte, und merkte, wie ich mich im Kreis drehte. Die Arbeit mit mir selbst schien schwierig und ich erkannte gar nicht, wo ich anfangen sollte. Ich spürte in mir ein Durcheinander und strebte nach Ruhe und Harmonie. Einerseits wollte ich mich selbst ein wenig austricksen und mich als „arm" und als Opfer fühlen, andererseits konnte ich mich nicht hinter einem Schleier von Täuschung und Selbstbetrug verstecken, denn ich wusste, dass mein Motorradunfall auch mit mir selbst zu tun hatte. Vielmehr erkannte ich sogar meine Tendenzen, mich für den Unfall selbst zu beschuldigen beziehungsweise zu verurteilen. Solche und ähnliche innere Programme laufen in uns meist automatisch ab. Sie beruhen auf unseren antrainierten, schon von Kindesbeinen an erlernten Glaubensmustern.

Stopp allem Negativen

Wenn Sie bemerken, dass Sie negative Gedanken haben oder über Negatives erzählen, rufen Sie innerlich Stopp! Ändern Sie die Richtung und beginnen Sie über etwas Gutes zu sprechen. Gar nicht so einfach! Unterstützung kann man sich bei seinem engsten Umfeld holen, indem Sie Ihre Freunde und gute Bekannte darum bitten, Sie darauf aufmerksam zu machen, wenn Sie ins Negative abgleiten. Auch ich hatte viele Gelegenheiten Stopp zu sagen.

Im Rehabilitationszentrum traf ich viele Menschen mit Verletzungen und sehr schwierigen Schicksalen. Schnell wurde aus einer einfachen Frage eine Erzählung aus dem Jammertal. Solche Erzählungen sind sehr ansteckend, wenn man selbst unter Schmerzen leidet. Schwupp, schon sitzt man in der Falle! Indem ich mich wieder ganz bewusst auf meine Erfolge und auf mein erlebtes Wunder konzentrierte, konnte ich jedoch aus der Spirale des Negativen aussteigen. Mein Tagebuch der guten Erlebnisse wurde zu meiner wichtigsten Lektüre, um wieder Kraft zu gewinnen.

Viele Gedanken in unserem Kopf sind Wiederholungen. Wir wiederholen und rezitieren ständig unsere einmal gelernten, alten Programme und Gedankenmuster, Sichtweisen, Prägungen unserer Erzieher, Sätze, die wir irgendwann als innere Wahrheiten akzeptiert haben. Neunzig Prozent dieser Glaubenssätze und Überzeugungen haben wir unbewusst in uns gespeichert. Nur zehn Prozent aller Erfahrungen sind neu, meinen die Hirnforscher. Ich musste mir eingestehen, dass auch ich voller alter Muster war, die in mir wirksam waren. Beispielsweise dachte ich mir: „Ich bin so arm und kann doch eigentlich gar nichts dafür!", „Das Leben meint es nicht gut mit mir!", „Nicht zu früh freuen, wer weiß was noch kommt!" Wenn ich nicht dauernd wachsam war, hinderten sie mich daran, mich auf den Neustart und eine neue Ausrichtung zu konzentrieren.

Positive Situationen ins Leben träumen

Üben Sie Müßiggang und träumen Sie bewusst, in Ruhephasen oder vor dem Zu-Bett-Gehen, Ihren Traum vom Glück, vom Wohlstand, vom Überfluss, von Gesundheit und von Erfolg. Beim Tagträumen, beim Meditieren oder auch bei anderen Entspannungsübungen erleben wir eine Art Trancezustand. In diesem natürlichen Zustand sind Lernen und die Bereitschaft zur Veränderung am wahrscheinlichsten. Sie können sogar Ihre kleinen alltäglichen Probleme leichter machen, weil Sie bereiter sind, innere Stimuli und den Rat der inneren Weisheit zu hören. Wir beschäftigen uns dann weniger mit Problemen und Gedanken darüber. Die Bilder, die wir uns vorstellen, besitzen Kräfte, die wir für uns nutzen können. Die Bedeutung der positiven inneren Vorstellungsbilder ist enorm, Sie legen damit einen Grundstein für Ihre Realität. Aus dieser Quelle reicher innerer Erfahrung können Sie so manche hoffnungslose Situationen überwinden. Machen Sie sich keine Sorgen, wenn es Ihnen nicht gelingt, innere Bilder zu „sehen". Es genügt, sie zu „spüren", sie sich „einzubilden" oder sie zu „denken". Wichtig ist die Tatsache, dass Sie Ihren Traum träumen und dabei Spaß empfinden. Sollten Ihre Gedanken dabei ständig abschweifen, fangen Sie das nächste Mal wieder damit an, ohne streng mit sich ins Gericht zu gehen.

Jede Auseinandersetzung mit sich und Ihrer Innenwelt ist ein erster Schritt in die Gesundung Ihres Körpers und Ihrer Seele. Damit Ihre Lösungsträume Realität werden können, lassen Sie am nächsten Tag eine Münze entscheiden, ob Sie einen Teil Ihres Traums auch am Tag umsetzen wollen. Kopf oder Zahl? Bei Zahl tun Sie so, als ob ein Teil Ihrer inneren Bilder mindestens schon zu zehn Prozent erfüllt ist. Verhalten Sie sich so intensiv, wie es Ihnen möglich ist. Gestalten Sie Ihren Alltag, als ob ein Teil des Traums wie durch ein Wunder bereits Auswirkungen auf Sie und Ihr Verhalten hat. Was würden Sie tun, wenn Sie völlig gesund wären? Was, wenn Sie nicht mehr traurig, sondern glücklich wären? Wie würden Sie mit Niedergeschlagenheit und Ängsten umgehen? Vielleicht gelingt es Ihnen auch, andere erkennen zu lassen, dass Ihnen so ein kleines Wunder passiert ist! Woran könnten die anderen das merken?

Angenommen, jemand würde Sie dabei mit einer versteckten Kamera beobachten oder aufnehmen, was würde diese Person von Ihnen sehen? Was tun Sie anders als sonst? Wie würde die Person bemerken, dass Sie sich gut fühlen? Schreiben Sie Ihre Beobachtungen auf. Dadurch nähern Sie sich Schritt für Schritt Ihren inneren Bildern und lösen einen innerlichen „Findeprozess" aus. Lassen Sie sich überraschen, was für Sie anders sein wird.

Wenn die Münze aber Kopf zeigt, wartet Ihr Traum nur noch darauf, realisiert zu werden und Sie verbringen den Tag so, wie Sie ihn gewohnt sind. Die vielen positiven Erfahrungen an Ihrem „Traum-Wundertag" schreiben Sie sich am besten gleich auf Ihre Dankbarkeitsliste.

Mein Konflikt mit mir selbst dauerte sehr lange. Meine innere Unruhe und meine Anspannung erleichterten sich erst, als die Psychologin im Weißen Hof einige erlösende, erleichternde Sätze für mich fand, und meinte: „Diesen Prozess, nämlich des sich selbst neu Findens, in einer völlig ungewöhnlichen Situation, müssen alle durchmachen! Vorrangig gilt es, den Körper mit seinem neuen Aussehen anzunehmen und ihm jene Zeit zu schenken, die er braucht, um heil zu werden. Das gelingt nur im Hier und Jetzt. Erst dann kann Heilung stattfinden und danach sind die anderen Themen dran." Oh, wie entspannend empfand ich diese plötzlich auftauchende „Erlaubnis" des Innehaltens. Mir war klar, dass mein Herz Angst vor der Zukunft hatte, aber mein Körper das Einverständnis für das Innehalten brauchte, um sich auskurieren zu können. Statt in eine Opferrolle zu fallen, benötigte ich als Erstes meine eigene innere Genehmigung dafür, das Geschehene zu würdigen, zu achten und wertzuschätzen. Im Anerkennen des Augenblicks, der Gegenwart und in meinem Zugeständnis an die Langsamkeit, mit der alles voranging, begann mein Heilungsprozess. Ich musste mir selbst ganz bewusst die Zeit geben und akzeptieren lernen, dass zuerst der Körper dran war und nicht meine Zukunftspläne. Der zweite Schritt konnte nur nach dem ersten gesetzt werden. Der Körper verlangte nach Ruhe und ich musste ihm diese gewähren. Die Heilung meiner Finger, der Gebrauch meiner Fingerstümpfe, meine allgemeine Beweglichkeit, all das brauchte Zeit, die ich mir selbst schenken musste. Erst mein bewusstes Ja, jeden Augenblick zu erleben, als gäbe es keinen zweiten mehr, erlaubte mir, hundert Prozent meiner Energie für meine körperliche Heilung zur Verfügung zu haben. Ich stellte mir Bilder des Gelingens vor und empfand Entspannung als enormen Energiezuwachs. Wir alle besitzen Kräfte, die wir viel zu wenig nutzen. Ich begann mir vorzustellen, wie ich meinen Arm wieder „normal" bewegen konnte, stellte mir vor, wieder Sport zu treiben und schmerzfrei auf dem Rücken zu liegen. Ich kreierte mir innere Zukunftsbilder ohne Behinderung. Und siehe da, die Intensität und Konzentration meiner Vorstellung wirkte wie ein Wunder auf meine Erfolge. Die Fragen nach meiner Zukunft und die Ängste und Sorgen verwahrte ich in der Zwischenzeit wie einen Schatz in meinem Tagebuch, bis auch für sie die Zeit des *Jetzt* kommen würde und somit auch ihre Würdigung und Wertschätzung.

Ich war eine Suchende. Heute weiß ich, ich suchte mich selbst und meine Selbstachtung. Ein volles Jahr verbrachte ich in Spitälern und in Reha-Kliniken, um wieder laufen und greifen zu lernen. Meine mentale Bilderwelt wurde so wie die Zeit meine Verbündete und die Geduld meine Mentorin,

Eine wichtige Erkenntnis dieser Monate war, meine Einschränkungen zu akzeptieren und mir selbst die Erlaubnis zu schenken, mich ganz auf das, was *ist*, zu konzentrieren. Das ließ mich meine psychischen Kämpfe vergessen und mich auf meinen Körper konzentrieren. Wir müssen loslassen lernen und uns dabei nicht selbst beschränken und uns unmittelbare und erreichbare Ziele setzen. Den Rest regelt das Leben für uns.

Das Leben mit schönen Dingen füllen!

Mag sein, dass Zeitungen und Nachrichten am Frühstückstisch zu Ihrem Routinealltag gehören, doch die negative Stimmung, die sich aus den Nachrichten ergibt, schwappt oft über und begleitet Sie den ganzen Tag. Wen wundert es, wenn positives Denken dann sehr schwerfällt und Energie kostet? Experimente beweisen, dass bestimmte Hirnareale aktiviert werden, wenn wir uns oft mit negativen Informationen beschäftigen. Seien es Krimis im Fernsehen oder eben Schreckensmeldungen in Zeitungen oder im Alltag. Wir konditionieren unser Gehirn damit förmlich auf Negatives. Im Gehirn werden die Bahnungen der Synapsen, also die Wege des Denkens, mit Negativem verbunden. Bekanntlich sind die ausgetretenen Pfade jene, die am leichtesten zu begehen sind. Wenn uns dann selbst etwas Negatives passiert, was uns frustriert oder verärgert, nehmen wir das viel schneller wahr, weil wir auf negative Wahrnehmung bereits gut trainiert sind.

Unser Gehirn ist ein bildgebendes und ein Vergangenheitsorgan. Es erinnert an Erlebtes, während neues Verhalten bewusst „gebahnt" und erlernt werden muss. Belastende Emotionen und wiederkehrende innere Dialoge binden eine große Anzahl an Ressourcen. Sie verschlingen eine Menge Energie in Form von Glucose. Zucker wird meist dringender für Heilung und Wachstum benötigt. Gedanken werden daher zu „Energiefressern". Mit einigem Bemühen lassen sie sich dennoch in Lebenskraft verwandeln, allerdings hängt es immer von der eigenen Einstellung ab.

Die gute Nachricht dabei: Umgekehrt funktioniert es genauso! Wenn wir unser Gehirn mit Dingen schulen, die uns guttun – indem wir darauf achten, was wir lesen, hören oder auch wie wir uns ausdrücken, können wir in Stresssituationen, das heißt Situationen, in denen uns etwas Negatives passiert, darauf zugreifen. Auch das ist eine Form, Mut und Optimismus in den Alltag zu bringen. Beginnen Sie damit, sich mit Neuem, Spannendem zu beschäftigen. Je mehr Spaß Sie haben, umso besser! Durch die Auseinandersetzung mit dem Neuen erzeugen Sie neue Verhaltensweisen und bilden andere Verschaltungen im Gehirn aus. Es fällt Ihnen dann einfach auch leichter, Positives zu entdecken.

Halten Sie an „Magic Moments" fest – sie geben an trüben Tagen Kraft!

Sammeln Sie Glücksmomente in einem kleinen Glückstagebuch. Beginnen Sie jene Momente zu zelebrieren und aufzuschreiben, die Sie glücklich machen und gemacht haben. Unser Gehirn und unsere negativen Gedanken ändern sich, wenn wir unsere schönen Erfahrungen sammeln und uns daran erinnern. Außerdem tut es gut, sein Glückstagebuch in Momenten lesen zu können, in denen wir es besonders brauchen. Das verändert die Perspektive und lenkt von trüben Gedanken ab.

Ich erinnere mich gerne: Meine eigene Rückschau in meinem Tagebuch hat schon manchen meiner traurigen Tage bunt werden lassen. Einige meiner persönlichen „Magic Moments" habe ich hier im Buch zusammengefasst. Es bereitet mir immer noch Freude, wenn ich in meinem Gedankenbuch blättere oder es einfach aufschlage und eine Geschichte daraus lese.

Ich wünsche Ihnen beim Anwenden der Methode genauso viel Erleichterung, wie ich sie erfahren durfte.

Glücklich ist, wer sich dafür entscheidet

Der Wunsch, wieder ein ganz „normales" Leben führen zu können, war ein kraftvoller Motor für meine Glückssuche und kam tief aus meinem Inneren. Trotz jeder Menge Verletzungen und meiner Amputation war mein Weg wohl beschwerlich und hart, aber nicht hoffnungslos. Es gab Tage, an denen ich verzagt versuchte, mein Herz zu erwärmen und meine graue Stimmung zu erhellen. Ich wünschte mir mehr Mut und die Kraft, meine Schmerzen ertragen und meine Ängste überwinden zu können. Ich las Ratgeberbücher, die mir erklärten, dass „alles möglich ist!" und hatte nun reichlich Gelegenheit, diesen Rat auszuprobieren.

Schmerz entsteht im Kopf! Linderung können wir mit Optimismus und positivem Denken trainieren. Dafür verantwortlich sind neuronale Netzwerke, die das persönlich geprägte Schmerzempfinden ins Gehirn weiterleiten. Abhängig von den Erwartungen, von Angst oder der eigenen Aufmerksamkeit variiert dann auch die Schmerzantwort. Daher begann ich, mein Denken in eine ganz neue Richtung zu lenken: *„Ich schaffe es trotzdem! Ich kann die Schmerzen aushalten, selbst wenn ich meine Medikamentendosis reduziere. Ich kann meinen Arm wieder bewegen. Alles ist gut!"* In meinem Kopf stellte ich mir jede Bewegung so vor, wie ich sie als Gesunde vor meinem Unfall getan hatte. Wie ein Mantra rezitierte ich ständig: *„Alles ist gut!"*, als ob diese beschwörende Zauberformel all meine Beschwerden auf einmal erleichtern könnte. Ich glaubte an mich und meine Heilung und stellte mir intensiv das Gefühl der Freude darüber vor. Mein skeptisches und ängstliches neuronales Verschaltungsmuster im Gehirn entspannte sich mit jedem neuerlichen Bild des Gelingens. Das Wohlbefinden stieg und die Freude darüber erzeugte erneut eine emotionale Erregung, die vermehrt Botenstoffe ins Gehirn sandte. Meine Schmerzen verringerten allmählich meine tägliche Dosis Morphium und die der anderen Medikamente auch.

Monate später wurde mir der Zusammenhang meines Erfolges klar. Ich hatte in meiner Hartnäckigkeit eher unbewusst als bewusst viele Techniken der modernen Neurologie und der Hirnforschung angewendet. In wertvollen Gesprächen mit Fachfrauen und Fachmännern, mit Therapeutinnen von Rehakliniken und Ärzten, wurde mir bewusst, dass ich die Eigendynamiken des Schmerzes unterbrochen hatte. Zum einen durch die Gabe von Medikamenten, zum anderen durch mein starkes Wollen frei von Schmerz und voll „funktionstüchtig" zu sein. Damit änderte ich eine wesentliche Bahnung im Gehirn. Mein Optimismus, dass wir unsere Schmerzen selbst beeinflussen können, entwickelte meinen Mut, Neues auszuprobieren. Der Erfolg gab mir recht und motivierte mich zusätzlich. Ich war offensichtlich eine „sture" Patientin, die neben den herkömmlichen Therapiewegen auch noch eigene, unkonventionelle Wege ausprobierte. In den meisten Reha-Zentren ist den Therapeuten die Tatsache bekannt, dass glückliche Patienten weniger Schmerzen leiden und sogar raschere Erfolge in der Therapie erreichen.

„Das Gehirn und damit auch der Mensch wird so, wie man es benutzt", meint auch Gerhard Hüther[12], Gehirnforscher an der Uniklinik Göttingen. Er stellt fest: „Das Gehirn lernt immer, ein Leben lang bis ins hohe Alter!" Wie wir handeln, wie wir denken, was wir fühlen und der passende Körperausdruck gehören demselben neuronalen Netzwerk an. Verändern wir durch eine neue Einstellung unseren inneren Zustand, führt das dazu, dass wir auch anders handeln. Beginnen wir unsere Gefühle wertzuschätzen und zu akzeptieren, ändert sich auch unsere Körperhaltung. Richten wir uns auf Bilder des Gelingens aus, verändert sich die Gefühlswelt. Jeder unserer Sinne reagiert mit. Und voilà! Schon befinden wir uns auf dem Weg zur Freude und Leichtigkeit. Es funktioniert ähnlich wie bei einem Mobile, wenn wir eines der vielen Teilchen bewegen, reagieren und verändern sich die anderen mit. Damals wusste ich das nicht so genau, doch scheinbar war meine Intuition immer schon eine starke Ratgeberin. Heute, mehr als zwei Jahre später, sind meine Therapeutinnen und Therapeuten und mein operierender Arzt sehr stolz auf meine Genesungserfolge und vor allem auf meine außergewöhnliche Beweglichkeit.

Hüthers Erkenntnisse in der Gehirnforschung sind hochinteressant. Selbst früh gemachte Erfahrungen und Erinnerungen können wieder neu bewertet und quasi überschrieben werden. Er sagt: „Was uns als Mensch ausmacht, sind unsere Erfahrungen." Jene Erfahrungen, die unter die Haut gehen, strukturieren und bilden unsere Bahnungen und unser Netzwerk im Gehirn aus. Wenn etwas unter die Haut geht, wie zum Beispiel die Freude über ein Geschenk, ein tolles Erlebnis, eine Verliebtheit oder auch ein schmerzvoller Abschied von einem Menschen, Trennung und Trauer, werden im Gehirn Botenstoffe und endogene Opiate aktiviert, die die Rezeptoren im Gehirn anregen. Diese setzen die emotionalen Zentren in Gang und so wiederum unser Erleben. Wir erinnern uns daher lange an Erlebnisse, die „besonders" waren. Sofort tauchen in unserem Gehirn die Bilder, die Gerüche oder die damit verbundenen Gefühle auf. Zum Beispiel: Wolfgangs Großmutter zauberte für ihn als achtjährigen Jungen die tollsten Germknödel mit Pfirsichfülle. Jedes Mal, wenn er sich seither Germknödel servieren ließ, tauchten diese wohltuenden Bilder in ihm auf. Germknödel und Süßspeisen blieben daher ein Leben lang für ihn die stärksten „Wohlfühlspeisen der Welt". Ähnliches erlebte Maria in negativem Sinn, als sie als Mädchen am Bahnhof auf einen Zug wartend durch den Sog eines durchfahrenden Lastzuges fast mitgerissen wurde. Seither steht Maria immer ganz weit hinten am Bahnsteig, wenn ein Zug oder eine U-Bahn einfährt. Wenn wir also etwas erleben und dabei die berühmte „Gänsehaut" spüren, dann gehen die emotionalen Erfahrungen unter die Haut. Diese Erfahrungen, die über den Körper laufen, helfen uns ein Leben lang zu lernen und unser Verhalten zu verändern. Gerald Hüther ist überzeugt, dass selbst ein Neunzigjähriger Chinesisch lernen könnte, wenn er das nur wollte. Vorausgesetzt, er würde es mit Begeisterung tun.

Es stehen uns also alle Möglichkeiten offen und wir haben es selbst in der Hand, wie wir mit emotional bedeutsamen Erlebnissen umgehen, selbst dann, wenn Veränderungen vorerst einmal Stress erzeugen. Allerdings hängt es von den Vorerfahrungen ab, die jeder Einzelne im Lauf seines Lebens gemacht hat, wie er eine plötzlich auftretende Veränderung in seinem Leben interpretiert. In Karolines Firma mussten Mitarbeiter abgebaut werden. Karoline dachte zuerst, dass sie davon nicht betroffen wäre. Doch schon bald gab es auch mit ihr Gespräche über eine Stundenreduzierung. Würde sie dem nicht zustimmen, käme nur mehr die Kündigung in Betracht. Zuerst reagierte Karoline geschockt, so wie es auch die anderen in ihrer Abteilung taten. Bald aber merkte Karoline, welche Möglichkeiten ihr nun offenstanden. Sie liebäugelte schon lange neben ihrer Arbeit mit einer geringfügigen Selbstständigkeit. Bis jetzt hatte sie sich nicht getraut. Doch nun bekam sie die Gelegenheit, etwas Neues zu starten und dennoch eine Sicherheit im Rücken zu haben. Voller Begeisterung eröffnete sie das Geschäft, das sie schon lange als ihren großen Traum verwirklichen wollte.

Während die einen es also als ganz schlimm empfinden und eher in eine Depression abgleiten, sind andere geradezu motiviert, neue Wege zu finden. Sie lassen die neuen Gedanken zu, reagieren positiv und nicht mit Angst. *Ihre Interpretation von den Ereignissen bestimmt also Ihre Handlungsmöglichkeit!*

Das bedeutet, jedes Erlebnis hängt von der eigenen subjektiven Wahrnehmung und der inneren Bewertung der gemachten Erfahrungen ab. Es entsteht eine Art Download alter Geschichten, die unser Erleben beeinflussen. Dadurch prägt oder ändert die Vergangenheit unser aktuelles Verhalten und beeinflusst nicht nur unsere Reaktionen im Heute, sondern auch unsere Entscheidungen. Wir können mit unserem „Kopfkino", mit bewussten inneren Bildern, die uns berühren und die quasi eine positive „Gänsehaut" erzeugen, die Vergangenheit überschreiben. Neuronale Verbindungen, die wir nicht nutzen, lösen sich auf. „Use it or lose it", heißt das allgemeine Prinzip für Gehirnnutzerinnen und Gehirnnutzer.

Dabei erinnere ich mich gerne an den liebenswürdigen und etwas schrulligen Steve de Shazer[13], der sagte: „Es ist nie zu spät eine glückliche Kindheit gehabt zu haben!"

Als Robert von seiner „schwierigen" Kindheit erzählte, wies er immer noch den sorgenvollen Blick, den er schon als Zwölfjähriger hatte, auf. Denn er, als Ältester unter fünf Geschwistern, musste früh Verantwortung für den Haushalt und seine Brüder übernehmen, als die Mutter an einer Lähmung erkrankte und nur noch sitzende Tätigkeiten ausüben konnte. Robert übernahm damals die Rolle des Versorgers so gewissenhaft, dass er sie jetzt als Erwachsener auch lebte. Nur wurde ihm nun, mit vierzig Jahren, diese Rolle viel zu anstrengend und er schien an dieser Last beinahe zu zerbrechen. Kraft- und energielos saß er vor mir und ersuchte mich um Hilfe.

Die größte Erleichterung fand Robert, als ihm klar wurde, dass er zwar als Zwölfjähriger so handeln musste, aber jetzt als Vierzigjähriger auch einmal entspannen durfte. Er freundete sich quasi mit dem „Jüngeren" in ihm an und würdigte und schätzte dessen großartige Leistungen in der Vergangenheit. In inneren Dialogen und Bildern stellte er sich den jungen Buben vor, sprach mit ihm, lobte ihn, drückte ihn an sich und erlebte dabei starke Emotionen. Die Bürde der Verantwortung fiel damit von dem jungen Robert ab. Die Dankbarkeit und das Versprechen, ihn immer wieder zu besuchen und jetzt mehr auf seine eigenen Bedürfnisse zu achten, brachte ihm große Entspannung. Indem Robert den Jungen würdigte, begann er auch sich selbst wertzuschätzen.

Mithilfe von inneren Bildern ist es nie zu spät, sich ein glückliches Leben selbst zu gestalten. Nicht halbherzig, sondern aus voller Überzeugung. Steve meinte: „Wenn man weiß, was gut funktioniert, macht man damit weiter." Robert hatte zum Beispiel die Gewissheit erlangt, Verantwortung übernehmen zu können. Daher brauchte er keine Sorgen mehr zu haben, dass er andere vernachlässigen würde, weil er künftig mehr auf seine eigenen Bedürfnisse achtete. Es lohnt sich, sich an jedem kleinen Erfolg aufzurichten und weiterzumachen. Nur bitte ohne Druck! Druck und Stress lassen Gehirnzellen absterben. Im entspannten Zustand können wir oft beobachten wie neue, zündende Ideen entstehen. Wenn wir das „Wissenwollen" loslassen und darauf vertrauen, dass eine Lösungsidee auftaucht, wird sie entstehen. Wer hat nicht schon die Erfahrung gemacht, dass eine glorreiche Idee beim Duschen, beim Laufen oder bei der Gartenarbeit entstanden ist? Genauso ist es mit den inneren Bildern. Sie wirken auch dann, wenn wir unseren Geist auf einer bewussten Ebene gebrauchen. Diese Bilder können Sie zu Ihrem persönlichen Glücksdurchbruch führen.

Meine Beharrlichkeit lohnte sich jedenfalls! 10. April

2011, sechs Monate nach meinem Unfall. Aus meiner ferrariroten Schiene blitzten schamhaft drei kleine verkürzte Fingerchen. Noch immer unförmig und dick, die Spitzen kalt und „bamstig". Der lange „normale" Zeigefinger war leider noch nicht einsatzbereit. Der Bruch im obersten Gelenk wollte seit fünf Monaten nicht so richtig zusammenwachsen. Daher kleidete ihn eine beige Fingerschiene, die mir bei allen Handgriffen und beim Halten von Gegenständen zusätzlich hinderlich war. Der Daumen, der einen wichtigen Auftrag zu erfüllen hätte, nämlich die anderen „kleinen" Fingerchen beim Greifen zu unterstützen, konnte seine Funktion leider auch nicht erfüllen. Seine Beugesehne hatte sich mit der künstlich angenähten Haut über Elle und Speiche verklebt. Die Schiene war unerträglich heiß. Selbstverständlichkeiten des Alltags wurden mir zur besonderen Herausforderung.

Doch ich richtete mich an den kleinen Erfolgen auf. Wie Haltegriffe in einer steilen Felswand lotsten sie mich sicher Millimeter um Millimeter weiter.

Oft, viel zu oft, versuchte ich Birnen oder Äpfel aus dem bereitgestellten Obstkorb des Buffets zu nehmen. In der gesunden Hand die Krücke und meine Habseligkeiten, wollte ich es mit meiner linken Hand versuchen. Mehr als fünf Minuten benötigte ich für diesen einfachen Handgriff. Von meiner „Beute" dann auch noch abbeißen zu können, stellte aber noch einmal eine schwere Hürde dar. Was ich nicht wusste: Kraftvoll in einen Apfel beißen zu können, ist eine Bewegung, die von der Schulter mitgelenkt wird. Erst einige Monate später wirkten sich meine Vorstellungen vom Erfolg auch in der Realität aus. Dank meiner „Sturheit", es immer wieder zu versuchen und nicht aufzuhören, selbst wenn es wehtat, gelang es mir. Die Freude war unbeschreiblich! Denn sie war Resultat meiner intensiven mentalen Arbeit, meiner Beharrlichkeit und meines Vertrauens an mein Unbewusstes.

Wenn man gesund ist, denkt man nicht darüber nach

wie ist, wenn selbstverständliche Handgriffe nicht funktionieren. Ich konnte damals einfachste Dinge nicht festhalten, tragen, angreifen, zupacken war nicht möglich. Sowohl der Schmerz als auch die Kraftlosigkeit in meiner Hand erlaubten mir keine natürlichen Bewegungen. Es klappte einfach nicht. Gegenstände, die ich anfassen wollte, fielen zu Boden. Gläser zersprangen, Speisen landeten auf dem Teppich, Küchenkästen wurden angespritzt, Essen verteilte sich in der Küche ... und ich mitten im Chaos! Wirklich verzweifelt liefen mir Tränen über die Wangen und mischten sich gleich wieder mit einem unbändigen Zorn über mich und meine Behinderung.

Ein eigens für mich angefertigter Beugehandschuh, Unterstützungsinstrument im Rahmen der Ergotherapie, der per Klettverschluss meine Finger in Richtung Handinnenfläche spannte, unterstützte meine Bestrebungen, die Finger wieder abbiegen zu können. Immer wenn ich ihn trug, wurden die Knöchel und Sehnen gedehnt, bis sie weiß wurden und schrecklich wehtaten. Meist nach einer halben Stunde war die Spannung nicht mehr auszuhalten. Doch nach und nach wurden die Finger biegsamer und schlanker. Die tägliche Millimeterarbeit lohnte sich.

Sogar beim Schreiben musste ich die Tasten meines Laptops im „Adlersuchsystem" drücken, weil meine Finger noch kein Gefühl für die Tastatur hatten. Mühevoll schrieb ich meine Texte, oft auch nur mit einer Hand.

Als der Frühling mit voller Kraft und Energie erwachte, wurde mir der Unterschied der Kräfte noch deutlicher. Das Streben der Natur nach Wachstum, die aufstrebende Energie der Pflanzen, alles unterliegt einem Naturgesetz. Heilung einem sehr individuellen Rhythmus. Ich war noch immer mit einer Krücke unterwegs. Meistens fielen mir meine Lernerfolge nicht sofort auf. Dank meiner erfahrenen Ergo- und Physiotherapeuten wurde jedoch in regelmäßigen

Abständen meine Beweglichkeit getestet. Jede neue Messung ließ mich erkennen, wie toll meine Erfolge tatsächlich waren, und vergessen, wie schwer ich es vorher gehabt hatte. Positiv gedacht, freute ich mich über die weite Strecke, die bereits hinter mir lag, anstatt darüber nachzudenken, welch langer Weg noch auf mich wartete.

Damals habe ich gelernt, meine Grenzen zu erkennen, im Kleinen das Große zu sehen! Ich habe gelernt, das *Ja* zu mir größer werden zu lassen, Hilfen anzunehmen und mich mit positiven Menschen zu umgeben. Ich habe seither bewusst Menschen gesucht, die in der Lage sind, sich selbst und damit andere zu lieben. Ich wurde achtsamer für jene Fragen, die das Leben beharrlich stellt. Vor allem aber hatte ich gelernt, dem Unbewussten zu vertrauen und meine Wahrnehmungsfähigkeit für die inneren und äußeren Signale zu entfalten. Ich entwickelte meine Intuition und den Mut, diesen Impulsen der inneren Führung zu folgen, selbst dann, wenn mein Verstand anfangs damit nicht einverstanden schien. Einfach vertrauen in die eigene Stimme, einfach vertrauen in die eigene Fähigkeit, sich von seiner Intuition leiten zu lassen, ist auch das, wozu ich heute als Mutmacherin Menschen ansporne. Hören Sie auf ihr Bauchgefühl!

Wir sind hier, um den Fahrplan der Seele zu erfüllen und nicht den Fahrplan des Verstandes. Denn nicht der Verstand, der Wille, formt unser Leben, sondern das Herz! Es dient dem Gehirn, nicht umgekehrt[14]. Mir wurde klar, wie bedeutend diese Tatsache für mich und meine Genesung war. Denn der einzige Mensch, der mich unglücklich oder glücklich machen konnte, war ich selbst! Ist diese Erkenntnis nicht unbeschreiblich wertvoll? Für mich war es das.

Mag sein, dass das Öffnen des Herzens ganz schön viel Mut erfordert. Manche Erfahrungen und Erinnerungen sind mit dem jeweiligen Gefühl und mit Bildern im Gehirn stark gekoppelt. Darin gespeicherte Kränkungen lösen Angst aus, wieder gleiche Erfahrungen zu machen oder erneut zu scheitern. Daher vermeiden wir unbewusst oder bewusst ähnliche Situationen und nehmen uns so wertvolle Lernchancen. Verändern wir jedoch nur einen Bereich im Denken, Erleben oder den inneren Bildern, oder probieren eine andere Ordnung aus, ändert sich automatisch, wie bei einem Mobile, auch ein anderer Bereich mit, denn sie gehören alle zum selben neuronalen Strang.

Löschen Sie also negative Gedächtnisspuren in Ihrem Kopf! Wer negative Erinnerungen mit sich trägt, zum Beispiel Gedanken an Menschen, die mit Wut, Ärger, innerer Kränkung oder mit Verachtung verknüpft sind, bindet viel Energie in seinem Körper. Energie, die für die Heilung, Leichtigkeit und Freude so dringend benötigt würde. Auch Trauer, Frustration, Verunsicherung und Zweifel sind Emotionen, die Stresshormone im Gehirn auslösen können. Stresshormone wirken sich ungünstig auf die Neuronen aus. Sie vermindern die Glukoseaufnahme im Gehirn und reduzieren damit das zur Verfügung stehende Energieangebot.

Da hilft es nur, sich mit den Erinnerungen auszusöhnen und die benötigte Energie zu befreien. Das räumt den Weg frei für die Intuition und das Glücksempfinden. Wir tragen deshalb die Erinnerungen so lange mit uns herum, weil bei jedem geistigen Rückblick das Gehirn einen neuroplastischen Botenstoff freisetzt, wie zum Beispiel Dopamin, der wiederum das gesamte emotionale Erinnerungsnetz aktiviert. Selbst dann, wenn eine Erinnerung Jahre zurückliegt. Wie in einem Supermarkt liegen unsere inneren Archive verknüpft und vernetzt bereit für die Aktivierung.

Die dunklen Gedanken in eine Kiste zu stecken und gedanklich im „tiefen Meer" zu versenken, reicht nicht aus! Besser ist es, sich innerlich mit den Situationen zu versöhnen, sich selbst zu vergeben und in unserem Kopf ein harmonisches Bild zu erzeugen. Verzeihen Sie sich! Akzeptieren Sie sich so, wie Sie sind! Es gibt keine Schwächen und Fehler. Diese existieren nur in Ihrem Kopf. Sie sind, wie Sie sind, und es ist gut, so, wie es ist!

Wenn Sie also wieder lernen, sich für etwas zu begeistern, sich des alten emotionalen und belastenden Mülls zu entledigen, entfalten Sie auch Ihr Potenzial. Außerdem erweisen Ihnen alle Methoden einen guten Dienst, die Sie emotional entlasten und belastende Erfahrungen ins Positive umwandeln können. Es funktioniert.

Dazu, wie Sie Ihren emotionalen Müll loswerden, finden Sie Literaturtipps im Anhang. Wer sich dabei schwertut, sollte professionelles Coaching in Anspruch nehmen. Eine Methode habe ich über viele Jahre als sehr hilfreich erlebt: jene der systemischen Aufstellung. Sie ist deshalb so wirkungsvoll, weil das Mitgefühl und das Erleben „unter die Haut geht" und daher über die Spiegelneuronen[15] die emotionalen Zentren aktiviert werden. Das bedeutet, dass Lernen und praktisches Umsetzen viel leichter werden.

Das Geheimnis der Spiegeltherapie – „Zauberkunst" für die Praxis

Ich hatte Glück! Das Team des Krankenhauses begann, die Wirkung einer neuartigen Methode gegen Phantomschmerzen zu erproben. Immer wieder, wenn mich heftigste Phantomschmerzen plagten, stand der Primararzt an meinem Krankenbett, nahm sich Zeit und legte mir die Übungen vor dem Spiegel besonders ans Herz. Er meinte stets: *„Schmerzen haben viel mit Ihrer Einstellung zu tun. Es beginnt im Kopf, bei Ihnen selbst. Nutzen Sie die Spiegeltherapie."*[16] Ich dachte mir damals: „Was soll das bringen? Übungen mit meiner gesunden Hand vor einem Spiegel sollen die Schmerzen meiner amputierten Finger lindern?" Ich verstand gar nichts. Erst viel später erkannte ich, welch ungeheure Wirkung in der Anwendung der Spiegeltherapie steckt. Nicht nur bei intensiven Amputationsschmerzen oder in der neurologischen Rehabilitation, zum Beispiel nach Schlaganfällen, sind die Erfolge beachtlich. Wir können die Wirkungsweise täglich durch innere Bilder in unserem Gehirn erzeugen und damit eine Art Durchbruch zum Glück erarbeiten.

Diese Methode ist ein besonderer Segen, den wir der Entdeckung der Spiegelneuronen[17] verdanken. Spiegeltherapie ist eine 1996 von Vilayanur S. Ramachandran erfundene Imaginationstherapie, die mithilfe eines Spiegels und von Übungen mit einem gesunden Körperteil im Gehirn neue Bilder erzeugt und damit Phantomschmerzen und andere „Störungen" sehr effizient ausgleicht. In Untersuchungen wurde herausgefunden, dass bei ausschließlicher Bewegungsvorstellung dieselbe Aktivität im Cortex des Gehirns stattfindet wie bei der tatsächlichen Bewegungsausführung. Die mentale Vorstellung und das tatsächliche Sehen der Bewegungen im Spiegelbild erzeugt im Gehirn ein ganzheitliches Bild. Das Gehirn lernt wieder, ein funktionierendes Ganzes oder eine Bewegung durchführen zu können. Durch das Üben vor einem Spiegel und das Beobachten im Spiegel sieht das Gehirn wieder zwei komplette Körperteile, die funktionieren. Da unser Gehirn ein bildgebendes Organ ist, speichert es einen gut funktionierenden Zustand ab.

Phantomschmerz entsteht, weil das Bild eines kompletten Körperteils im Gehirn abgespeichert ist. Man nennt es eine Repräsentation. Wie gewohnt feuert nun das Gehirn seine Reize auch zu den fehlenden Körperteilen, bekommt aber keine Rückmeldung und reagiert mit Schmerz. Die

Spiegelneuronen übertragen den Reiz des tatsächlichen Spiegelbildes in das jeweilige Gehirnareal und lehren die Synapsen, sich wieder neu zu gestalten. Das Gehirn wird sozusagen „ausgetrickst", die Illusion bildet eine neue Verbindung und Schmerzen verschwinden.

Für mich bedeutete es die Hoffnung auf Schmerzfreiheit! Denn einen Monat nach meinem Unfall wurden meine Phantomschmerzen fast unerträglich. Ich hatte das Gefühl, meine Finger würden mir im Wachzustand mit einem Messer abgeschnitten. Selbst immer höhere Dosen an Schmerzmitteln brachten nur kurze Zeit eine Erleichterung. Nach Abklingen der Mittel kam der Schmerz rasch wieder. Dies war bestimmt eine der entsetzlichsten Erfahrungen während meiner Heilungszeit und bald wurde mir klar, dass ich mich für einen anderen Weg zur Linderung meiner Schmerzen öffnen musste. Meine tollen und kompetenten Ärztinnen und Ärzte sowie Ergotherapeutinnen und -therapeuten ermunterten mich mit der neuen Methode „Spiegeltherapie" zu arbeiten und zu üben.

Also saß ich stundenlang vor einem Spiegel über meine Hände gebeugt. Ich bettete den schmerzenden Arm und die verletzten Finger wohlig auf eine dicke, weiche Unterlage hinter dem Spiegel, also an der Rückseite. Mein heiler rechter Arm lag vor dem Spiegel auf der Seite des Spiegelbildes. Dadurch konnte ich die gesunde Hand im Spiegelbild betrachten. Meine Augen sahen zwar nur das Spiegelbild meiner rechten Hand, doch mein Gehirn nahm zwei heile, gesunde Hände wahr. Deshalb lernte mein Gehirn das Bild von zwei gesunden Händen und die Botschaft „Alles ist gut!" Mein Gehirn lernte wieder die Normalität, wenn auch vorgespiegelt. Die Spiegeltherapie half mir durch eine positive Stimulation, den Phantomschmerz zu „überschreiben". Drei Wochen nach Beginn der Therapie verlor der Schmerz seine Heftigkeit.

Mittlerweile sind fast drei Jahre ins Land gezogen. In zahlreichen Vorträgen und Erzählungen habe ich Menschen für diese Methode begeistern können. Denn sie stellt nicht nur für Personen mit schweren Beeinträchtigungen eine enorme Hilfe dar, sondern jeder, der eine Krise durchlebt, kann sich an diesem Prinzip wieder aufrichten, Schritt für Schritt an inneren Bildern zu arbeiten und gute und positive Zustände zu verankern. Der Reiz des neuen Bildes wirkt. Daher lehre ich meine Klientinnen und Klienten, sich mit Collagen, Bildern und individuell und persönlich gedrehten inneren und realen Videos einen eigenen neuen Reiz zu setzen und sich so zum Durchbruch für das eigene Glück zu trainieren. Der Glaube an das Positive, an ganzheitliche Zusammenhänge, an die Kraft innerer Bilder, gepaart mit Durchsetzungskraft, sind Eigenschaften, die man erlernen kann.

Als ich mich mit den Neuen Wissenschaften beschäftigte, die diese Methoden untermauerten, wollte ich dieses Wissen selbst in die Welt tragen. „Jeder soll von dieser Methode erfahren, besonders jene, die ein hartes Schicksal zu meistern haben", dachte ich. Denn auch im Eis offenbart sich erst dann das Schöne, wenn man bereit ist, es zu sehen. Heute weiß ich, dass niemals aufzugeben und in allem einen Sinn zu sehen, scheinbar Unmögliches zu schaffen, erlernbar ist.

Kapitel 3 Liebe verändert alles – Willkommen im größeren Zusammenhang

Emotionale Herzenspflege lernen – Zukunftsängste besänftigen

Wenn wir einmal erleben, welche Täuschungen, welche Irrtümer Angst und Ärger sein können, hilft uns diese Erfahrung, sie aufzulösen. Das Herz beginnt dann wieder mehr zu vertrauen und mutiger zu werden. Wer zum Beispiel an Höhenangst leidet, kann sie überwinden, indem er immer wieder auf unterschiedlich hohe Türme und Berge steigt und die Erfahrung der Sicherheit erlebt. Angstmachende Situationen werden als bewältigbar erlebt, wenn wir uns mit „Babysteps" und einer Art Neugierde nähern. Mehr und mehr wächst dann Vertrauen und das Gefühl: „Ach, ist doch gar nicht so schlimm!" Die innere Vorstellung von Angst und Panik löst sich allmählich auf. Aus unbewussten Bildern entsteht Bewusstsein. Die energetische Blockade schmilzt, denn Ängste existieren nur in der Vorstellung. Damit sind nicht existenzielle Ängste, Todesangst oder Angst vor einer realen Bedrohung gemeint, sondern die irrealen Ängste. Zum Beispiel jene zu versagen, etwas falsch zu machen oder nicht gut genug zu sein, genauso wie Gedanken an Spinnen oder Schlangen, deren angstmachende Bilder schwitzende Hände verursachen. Ängste tauchen deshalb auf, damit wir erkennen können, dass sie überflüssig sind. Ängste sind Bilder und Vorstellungen, die wir uns von etwas oder einer möglichen Situation machen. Sie haben sehr häufig nichts mit einer realen Bedrohung zu tun, sondern mehr mit der Vorstellung davon, dass eine Bedrohung kommen *könnte*. Nur unser Glaube und unsere Bewertung darüber erzeugen unsere Probleme. Angst ist also genauso ein Bild, eine Illusion wie die Vorstellung, *einen Glückszustand zu erleben. Das Gesetz der Anziehung macht unseren Glauben und* unsere Bilder wahr. Wenn wir uns mehr auf das Helle und Schöne und auf positive Momente und erfolgreiche Gedankenbilder konzentrieren, ziehen wir sie auch an. Das beeinflusst nicht nur unseren inneren Zustand, sondern auch unseren inneren Frieden.

In der Zeit nach meinem Unfall hielten mich meine Angstgedanken innerlich fest. Ich konnte einfach noch keine Perspektive für mich finden. Zwei Wochen vor meinem Unfall hatte ich meine Anstellung gekündigt, meine Selbstständigkeit erforderte Kräfte und Motivation, an die ich damals nicht einmal denken konnte. Das soziale, allgemeine Gesundheitsnetz bezahlte ein Jahr lang meine Behandlungen und meine Spitals- und Reha-Kosten. Nach einem Jahr war ich nun „ausgesteuert", so bezeichnet die Krankenkasse das Ende ihrer Geldleistungen nach Erreichung der Höchstdauer. Geheilt war ich dadurch aber noch nicht. Die letzte Operation, bei der mir ein Hüftspan entnommen und in den Arm transplantiert worden war, war erst zwei Monate her. Die Heilung nach dieser Operation ging sehr schleppend voran. Gleichzeitig blieb ungeklärt, wer für meine weiteren Kosten aufkommen sollte. Der Streit der Versicherungsträger aus meiner selbstständigen und meiner angestellten Tätigkeit darüber hatte erst begonnen und dauerte meinem Empfinden nach schon ziemlich lange. Völlig im „freien Fall" und ohne sicheres, finanzielles Netzwerk brachten mich meine Zukunftsängste in einen erhöhten Erregungszustand. Hartnäckig blockierten sie weiterhin mich und meine Lebensenergie. Wie sehr mich das belastete, zeigte sich besonders nachts. Kaum eingeschlafen, wachte ich verschwitzt und mit klopfendem Herzen auf, träumte Angstträume, in denen ich glaubte, den Boden unter meinen Füßen zu verlieren oder ich fiel in eine nicht enden wollende Leere. Der Umgang mit diesem Phänomen beeinflusste meine Lebensqualität entscheidend. Es wollte mir nicht gelingen, meine Lebensenergie wiederzufinden.

Damals schrieb ich folgenden Text in mein Tagebuch:

14. Dezember 2011:
Manchmal, so wie heute, lässt mich meine Angst einfach nicht schlafen. Ich wache nach einem kurzen Schlaf auf. Mein Herz klopft aufgeregt und ich kann es mit keiner meiner üblichen Methoden beruhigen. Meine innere Unruhe plagt mich, ich weiß nicht, wie ich reagieren soll. Mein Herz weiß offensichtlich mehr als mein Verstand. Ein Jahr ist seit meinem Unfall vergangen. Noch immer muss ich täglich zur Physiotherapie. Weder mein zukünftiger Beruf noch meine Berufung und schon gar nicht der wahre Zweck meines Daseins wollen sich mir zeigen. Mein früheres Leben erscheint nicht mehr passend. Ich ahne, dass meine Erfahrungen anderen Menschen auf eine besondere Weise helfen könnten, aber wie ich mein neues Wissen beruflich nutzen soll, ist mir einfach noch nicht klar. Tausende Fragen blitzen durch meinen Kopf. Aus welchem Traum sollte ich erwachen? Was will durch mich zum Ausdruck kom-

men? Das Ego wegschalten? Wonach sehnt sich mein Herz? Ich fühle mich weit weg von mir und bemerke, wie ich zwischen Optimismus und dem Gefühl, nie wieder ein „normales" Leben führen zu können, hin und her pendle. Unruhe erzeugt mir Herzklopfen und Nervenschmerzen zucken wie Blitze durch meinen verletzten Arm. Ich kämpfe wie Don Quijote gegen die berühmten Windmühlen, kann mich nicht entspannen. Angstgedanken führen die Regie in meinem Kopf. Meine innere Stimme schreit in mir. Wo wird mein Weg hingehen? Wie werde ich meinen Lebensunterhalt verdienen? Was wird aus mir in Zukunft? Welchen Sinn sollte mein Unfall haben?

Meine Sehnsucht produzierte Bilder von Menschen, die ihre Talente leben und dabei glücklich und erfolgreich waren. Von Sängerinnen und Malern, die mit ihrem Gesang und ihren Pinselstrichen anderen besondere Momente bereiteten, und sich selbst zum Ausdruck bringen konnten. Dabei verdienten sie mit Leichtigkeit ihren Lebensunterhalt – Glück und Erfolg als natürliche Folge gelebter innerer Berufung. Sie hatten ihren Herzensweg gefunden und das Leben „sprudelte" lebendig und leicht aus ihnen heraus.

Ich konzentrierte mich auf die Suche nach dem Sinn und meiner Berufung. Es wirkte auf mich, als würden mir aus jeder Ecke Erfolgsgeschichten winken, deren Signale und Zeichen ich nicht deuten konnte. Die innere Stimme spricht nicht immer in Worten, sondern auch in der wortlosen Sprache des Herzens. Mein Innerstes war aufgerufen, die Sprache des Herzens zu erkennen, indem ich mir auch Empfindungen wie Neid gestattete. Mit heftigem Herzklopfen nahm ich neidvoll Erzählungen von erfolgreichen, kreativen Köpfen, die mit Erfindungen und Ideen Neues in die Welt brachten, zur Kenntnis. Gründerinnen,

Filmproduzenten, Schauspielerinnen bis zu Preisträgern, alle hatten sie etwas, das ich auch so gerne wollte: Sie hatten den Mut, der Spur ihrer Träume zu folgen und ihre eigenen inneren Überzeugungen in die Realität umzusetzen. Sie folgten dem Ruf und der Stimme ihrer Herzen und fanden ihren ganz persönlichen inneren Weg und so erreichten sie ihre Ziele, waren erfolgreich und glücklich. Manchmal zerren uns zu viele Stimmen hin und her. Unsere Verwirrung in solchen Situationen mahnt uns, Stille zu suchen, damit wir sie hören können. So können wir wieder Harmonie finden, Vertrauen entwickeln und mithilfe der Intuition dem folgen, was wir hören. Wie sehr wünschte auch ich mir, meiner Berufung nachzukommen.

Doch noch beherrschten mich andere Gefühle. Meine unruhigen Zustände dauerten monatelang an, ich fand keinen Weg, sie zu besänftigen. Wochenlang rang ich damit, meine Konzentration und Ruhe wiederzufinden.

Die meiste Kraft kostete es mich, mich gegen die Tatsache zu stellen, dass in diesem Moment nichts anders zu „tun" war, als meine innere Ablehnung der Tatsachen zu akzeptieren. Das Leben schleuderte mir eine Wahrheit ins Gesicht, die mir unangenehm war. Doch damit kam ich mir und meinen Irrtümern des Lebens näher als jemals zuvor.

Ich war schwach, verletzbar und ängstlich, Gefühle, die ich bis dato verdrängt und im Keim erstickt hatte.

Leben bedeutet das anzunehmen, was gerade da ist, wertzuschätzen ohne zu bewerten, den Augenblick anzuerkennen. Und vor allem: sich mit sich und anderen auszusöhnen. Erst dann gelingt es uns auch, mit unseren Gefühlen in Kontakt zu treten und aufrichtig sagen zu dürfen: Es ist, was es ist!

Traumata und Krisen zählen zu den wichtigsten Kräften menschlicher Entwicklung und des psychischen, sozialen und des spirituellen Erwachens. Sie fordern unsere Bereitschaft uns weiter zu entwickeln, nichtwissend, wie es ausgehen wird. Respektieren wir ihre vielfältigen Auswirkungen auf uns als Menschenseelen, so können sie transformierend wirken.

Aus der Arbeit mit meinen Klientinnen und Klienten kannte ich Techniken, um sie von schweren Rucksäcken der Vergangenheit zu befreien, wusste Methoden, wie man Entspannung bei Unruhe schafft. Doch bei mir selbst gelangen in diesen Monaten die sonst so wirkungsvollen Übungen nicht. Obwohl ich mich förmlich zwang, ganz bewusste Atemtechniken zu praktizieren, bei stiller Meditation und positiven inneren Bildern zu mehr Zentrierung und Ruhe zu kommen, begann mein Innerstes nur sehr zögernd, gelassener zu werden. Mit hoher Konzentration, erheblicher Achtsamkeit und sehr bewussten, positiven Imaginationen empfand ich langsam den gesuchten inneren Frieden.

Verzagen Sie also nicht, wenn es Wochen oder sogar Monate dauert, bis Sie wieder zu Ihrem Vertrauen finden. Die Übungen funktionieren im Endeffekt doch!

Zusammenhang bringt uns in Harmonie

In uns schlummern persönliche Fähigkeiten wie Samenkörner, die nur darauf warten zu keimen und sich zu entfalten. Bester Nährboden für ein gutes Wachstum sind unsere Gedanken. Dabei geht es darum, sensibel die Ohren zu spitzen und zu hören, was im Inneren wachsen will, unser Gehör und unser Gespür zu jenen Themen zu lenken, die wirklich in unserem Herzen brennen.

Nicht immer ist es leicht, das, was wir wirklich wollen, auch umzusetzen. Karl möchte zum Beispiel nicht mehr in seinem Ursprungsberuf als Mechaniker arbeiten. Noch hat er seinen Traumjob nicht gefunden, denn er liebt es, seine

Familie und Freunde zu bekochen und kreiert dabei köstlichste und außergewöhnlichste Mahlzeiten. Seine Begabung als Beruf auszuüben schien ihm lange Zeit undenkbar zu sein, weil er doch „keine passende Ausbildung" hatte. Daher bewarb er sich weiter intensiv für Berufe, die seinem erlernten Beruf annähernd ähnlich waren. Leider ohne Erfolg!

Oft deuten Sorgen und ein stetes Nichtgelingenwollen nur darauf hin, irgendjemand sein zu wollen oder etwas nachzujagen, das einem alten Bild entspricht. Einer Fantasie darüber, wie wir leben und wirken wollen. Vielleicht möchten wir so sein wie unser Vater, unsere Mutter oder jemand, dem wir nacheifern. Möglicherweise haben wir Bilder im Kopf, wie man Erfolg definiert, wie wir glänzen und scheinen wollen. Diese gilt es zu hinterfragen. Denn damit übernehmen wir Verantwortung für unsere Bilderwelt und für unser Erleben. Möglicherweise schlummert hinter der Fassade des Wollens und des Ehrgeizes das authentische Ich und wartet nur darauf, aus dem Traum in die Realität zu rücken.

Karl erlaubte sich selbst, mehr und intensiver über sich und seine Wünsche nachzudenken und seiner inneren Berufung quasi auf die Sprünge zu helfen. Er kochte zuerst in seiner Freizeit auftragsmäßig für Freunde und Verwandte und schon bald wuchs seine Bekanntheit und er bekam so viele Aufträge, dass er sich selbstständig machen konnte. Seine Freude und seine Begeisterung beim Kochen waren sogar so ansteckend, dass er schließlich Kochkurse abhielt und Kochbücher schrieb. Er wuchs an der Herausforderung, fasste Mut, seiner inneren Lebenslust zu vertrauen und wurde damit glücklich, zufrieden und sehr erfolgreich.

Wer ständig mit der Angst vor der Zukunft beschäftigt ist, formt seine Zukunftsbilder ängstlich. Andauernde angstvolle Gedanken fixieren diese Angst. Wer jedoch das Bewusstsein des eigenen wertvollen Seins pflegt, gewinnt den Glauben an das eigene Können, an die eigenen Fähigkeiten wieder zurück. Es beginnt ein Dialog zwischen dem Herzen und der Sprache des Gehirns, der Bilder. Entscheidend ist nur, wohin wir unsere Gedankenenergie und Aufmerksamkeit lenken. Alles, was uns am meisten guttut und Freude bereitet, was uns mit Leichtigkeit von der Hand geht, sind jene Dinge, die wahrlich zu uns und unserem Selbst gehören. Wie ich schon im Kapitel 2 schrieb, kreieren wir uns unsere Wirklichkeit selbst.

Wie bei einer noch grünen Samenkapsel, die darauf wartet, dass aus ihr endlich eine wunderschöne Blume wachsen kann, ist es auch uns möglich, Träume real werden zu lassen. Es benötigt nur eine emotionale „Herzenspflege". Das bedeutet für mich, sich auf die Suche nach der Freude zu begeben. Mutig Schritt für Schritt dem zu folgen, was dazu beiträgt, dass wir uns lebendig fühlen. Aufzuhören, Dinge zu tun, die andere von Ihnen erwarten. Frustration als Zeichen etwas zu ändern, zu erkennen. Ängste gegen Zuversicht zu tauschen, dann wird die Stimme im Herzen deutlicher und wir sind in der Lage, sie zu hören. So können wir zu dem werden, was in uns schlummert, denn in jedem Herz pocht das verschlossene Leben.

Die Forschungen des „Institute of HeartMath" haben ergeben, dass unser Herz, die Freude und die Liebe die kraftvollsten Eigenschaften für unser Überleben bereitstellen. Wie bei allen anderen Intelligenzformen müssen sie entwickelt werden. „Die Intelligenz des Herzens ist im Gegensatz zur Intelligenz unseres Gehirns umfassend und ‚universal' und wirkt vornehmlich zum Wohle des Individuums", beforschte Joseph Chilton Pearce[18]. Er beweist die tragende intelligente Kraft des Herzens. Das Gehirn dient dem Herzen, nicht umgekehrt. Das vom Herzen ausstrahlende elektromagnetische Feld hat die vierzig- bis sechzigfache Amplitude der gesamten Hirnstromleistung und ist Teil eines nach oben offenen Potenzials. Die Dynamik zwischen Herz und limbischem System im Gehirn, welche sowohl aus neuronalen als auch hormonellen Einflüssen resultiert, überwacht und steuert den Hormonhaushalt, das Gedächtnis und das Lernen.

Wer kennt nicht das Gefühl, die ganze Welt umarmen zu wollen, wenn wir glücklich sind? Die Herzensenergie ist eben ansteckend, wesentlich mehr als die Verstandeskraft.

Verstandeswissen, das nicht im Herzen wurzelt, ist nutzlos

Um nach Krisenzeiten wieder den Weg in ein neues Leben zu schaffen, ist Wissen, das sich auf den Kopf beschränkt und nicht im Herzen wurzelt, nutzlos. Der einzige Zustand, in dem wir ein erfülltes Leben führen können, ist der, mit unserer Herzenskraft verbunden zu sein. Denn sie ist vom ersten Augenblick unseres Lebens bis zum letzten Atemzug unser Überlebenswerkzeug.

Das Denken ohne das Fühlen erleben wir als kalt. Wir sprechen dann von „herzlosen" Menschen, die keine Verbindung zu sich und ihren Gefühlen haben. Es fällt ihnen schwer, mit anderen verbunden zu sein, weil sie nicht mit sich selbst in Kontakt sind. Eine tiefe, herzliche Begegnung einzugehen, wirkt auf sie bedrohlich. Es erzeugt Stress, der sich oft auch im körperlichen Bereich äußert und nicht selten unangenehme Leiden und Beziehungsfrust hervorruft. Krisen und Krankheiten fordern uns auf, wieder in Beziehung mit uns selbst zu treten, nährend und stärkend mit uns umzugehen. Wenn wir bereit sind, den Krieg in uns selbst zu beenden und der Leichtigkeit zu folgen, dann sind wir auch bereit, unserer Intuition zu vertrauen.

Unser Körper kann dabei enorme Hilfe leisten, denn er will, ob bewusst oder unbewusst, Gefühle in Handlungen ausdrücken. Wir erleben zum Beispiel bei Ärger, dass wir mit der Faust auf den Tisch schlagen wollen. Mindestens nehmen wir aber einen erhöhten Herzschlag wahr. Der Körper reagiert. Unter psychischem Druck wird er müde, eine typische Reaktion bei Angst ist zum Beispiel das Hochziehen der Schultern. Mit den Erfahrungen des Körpers sind wir in der Lage, Neues zu erleben und Muster zu durchbrechen, die längst überholt sind. Oft sind es Krankheiten oder Unfälle, die uns zum Nach- und Umdenken zwingen. Es sind Fingerzeige des Schicksals und sie stellen uns vor neue Aufgaben. Viele Menschen leben so sehr im Außen, dass eine Erkrankung oder eine Krise sie wieder nach innen holt. Kinder wachsen tatsächlich nach Krankheiten, Erwachsene gehen aus Krisen gestärkt hervor.

Krisenerfahrung ermöglicht neue Erkenntnis, doch es geht auch weniger schmerzhaft. Wir brauchen nur jemanden, der uns einlädt, ermutigt und inspiriert, sich noch einmal auf neue Erfahrungen einzulassen. Körpertherapien, tanzen oder singen helfen besonders, Handlungen, Lebensgefühle, Stimmungen und den passenden Körperausdruck anders und neu zu entdecken. Wir können damit auf eine neue Weise erleben, was wir als Kinder schon gekonnt haben: neugierig und mit Entdeckerfreude zu leben und unser Herz wieder weit zu öffnen für uns selbst und das Du.

Was hilft, wenn die inneren Stimmen zu laut werden?

Meine inneren „Kritikerstimmen" ließen mich nicht in der Gegenwart ankommen. Manchmal blickte ich besonnen vorwärts in die Zukunft und dann wieder verzweifelt und voller Bange auf sie. In meinem Kopf tobten abwechselnd Gedanken und Gefühle der Hilflosigkeit, von Schmerz und Trauer, von Verzweiflung und Ausweglosigkeit.

Emotionen der Wut und Scham, Zorn und Schuld wechselten mit Vorwürfen und Tröstungen ab. Durch beharrliche Selbstanklagen war es schwer, mich mit der Vergangenheit auszusöhnen.

Irgendwie musste ich eine Möglichkeit finden, meine Stimmen zum Schweigen zu bringen.

Daher begann ich mich zu fragen, ob ich mich mit meinen Erlebnissen und meinem Trauma genug beschäftigt hatte. Waren in mir Wut oder Zorn existent, die ich nicht wahrhaben wollte und die sich durch diese Dauergedanken um Beachtung mühten? Durfte ich mir erlauben, der versteckten Wut Ausdruck zu verleihen? Hatte ich mich genug „ausgezürnt"?

Jeder von uns hat andere Lebensprobleme und braucht einen anderen Ansatz, um sie anzugehen. Deshalb beschreibe ich hier einige Methoden, die mir Erleichterung gaben. Finden Sie für sich selbst die passende Methode, jene, die Ihnen zusagt.

Meist deuten Selbstvorwürfe auf einen inneren Zorn hin: „Wenn ich doch nur aufgepasst hätte, hätte ich den Zusammenstoß vermeiden können!" Ich fühlte mich schuldig, konnte mich aber an den genauen Unfallhergang nicht erinnern.

Nur bruchstückhaft und vereinzelt tauchten vage Anhaltspunkte an meine Motorradfahrt auf. Der sonnige und warme Herbsttag, der die Blätter der Bäume schon merklich in ein buntes Kleid getaucht hatte. Das tolle Erleben, den Wind vorbeiströmen zu fühlen und trotzdem durch meine Motorradkleidung geschützt zu sein. Die Landschaft, die sich mit jedem gefahrenen Kilometer veränderte, all das erfreute mich an diesem besonderen Samstag, dem 6. November 2010. Nur durch ein dumpfes Geräusch des Zusammenpralls von Metall und Glas wurde ich aus meiner Erlebniswelt gerissen. Auch als mich zwei fremde, große Augen anblickten und ich einen heftigen stechenden Schmerz im linken Arm spürte, war mir nicht bewusst, was da eben passiert war.

Scheinbar fehlte mir durch mein inneres Erleben jegliche Wahrnehmung anderer Verkehrsteilnehmer. Oder war ich auf meiner Fahrt so unkonzentriert gewesen, zumal meine Probleme und Sorgen sicherlich mit mir gereist waren? Vielleicht hätte ich den heftigen Windstoß bemerken können, der mich in die Mitte der Fahrbahn versetzt hatte? „Wenn ich mehr Routine beim Motorradfahren gehabt hätte, wäre es mir vielleicht möglich gewesen, angemessener zu reagieren."

Schuldgefühle vergifteten meine Lebenskraft. Sie plagten mich und stellten viele kritische Fragen oder klagten mich an. Groll über mich und meine Selbstvorwürfe erschufen einen energischen Widerstand zum Glücklichwerden und machten es unmöglich, mich aufzurappeln. Schuldgefühle lassen uns oft wertlos erscheinen, mir saßen sie bleischwer im Nacken. Sie blockieren den natürlichen Fluss der Lebensenergie und die Motivation, wieder ganz vorne im Autobus des Lebens Platz zu nehmen.

Anscheinend hatte ich eine Menge innere Leugnungsmechanismen gegen eigene Schwächen und vor allem gegen meine Hilflosigkeitsgefühle entwickelt. „Ich muss stark sein!", „Hilflosigkeit ist Schwäche!", „Ich bin schuld!" – diese „Desasterprogramme" in meinem Kopf stellten bei meiner Heilung ein enormes Hindernis dar, weil sie alle meine Energien und Kräfte blockierten.

Solche und andere Gedankenspiralen bremsen uns, im Kleinen das Schöne zu sehen und Tatsachen anzuerkennen, so wie sie eben sind. Es gibt zahlreiche Situationen, in denen wir andere Menschen oder Umstände nicht zu ändern vermögen. Nichtsdestotrotz können wir uns aber immer dafür entscheiden, nicht zu kämpfen und uns selbst einen persönlichen, sicheren Raum zu schaffen. Abstand zu finden, der uns in die Lage versetzt, zu erkennen, wo unsere Lern- und Wachstumsblockaden sitzen. Denn hinter jedem Konflikt, auch jenen mit uns selbst, liegt ein Verlangen nach Verbindung. Daher bringt uns respektvolles Annehmen in die Lage, Schwierigkeiten in einem blockierten Lebensbereich zu lösen und zu sagen: „Es ist, wie es ist!"

Mein innerer Kritiker verwendete zudem viele Tricks, um sich Gehör zu verschaffen. Dabei war er weder zimperlich noch sparte er mit Anklagen. Typische Sätze, die aus seinem Denken stammten, waren:

„Streng dich nicht so an, du schaffst das eh nicht!"

„Ich habe immer schon gewusst, dass es nicht klappt!"

„Letztlich bist du schuld, also lass es!"

„Ich kann es nicht! Ich schaffe es nicht!"

„Mann/Frau tut das nicht."

„Ich muss stark sein und mich anstrengen!"

„Nimm dich selbst nicht so wichtig!"

Kritikerstimmen reden uns ein schlechtes Gewissen ein, stellen unfaire Vergleiche her oder demotivieren uns mit überhöhten Standards oder mit Perfektionismus. Neben einem schlechten Gewissen faseln uns diese inneren Saboteure alte, längst überholte Glaubenssätze vor. Mein Kritiker schaffte es sogar, die kleinsten Gedanken, Wünsche und Träume als unbedeutend zu bewerten und zu hinterfragen. „Kannst du das überhaupt?", „Wer glaubst du zu sein?", „Was bildest du dir ein? Du bist klein und unbedeutend und willst großartige Dinge in diese Welt setzen?"

In meinem Herzen regte sich Entrüstung über so viel inneres Geplapper, welches auch noch so wehtat. Sich selbst gegenüber geringschätzend zu sein und sich als wertlos zu betrachten, ist unmöglich. Wer so über sich denkt, kommt nicht weiter. Allein unsere Bewertungen über uns selbst, über unsere körperlichen Beschwerden, die wir so schnell wie möglich wieder loswerden wollen, bestimmen die Richtung der Gedanken und damit den Zuwachs an Lebenskraft.

Ich erinnerte mich an die wertvollen Erfahrungen während meiner Ausbildung in der Wertimagination, daran, wie Ablehnung das intensiviert, was wir eigentlich gar nicht wollen, weil wir in die Abwehr viel mehr Kraft und Energie investieren. Wir kämpfen gegen eine Krankheit, strengen uns an, schmerzfrei zu sein und konzentrieren uns dabei genau darauf. Wir setzen unsere ganze Kraft dagegen ein, statt uns zu entspannen und harmonisch mit der Energie des Erlebten zu arbeiten. Das Abenteuer unserer Heilung ist im Wesentlichen ein emotionales Abenteuer. Denn der Realität ohne Bewertung ins Auge zu blicken, löst auf, was wir verdrängen wollen. Manchmal scheint es mir, als ob im Annehmen und Hinsehen, also in der Bewusstheit, das Geheimnis für Lebensenergie und Freude zu finden ist. Statt zu kämpfen oder siegen zu wollen, können wir in eine Situation hineingehen, tiefen Kontakt entwickeln und voll und ganz das Leben umarmen. Damit wird die Beziehung zu uns und der Welt transformiert.

Dazu fällt mir die Geschichte von Morihei Ueshiba, dem Begründer des Aikido ein. Als er gefragt wurde, ob er jemals Furcht empfinde, erwiderte er: „Ich fühle, was Sie fühlen, aber Sie nennen es Furcht. Ich nenne es einen Apell zu handeln. Anstatt die Furcht in einer Schlacht loszuwerden, verneige ich mich respektvoll vor ihr und erkenne ihre Vitalität an. Dadurch achte ich auf die Erfahrung der Energie in meinem Körper, anstatt den Geschichten in meinem Kopf Aufmerksamkeit zu schenken."

Die Trias-Übung[19] ist eine sehr effektive Methode für den Umgang mit diesen beeinflussenden inneren Stimmen und den Geschichten im Kopf. Ich lernte sie während meiner Ausbildung kennen, um den inneren Kampf, den wir in uns selbst austragen, zu entspannen. Der Entwickler dieser Methode, Uwe Böschemeyer[20], lehrte uns, wie wir die inneren Stimmen laut werden und dabei zur Ruhe kommen lassen können. Die Trias-Übung verbindet Gegensätze, indem man die Stimmen des Kritikers oder des Gegenspielers zu hören beginnt und die Kraft der Verbündeten als die Lebensbejaher-Stimme wahrnimmt. Danach fragen Sie, welcher Deutung Sie nun mehr vertrauen. Das *Ich* bringt dann die inneren Stimmen zur Ruhe. Ungeübten empfehle ich eine Sitzung mit einem Wertimaginationsberater. Eine abgewandelte Form dieser Methode stelle ich Ihnen hier vor. Sie ist hilfreich, die Aussagen, die Ihnen ohnehin dauernd durch den Kopf schwirren, durch Aufschreiben zu harmonisieren.

Idealerweise setzen Sie sich an einen Ort, an dem Sie ungestört sind. Nehmen Sie Papier und Bleistift zur Hand und notieren Sie, was Ihnen durch den Kopf geht, was Ihr innerer Kritiker über Sie und Ihre Lebenssituation zu sagen hat. Lassen Sie sich dabei genügend Zeit. Beenden Sie Ihr Aufschreiben erst dann, wenn Sie genug von den Vorwürfen Ihres Kritikers haben.

Danach denken Sie an Ihren „Lebensbejaher", jener wohlmeinenden Stimme in Ihnen, die Sie unterstützt. Sie können zusätzlich einen kleinen Wechsel des Sitzplatzes vornehmen, das erleichtert Ihnen den Zugang zu Ihrem „Bejaher". Ihrer Fantasie ist keine Grenze gesetzt. Schreiben Sie auf, was Ihre innere Stimme zu sagen hat. Wie sieht er oder sie die Situation? Welchen Rat erhalten Sie? Zensurieren Sie nicht, sondern erlauben Sie sich alles aufzuschreiben. Ihr Bejaher sieht alles aus dem Blickwinkel des Positiven. Auch jetzt schreiben Sie so lange, bis die Stimme verstummt.

Danach ist es Zeit zu überlegen, was Sie selbst darüber denken. Lesen Sie erst einmal durch, was Sie aufgeschrieben haben. Jetzt notieren Sie Ihre *Ich*-Gedanken, das, was

Sie über sich denken, womit Sie eher einverstanden sind. Markieren Sie jene Aussagen, die Ihnen gefallen, und ergänzen Sie jene, die Ihnen noch einfallen.

Schreiben Sie Ihre Gedanken auf, auch wenn Ihnen im Moment wenig einfällt. Bleiben Sie ganz auf Ihre Fragen und die Antworten konzentriert. Es gibt Bewegung im Stillstand. Daher fragen Sie vertrauensvoll in jene Richtung weiter, in der Sie Lösungen suchen. Die Schätze liegen in Ihnen! Sie müssen sie nur aus dem „Wirrwarr" der ständig wiederholenden Gedankenknäuel unserer Lebensthemen heben. Ich habe diese Übung einige Male wiederholt.

Meine Gegenspielerstimme klagte mich an: „Du bist schuld, dass alles so gekommen ist! Da gibt es keine Ausreden, es war dein Fehler! Na ja, Leben ist Leiden, du weißt, dass nur über Leiden lernen möglich wird! Du hättest ja die Warnungen ernst nehmen und zu Hause bleiben können. Wärst du nicht so stur und trotzig gewesen, hättest du bemerkt, dass es keine gute Idee war zu fahren", und so weiter, und so weiter. Die Liste wurde länger und länger und bald reichte mir diese Form des Gesprächs. Ich wandte meine Aufmerksamkeit meiner Stimme der Lebensbejaherin zu. Ich schrieb auf, was sie flüsterte: „Deine Erfahrungen stärken dich und sind die Basis für deine sprudelnde Energie und Kraft. Durch deine Erlebnisse bist du ganz du selbst geworden, du wurdest zum Original. Du wurdest authentisch. Trotz deiner Schmerzen bist du positiv geblieben. In dir leuchtet deine ansteckende Lebensfreude …"

In Anbetracht meiner Situation schmeichelten mir einerseits ihre Worte, andererseits war ich damit aber gar nicht zufrieden. Sehr bewusst schrieb ich nun auf, was *Ich* in diesem Moment wirklich brauchte: „Nimm einfach an, was ist, mehr nicht! Akzeptiere, was du im Moment nicht verändern kannst! Werde gedankenfrei und frei von deinen Bewertungen, dann kannst du dich mehr auf deine Gefühle verlassen!"

Erstaunlicherweise hatte ich viel weniger Bedürfnisse, als ich zuerst angenommen hatte. Mein Denken hörte fast auf. Mein Gedankenkarussell stoppte und ich wurde still. Ich war einfach nur anwesend für das, was im Moment war. Ich konnte mich ganz darauf konzentrieren und fühlen, was im Augenblick für mich wirklich wichtig war. Mein Denken war für einige Zeit „bewusst sein" und ich erlebte das Hier und Jetzt.

Ich möchte Sie dazu ermutigen, diese Gedankenübung ebenfalls durchzuführen. Trauen Sie sich! Speziell dann, wenn Sie bemerken, dass Sie viel über sich selbst urteilen und sich ständig in Ihrem Gedankenkreisel befinden.

Also nehmen Sie ein großes Blatt Papier oder einen Notizblock und setzen Sie sich an einen ruhigen Ort. Nehmen Sie auf einem bequemen Stuhl Platz und vergewissern Sie sich, dass Sie ohne Störung ein Rendezvous mit Ihrer Seele haben. Denken Sie daran, Ihr Telefon auszuschalten, das hilft beim Entspannen. Beruhigen Sie erst einmal Ihren Geist, indem Sie tief durchatmen und einfach nur beobachten. Ohne Zutun, achten Sie nur darauf, wie Ihr Atem kommt und geht, ganz von selbst. Spüren Sie, wie mit jedem Atemzug Ihre Schultern entspannter werden, sich Ihre Gesichtsmuskeln lockern. Erst nach einigen Minuten beginnen Sie, die Fragen schriftlich zu beantworten: „Woran zweifle ich an mir selbst?", „Wofür kritisiere ich mich?" Nach circa fünf Minuten oder Ihrem inneren Gefühl „Es reicht!", schreiben Sie weiter mit der Frage: „Was mache ich großartig?", „Worauf bin ich stolz?"

Diese Art etwas aufzuschreiben befreit Bereiche im Gehirn und beruhigt die inneren Stimmen. Es ist eine Art „Sprechen auf Papier", das eben Gedanken festhält. Im Kapitel „Gedankeninventur – Papiergespräche, Geschenke an die Seele" lesen Sie mehr über Ihren Reichtum und

Ihren persönlichen Gewinn. Die Erweiterung solcher Gedankenräume durch das Schreiben klärt den Kopf und sie geben Erinnerungen und Ideen gleichermaßen Platz. Das Schreiben bringt Klarheit und baut Frust und schlechte Laune ab und ist daher auch eine wunderbare Hilfe bei Depressionen.

Das Ergebnis beruhigter innerer Stimmen ist innere Ruhe. Diese Ruhe erleichtert jedem, die Heimat in sich selbst zu finden. Die Anregungen werden Ihnen vor allem dann Gewinn bringen, wenn Sie sich ganz auf sie einlassen. Wer sich Zeit nimmt, sich mit den Stimmen zu beschäftigen, wird die Einsicht erlangen, dass wir nur im Loslassen und Akzeptieren mehr psychisches Wohlbefinden finden. Denn viel zu oft machen wir uns Sorgen und Gedanken über Dinge, die wir im Moment gar nicht ändern können. Es gibt Gedanken, die sich mehr auf die Zukunft richten. Dann gibt es welche, die sich mit der Vergangenheit beschäftigen und letztlich jene Gedanken, die einfach kommentieren und bewerten, was wir im Moment erleben. Wir beurteilen alles, jeden und jedes und kleben ein Etikett darauf: gut für das positive Erleben, schlecht für emotional-heftige Erlebnisse. Damit archivieren wir unsere inneren Gedanken, halten sie fest und vergessen dabei, im Augenblick anzukommen. Jedes Festhalten und Bewerten erzeugt Angst. Loslassen und einfach zulassen, was ist, ohne Bewertung, weder gut noch schlecht, befreit uns von Angst und erleichtert uns das Leben. Selbst „holprige" Lebenswege ließen sich wieder gut ausrichten und ausgewogener begehen, wenn wir uns nicht ständig selbst behindern würden.

Die „Leier-Gedanken" halten uns nämlich vom Glücklichsein ab. Die meisten Gedanken kreisen darüber, was wir *nicht* haben, was *nicht* ist. Wir lassen viel zu oft die Fülle des Augenblicks ungenutzt vorbeiziehen, ohne sie auszuschöpfen und ohne uns vom Leben zu nehmen, was uns Tag für Tag geschenkt wird. Vielleicht führen Sie ja ein entspanntes Leben, ohne große Schicksalsschläge, können aber Ihr Glück nicht sehen.

Durch das Schreiben betreten wir den eigenen Herzens-Raum und können uns dabei auch achtsam fragen: „Fühle ich, was ich denke oder denke ich, was ich fühle?" Wir nehmen unsere Seele wahr und beginnen zu erkennen, dass wir mehr sind, als wir mit Bewertungen über uns wähnen.

Aus deinen Schwächen werden deine Stärken gewebt!

Wende- und Umbruchzeiten fordern uns auf, uns intensiver mit unserem „Innersten" zu beschäftigen. Ein stürmisches oder traumatisches Ereignis erleben die meisten als einen tiefen Fall. Sie fühlen eine innere Leere oder empfinden es so, als ob sie ins Bodenlose rutschen.

Durch meinen Schicksalsschlag wurde ich einsamer. Mein geschäftiges Arbeitsumfeld rückte weit weg und ich beschäftigte mich ungewöhnlich intensiv mit den Fragen des tieferen Sinns. Dabei setzte ich alles daran, meine persönliche Lebensspur wiederzufinden. Manche Menschen rückten sehr nahe an mein Herz, wurden treue und behutsame Begleiter. Andere wiederum waren plötzlich nicht mehr Teil meines Lebens und meiner Geschichte. Unsere Gemeinsamkeit ging durch mein so anderes Erleben verloren. Ich verdanke ihnen einen neuen Blick auf Begegnungen mit Menschen und bin ihnen zutiefst verbunden. Durch sie lernte ich, dass wir an nichts festhalten müssen. Weder an Gedanken noch an Meinungen noch an Materiellem. Nicht an Verstorbenen und schon gar nicht am Leben selbst. Sie lehrten mich, dass Loslassen und Liebe dasselbe sind. Loslassen und Akzeptieren hängen zusammen. Jedes Festhalten und jedes Wollen erzeugt Angst. Freunde loszulassen schien mir das Schwierigste, weil ich das Gute vermisste. Loslassen zu können durch das eigene Sterben, den Tod, der kurz an meine Tür klopfte, fiel mir nicht so schwer. Ich sehe den Tod eher als eine Befreiung aus der Enge der Materie, doch erst wenn wir gelernt haben, im Leben an nichts mehr zu haften, dann ist auch sterben leichter möglich. So sehe ich das Leben heute. Eine andere Gelegenheit das Loslassen zu trainieren, erhielt ich, als ich durch die Kombination vieler Narkosen, Medikamente und Schmerzmittel keinen Zugang mehr zu meinem erlernten Wissen und meinen Fähigkeiten fand. Durch Erinnerungslücken rang ich oft minutenlang, um banale und einfache Worte zu finden. Es schien mir, als hätte ich simpelste Begriffe vergessen oder keinen Zugang mehr zu meinen Wissensarchiven. Beinahe kam es mir vor, dass Teile meines erlernten Wissens aus meinem Gehirn gelöscht worden waren. Ich erhielt keine Erklärungen von meinen behandelnden Ärzten, die das Phänomen eher bagatellisierten. Also blieb mir nichts anderes übrig, als auch daraus zu lernen, noch mehr zu vertrauen und das, was ist, zu akzeptieren. Ich begann zu verstehen, dass meine Persönlichkeit nicht nur über dieses Wissen existierte, sondern vor allem durch mich selbst und meine Herzensbildung.

Ich beschreibe Ihnen im Laufe des Buchs die unterschiedlichen Chancen, die mir das Leben schenkte, um Ihnen eine kleine Krücke zu schenken, die Sie selbst in ähnlichen Lebenssituationen benützen können. Doch denken Sie daran, diese Krücke wieder loszulassen, da wir durch eine Lösung von außen nur kurz Erleichterung finden. Das Leben lädt uns gerade deswegen zum „Stehenbleiben" ein, damit wir im Moment und im Spürbewusstsein ankommen.

Die großartigste Hilfe empfing ich aus den Tiefen meiner

inneren Bilderwelt durch Imaginationen. Die Kraft innerer Bilder verwandelte traurige in kostbare Momente und die transformierende Wirkung diente nicht nur meiner Heilung, sondern wirkte auch entspannend auf mein Umfeld. Je kräftiger mich meine Familie erlebte, umso mehr schwanden ihre Sorgen um mich.

Imaginationen sind kraftvolle innere Bilderreisen, die uns in unsere innere Welt, zu Orten des Vertrauens oder zur Quelle der Herzenskraft, zum inneren Angebundensein oder zur inneren Sicherheit lotsen. Sie führen uns aus und durch das Labyrinth des Lebens. Alles, was wir im Außen erleben, findet im Inneren eine Entsprechung. Die Bilder in uns können einfach nur Gedachtes sein. Je mehr wir uns entspannen, desto mehr können aus der Tiefe unseres Unbewussten Seelenbilder auftauchen. Ähnlich wie bei Tagträumen machen Imaginationen das Unbewusste verfügbar, während das Denken, besonders das „Probleme wälzen" unsere Existenz ruinieren kann. Mithilfe dieser inneren Wanderungen lernen wir, achtsam zu werden und uns wieder für Impulse des Heilwerdens zu öffnen. Wie bei der Meditation sind auch Imaginationen ein Weg zur Gesundung der Seele. Denn der Kreislauf des Lebens bedeutet, die Entsprechung im Inneren zu suchen, nämlich dessen, was sich gegenwärtig im Außen gezeigt hat. Vom Sichtbaren ins Unsichtbare! Daher bauen Imaginationen unser Identitätshaus wieder auf und schenken uns geballte Kraft und Energie. So wie mir, könnten Imaginationen auch Ihnen eine absolute Quelle für neue Lebensenergie werden.

Manche sperren sich gegen das Unbekannte und vertreten sogar die Meinung, dass nicht sein kann, was nicht sein darf. Ihre erlernten Verhaltens- und Denkmuster stehen diesen Menschen dabei im Weg. Wenn wir uns selbst und das Leben verstehen wollen, ist es wichtig, auf uns selbst zu hören. Der Geist erschafft unsere Realität. Jeder Mensch erlebt und deutet seine Wirklichkeit auf seine ganz persönliche Weise. Dabei ist die Seele ein guter Regisseur. Sie lässt sich nicht austricksen, sie anerkennt keine Lügen und will kontinuierlich weiter die Wahrheit finden. Die Kunst im Leben ist es, in allem das Licht und das Helle zu sehen. Dabei helfen innere Wanderungen, den Lebensfaden wiederzufinden. Ich selbst habe am eigenen Leib erfahren, wie der Geist Materie verändern kann.

Leider schauen wir viel zu oft nur auf eine Seite, nämlich die problematische und übersehen dabei, dass wir letztlich mehr Freude, Kraft und Energie im Entdecken der Perlen des Lebens erfahren können.

Vor Beginn einer Imagination definieren Sie zuallererst ein Ziel. Wohin soll Ihre innere Reise gehen? Zu einer aktuellen Situation? Zu Orten des Glücks, des Trostes, des Angenommenseins? Um Zugang zu Ihren inneren Bildern zu erhalten, ist es hilfreich, einen leeren Kopf zu bekommen. Beginnen Sie daher Ihre innere Wanderung zuerst mit einigen Entspannungstechniken.

Atmen Sie tief und entspannt und lassen Sie dabei alle Gedanken abfließen, so gut es eben geht. Spüren Sie Ihre Fußsohlen, Ihre Körpermitte und lösen Sie ein wenig Ihr Unterkiefer. Atmen Sie tiefer ein und aus und öffnen Sie sich für die inneren Bilder. So gelingt Ihnen der Wechsel von Bewusstem zu Unbewusstem leichter. Beginnen Sie, Bilder in sich auftauchen zu lassen, ohne Zutun und ohne Bewertung von richtig oder falsch. Nützlich ist es dabei, sich einen „inneren Garten" oder eine Treppe vorzustellen, von der aus Sie zu den inneren Orten wandern können. Es ist jedem Menschen möglich, einen Zugang zu einer tieferen geistigen Basis der Persönlichkeit zu finden. Selbst Skeptiker werden begeistert sein, wenn sie es wagen, sich für diese Form der Selbstbegegnung zu öffnen.

Ich möchte Ihnen eine wesentliche Imagination aus dieser Zeit erzählen, gestehe aber ein, dass ich das mit einer gewissen Scheu tue. Denn was ich erlebt habe, war höchst persönlich und tief ergreifend. Es ist eben ein Unterschied, ob man eine Erfahrung aus tiefstem Herzen erlebt oder „nur" darüber liest. Bei der Beschreibung meiner Imagination verwende ich eine etwas verkürzte Form. Für meine Heilung war diese Innenschau jedoch ganz wesentlich. Sie erlaubte mir einen Zugang zu meinen seelisch-geistigen Kräften und damit zu einer Einsicht, die mir half weiterzumachen.

Imagination zur Quelle meiner Orientierungslosigkeit – 9. März 2011
… Ich wanderte an der Seite eines alten, mir bereits vertrauten Medizinmannes, den ich aus früheren, inneren Reisen kannte. Links von uns eine kleine, gedrungene, sehr sympathische alte Frau in weiten Gewändern, ähnlich wie ich sie aus indianischen Filmen kannte. Auf ihrem Kopf trug sie geschickt ein dickes Bündel weicher Decken. Beide gaben mir zu verstehen, mich auf eine innere Wanderung mitnehmen zu wollen. Sie reichten mir die Hände und ich erlebte, wie ich mit jedem Schritt den Berg hinauf erwachsener und reifer wurde. So, als ob der Weg mich vom kleinen Mädchen zur erwachsenen Frau werden ließ. Wir erreichten ein Kloster, klopften an die Klostertür und traten in einen wunderschönen Klosterhof. Schon beim Eintreten war eine ganz besondere Ruhe zu spüren. Die alte Frau nahm ihre Decken vom Kopf und breitete diese im Klostergarten aus, damit wir darauf Platz nehmen konnten. Während sie ihre Decken abstreifte und unsere Liegestatt vorbereitete, begann ihr Gewand heller und heller zu werden,

so als ob ein inneres Licht in ihr plötzlich nach außen dringen wollte.

Wir setzten uns nieder. Dann passierte lange nichts, wirklich gar nichts. Stille und Ruhe. Ich hörte eine Stimme sprechen. „Du brauchst Ruhe, denn mit ihr kommt deine Kraft." Danach tauchten Bilder und Menschen in unserem Klostergarten auf, die meiner aktuellen Lebenssituation entsprachen. Lebhaft und laut unterbrachen die Menschen mit ihren Tönen die Stille des Gartens, in dem noch vor Kurzem die Ruhe so heilsam gewesen war. Bilder von konkreten Situationen entstanden vor meinem geistigen Auge und wurden durch das bloße Betrachten und Wahrnehmen geklärt, entspannt oder einfach gelöst. Dankbarkeit machte sich in mir und meinem Herzen breit, so stark, dass die Dankbarkeit aus meinem Herzen strömte und bald den Raum des Klostergartens füllte. Der Raum strahlte mit einer ganz besonderen Kraft. Während die Medizinfrau uns und allen Beteiligten wohltuende Kräuter und Getränke reichte, entspannten sich die Menschen, die mit uns in diesem Garten weilten und ließen sich sanft und ruhig bei uns im Kreis nieder. Die weichen Decken verstärkten die Energie der Ruhe und des sich Sammelns. Es wurde wieder still. Lange genossen wir einfach nur die Stille. Mitten in dieser wunderbaren Ruhe hob die Medizinfrau ihre Hand und ließ einen Tropfen Wasser in den weichen, goldfarbenen Sand gleiten. Aus diesem Tropfen entsprang eine Blüte und auf wunderbare Weise entstand auf dem Blütenboden ein Haus, ein Tempel, eine Stadt, eine Welt, die sich ausweitete und immer weiter ausdehnte. Unter einem beinahe himmlischen, großartigen Strahlen tauchte ein Seelenland auf. Es handelte sich

um mein Seelenland. Die Wasser sprudelten leben-
dig und strahlend und tränkten meine Wurzeln. Ich
fühlte mich gesegnet, gegenwärtig, angenommen und
völlig ich selbst.
Das Gefühl war so unbeschreiblich, so kraftvoll, so
dynamisch und so stark und doch voller Stille, ruhig
und lebendig zugleich. Das konnte nur das Leben
sein. Alles pulsierte. In mir breitete sich Wissen,
Weisheit aus. Darin erkannte ich, dass Freude, aber
auch Leid Teile des Lebens sind. Sie entstehen aus
uns selbst, aus unserer eigenen Schöpferkraft. Wir
existieren einzig und allein in dieser polaren Welt.
Ich fühlte meine eigene Kraft und die Liebe, die im
Nicht-Anhaften liegt. Ein inneres Wissen verdeutlich-
te mir, dass Vertrauen und Zuversicht eine ganz star-
ke Sinngebung haben. Ich hörte eine Stimme sagen:
„Aus allem, was dir zu schwer ist, wird der Stoff dei-
ner Stärken gewebt." „Wenn du dein Herz in beide
Hände nimmst, hast du die Kraft, die Welt zu verän-
dern!"
Ich spürte eine Verschmelzung der Pole von männlich
und weiblich, von Tag und Nacht, von aller Dualität
in meinem Herzen. Und erfuhr Menschenfrieden
… Seelenfrieden … und blieb mit meinen inneren
Wertgestalten[21] noch lange im Klostergarten.

Diese Imagination löste in mir ein Gefühl des Glücks und
des Friedens aus. Mein Herz war „warm", Staunen und
Freude erfüllten mein Inneres und stellten eine ganz besondere Verbindung zur Welt und damit auch zu den anderen
her. Ich benötigte noch lange, um mich an diesem Tag in
der „Realität" zurechtzufinden, so einprägsam waren meine
Erfahrungen. Das stärkste Gefühl aber war die Gewissheit,

dass meine Erlebnisse und mein Unfall nicht sinnlos sein sollten.

Leider gab es ebenso viele missglückte Imaginationsversuche. Vor meinem so wertvollen inneren Erlebnis erfuhr ich auch viele gescheiterte Experimente, besonders zu der Zeit, als mich Schmerzen, Medikamente und Ängste voll im Griff hatten. Sie erlaubten keinen Zugang und keine Entspannung. Meine Konzentration wurde durch Dumpfheit und Schmerz verhindert. Mein Trauma hatte mich so durchgerüttelt, dass ich erst lange Zeit später begriff, welch intensive Kräfte auf mein inneres, körperliches und geistiges System einwirkten. Ich benötigte Zeit zur Stabilisierung, meine innere Orientierungslosigkeit präsentierte mir sehr intensiv die darin verborgene Lernaufgabe.

Ich erinnere mich an Imaginationsversuche während meiner Reha. Alle Tipps meiner früheren Lehrmeister, die als Hilfe bei schwierigen Einstiegen dienen sollten, wollten nicht gelingen. Die Mitte finden, ... atmen, ... Gedanken vorbeiziehen lassen, wie Blätter in einem Fluss, ... mit jedem Atemzug Gedanken abfließen lassen, ... die eigene Mitte spüren, ... ganz natürlich ein- und ausatmen – undurchführbar!

Offensichtlich hindert uns gerade das intensive Wollen daran, eine sinnliche Erfahrung zu machen. Denn meine Gedanken wurden nicht ruhig. Sie drehten sich im Kreis. Einmal waren es die Gedanken an den vollen Therapieplan. Verpasse ich auch nichts? Habe ich die Zeit, die ich brauche? Ich wollte jede erdenkliche Hilfe in Anspruch nehmen, um wieder ganz zu gesunden, denn ich sah in den Blicken meiner Ärzte und Therapeuten immer die großen Fragezeichen, wenn ich nach meinen Heilungschancen und meiner körperlichen Wiederherstellung fragte. „Ruhig werden!", flüsterte meine innere Stimme. Doch ich war unkonzentriert. Immer wieder meldete sich mein körperlicher Schmerz, meine Gedanken kreisten. Ich nahm mich intensiv in meiner „Action" wahr, hatte ständig Sorge, nicht zu entsprechen oder etwas zu vergessen oder die strengen Regeln des Weißen Hofes, des Rehabilitationszentrums, zu missachten. Mittagessen nicht versäumen! Schiene tragen! Visite nicht vergessen! Therapiesitzung, Blutabnahme, Kontrolltermine! Mein Arm schmerzt! Die Nervenschmerzen blitzten bis in die Fingerspitzen durch! Meine Dosis Morphium holen, oder schaffe ich es diesmal ohne Schmerzmittel? Ich führte einen inneren Kampf mit mir selbst. Ich kämpfte im Glauben zu siegen und konnte mich dabei einfach nicht entspannen. Bis es plötzlich in mir „Stopp!" schrie. Ruhe! Etwas in mir hatte vom ständigen Geplapper genug. Fast schien es mir, als ob eine innere, weise Frau mir mit aller Vehemenz eine deutliche Aufforderung geben wollte: „Lerne als Erstes, zur Ruhe zu kommen! Bringe deine Gedanken in Balance und lerne, dich wieder auf nur eine Sache zu konzentrieren!"

Ich öffnete meine Augen und erkannte die tiefe Bedeutung von „zur Ruhe kommen". Imaginative Reisen schienen mir damals noch nicht möglich zu sein. Erst als ich mich deutlich ruhiger fühlte, gelangen mir auch wieder innere Wanderungen. Mit der Zeit konnte ich den gefühlvollen Reichtum der inneren Welt wiedergewinnen, meine inneren Reisen vertiefen, meine Seele wieder ein Stück heiler und meine Hoffnung ein Stück fester werden lassen.

Die Essenz meines Erlebens war die Gewissheit, dass durch das Ziehen an den Blättern kein Wachstum beschleunigt werden kann und das „Wollen" ein Hindernis für alles Lebendige darstellt, ja, Leben sogar verhindert. Man könnte sagen, „Wollen" kontrolliert Veränderungen und ist der Feind des Vertrauens. Doch nur mit ihm gelingt es, inmitten des Unbekannten zu lernen und sich seiner inneren Führung anzuvertrauen, mit sich selbst wirklich in Resonanz zu sein.

Geduld ist eine Eigenschaft, die ich mir nur schwer antrainieren konnte. Durch meinen Unfall musste ich sie aber hart erlernen. Mir und sicherlich vielen Menschen unserer Zeit fällt es einfach schwer, bei den Dingen zu bleiben, weil tausend Informationen, das Sollen und das Müssen, das Scheinen, das Glänzen und das Wollen so sehr im Vordergrund stehen. Für einige scheint es eine Herausforderung zu bedeuten, mit ihrem Selbst Kontakt herzustellen. In Beziehung sein, zuerst zu uns selbst und zu unseren Gefühlen, dann zu jenen der anderen – dadurch gelingt der Bezug zu allem Lebendigen. Die Probleme im Gesundheits- und Erziehungsbereich wie in Partnerschaften finden hier ihren Ursprung. Im Prinzip kann jeder lernen, mit sich in Kontakt zu treten und damit Gefühle des Ausgebranntseins, der Resignation und der Depression verhindern. In dieser Resonanz liegt der Schlüssel, Signale und Zeichen, die uns das Leben ständig schenkt, zu erkennen und auf sie zu hören, dem Unbekannten zu vertrauen und die Kontrolle aufzugeben. Damit zu beginnen würde bedeuten, für uns und das, was jetzt ist, wachsamer zu werden.

Sei mutig! Gib nicht auf! Mach weiter!

In belastenden Zeiten und in Krisen haben wir auf unsere persönliche Entwicklung zumeist einen sehr begrenzten Blick. Auch mir schien es in manchen Phasen, als wären alle Türen verschlossen und manchmal wirkte es für mich so, als gäbe es keine Möglichkeiten zur Veränderung, um die Mauern der Begrenzung zu durchbrechen und eine andere Richtung einzuschlagen. Dabei trennten mich oft nur wenige, kleine Schritte, vor allem aber die Geduld, der Zeit ihren Raum zu geben. Dazwischen fühlte es sich an, als ob ich mich in einem dichten Nebel verlaufen hätte, den kein Sonnenstrahl durchdrang. Sieben Monate lang herrschte ein Auf und Ab. Dabei wechselten Erfolg und Misserfolg. Meine verunfallten Knochen wollten nicht heilen. Die Ärzte versuchten mit neuen medizinischen Methoden das Wachstum der Knochen anzuregen. Ossotron oder Stoßwellentherapie nennt sich eine spezielle Behandlungsart, in der mit starken, wellenartigen Stromstößen die Dichte der Knochenstruktur gefördert werden soll. Eigentlich verdanken wir diese Methode einem „glücken Zufall". Bei der Zertrümmerung von Nieren- oder Gallensteinen haben Mediziner festgestellt, dass neben der gewünschten Wirkung, nämlich der Zertrümmerung der Steine, die Knochen um die behandelten Zonen eine wesentlich höhere Dichtheit aufwiesen. Diesen wunderbaren Nebeneffekt setzt die Medizin heute sehr erfolgreich für die Unterstützung der Knochenheilung ein.

Für mich bedeutete das abermals Narkosen und eine neuerliche Ruhigstellung meines Arms für weitere vier Wochen. Leider ohne Erfolg! Meine zertrümmerten Ellen- und Speichenknochen konnten trotzdem nicht zusammenwachsen, da das durch den Bruch zerborstene und etwa genau an der Mitte der Elle fehlende Knochenstück einfach zu groß war. Also riet mir mein Arzt zu einem weiteren chirurgischen Eingriff. Dabei sollte aus meinem linken Hüftknochen ein Span entnommen und in die Elle eingesetzt werden. „The same procedure as last time!" – vier Wochen Ruhigstellung, keine Bewegung und durch die Hüftoperation zusätzlich Einschränkungen hinnehmen müssen. Die Muskeln verlieren bereits nach zwei Wochen ohne Bewegung ihre Kraft und ihren Tonus. Für mich war daher klar: „Zurück zum Start!"

Meine sonst so felsenfeste „Das Glas ist halb voll"-Mentalität wurde gehörig auf die Probe gestellt. An manchen Tagen, wenn die Schmerzen zu heftig waren oder ich so gar keine Besserung erkennen konnte, verebbte sie. Da erwischte es mich. Düstere Empfindungen breiteten sich aus. Wie ein Rudel hungriger Präriewölfe schlichen depressive Gefühle um mein Herz und warteten nur auf den einen schwachen Moment ... Und den gab es! Zum Beispiel wenn Schritte, Bewegungen und einfache Handgriffe extra schmerzhaft waren und nicht gelingen wollten oder meine morgendliche Reinigung im Bad zum Hindernislauf wurde, teure Cremetöpfe aus meiner Hand glitten und am Boden in tausend Teile zersprangen. Das Aufräumen und die Körperpflege selbst kosteten mich viel Zeit und Energie. In solchen Momenten legte sich eine dunkle Wolke der Trauer, der Wut und der Verzweiflung um mein Herz.

Mir schien so, als ob meine sonst so positive und seelenstarke innere Burg dem Druck nicht mehr standhielt. Mein Gegner: die Schmerzen, die Behinderung und die Zeit.

Worte des Trostes halfen mir da nicht. Mitleid und Bedauern bewirkten in solchen Phasen nur eine Verschlechterung meines Zustandes. Was ich brauchte, war Ermutigung und Motivation, anfeuernde und mitreißende Worte. Bisher war das Feuer der Leidenschaft Grundlage meines Lebens gewesen, doch es schien so, als ob ich durch die Monate des Leidens eine andere geworden wäre. Es fühlte sich an, als würde ich an einem Marathonlauf teilnehmen und noch ein beachtliches Stück bis zum Ziel vor mir haben. Auch meine Kraft begann zu schwinden ... Bilder tauchten in mir auf und reihten sich wie ein Videofilm aneinander: Berlin-Marathon-Läufer, die drei Viertel der Strecke geschafft hatten, waren plötzlich am Limit, an ihre Grenzen gestoßen. Jeder wollte seinen Lauf, sein persönliches Ziel erreichen, den Lauf beenden. Dafür hatten die meisten hart trainiert. Sichtbare Zeichen der Erschöpfung waren erkennbar. Viele machten den Eindruck, dass jeder Schritt für sie nur mehr quälend und schwer sei, als sie durch die Menschenschlangen durch die Berliner Innenstadt rannten. Sprechchöre und Anfeuerungen an jeder Ecke des Weges bildeten ein „Spalier der Motivation". Zuschauer spornten die Läufer an, richteten sie dadurch auf und mobilisierten in ihnen ihre letzten Kräfte. Wie von einer Welle des Wohlwollens und des Ansporns aktiviert, wurden die Läufer ins Ziel „getragen". Die positive Stimmung kurbelten ihre letzten Energiereserven an. Selbst jene, die fast schon aufgeben wollten, liefen einem Trancezustand ähnlich ihrem persönlichen Ziel entgegen. Laufen mussten sie selbst, aber jeder schmerzende Schritt tat durch das Mitgefühl und den Antrieb der Zuschauer halb so weh.

Bei diesen Bildern in meinem Kopf rang ich mit den Tränen. So intensiv fühlte ich, wie Zeit und Schmerz mein Durchhaltevermögen verringert hatten. Während ich grübelte und sich meine innere Trübsinnigkeit wie ein Psychovirus ausbreitete, rührte sich in mir ein zartes Stimmchen, erst unbemerkt und fast flüsternd, dann immer lauter und beharrlicher werdend: „Merkst du nicht, was du bereits geschafft hast? Willst du wirklich den Weg durch das Jammertal nehmen? Schreib dir dein Leid von der Seele! Nutze dein Wissen und deine Fähigkeiten, mit denen du andere schon so oft aus deren eigenen inneren Dunkelkammern geführt hast. Du kennst die beiden Stimmen, die in uns ständig um Aufmerksamkeit ringen. Du weißt, wie sie zu beruhigen sind. Nutze dein Wissen diesmal für dich selbst. Erinnere dich zurück an deine Ausbildungen. Konzentriere dich auf deine guten Leistungen, auf deine Erfolge. Hast du vergessen, was du bereits durch deine Gabe, in guter und besonderer Weise auf dich und andere zu sehen, erreicht hast?"

Noch während meine innere Stimme immer forscher und eindringlicher wurde, öffnete sich ein Fenster in der linken unteren Ecke meines Computers, das mir anzeigte: „Sie haben eine neue Nachricht!" – meine Freundin Uta. Sie las in meinem letzten Mail meine etwas depressiven und mutlosen Worte und tat genau das, was die Menschenschlange in Berlin beim Anblick der Marathonläufer tat: Sie motivierte mich und erinnerte mich, was ich schon alles geschafft hatte in meinem Leben. Ihre Worte sprudelten nur so vor Entrüstung über meine trüben Gedanken:

> *„Aber hallo, liebe Claudia! Wer hat sich immer wieder Konzepte erarbeitet – nicht nur für das ÜBERleben, sondern für sein ERleben der Welt? Wem gelingt es, für ein liebendes Umfeld zu sorgen und mit Mut und auch Nachsicht den Schwächen oder Kleinheiten anderer zu begegnen? Wer verfügt über das Lachen und das ‚Sich-freuen-Können‘, auch über die kleinen positiven Begebenheiten? Was ist mit dem Humor? Mit der Empathie? Mit der Wahrnehmung, die mit viel Erfahrung und Wissen verbunden ist? Wohin schaust du, wenn du dich bewertest? Nach welcher Skala beurteilst du dich? Gibt es jemanden in deinem Umfeld, der dir die Noten gibt?*
> *Wenn sich eine Tür des Glücks schließt, dann öffnet sich immer eine andere. Leider schauen wir meist auf jene Tür, die sich geschlossen hat, statt auf jene, die sich geöffnet hat."*

Diese Worte trafen mich mitten ins Herz! Betroffen und berührt holte ich tief Luft und erkannte, wenn wir unser Herz offen lassen, kann uns das Leben tragen. Heute ist mir klar, wenn wir wissen wollen, wohin uns unser Lebensweg führen soll, müssen wir sehr offen und wachsam für Signale sein. Wir erhalten ständig solche Zeichen, wenn wir sie als Wegweiser erkennen und sehen lernen, wird uns vielleicht die Richtung klarer. In Wendezeiten sind wir meist jedoch blind für positive Hilfen und Haltegriffe, selbst wenn wir uns noch so intensiv danach sehnen. Nur in diesem Fall konnte ich mich der Hilfe, meinem persönlichen „Licht ins Dunkel" einfach nicht entziehen.

Die Worte meiner Freundin wurden mir oft zum Seelenbalsam, immer dann, wenn ich wieder einmal schmerzvoll an die Spuren meines Unfalls erinnert wurde, las ich ihre Zeilen. Sich solchen Quellen der Kraft zuzuwenden, ist die hilfreichste und intensivste Unterstützung in Umbruchszeiten und Phasen der Schwermut. Wer Glücksmomente sammelt und sie sich in Momenten der Schwere bewusst macht, tankt neue Kraft und Energie. Für mich wurde das eine meiner wichtigsten Überlebensstrategien.

Seneca sagte: „Nicht weil es schwer ist, wagen wir es nicht, sondern weil wir es nicht wagen, ist es schwer", und Laotse meinte: „Was die Raupe das Ende der Welt nennt, nennt der Rest der Welt Schmetterling." Vielleicht mögen Sie, liebe Leserinnen und Leser sich auch gleich auf die Suche nach Ihren positiven Fingerzeigen des Lebens machen – es lohnt sich!

Gedankeninventur – Papiergespräche, Geschenke an die Seele

Durch meine körperlichen Veränderungen änderten sich auch meine eigenen Wertvorstellungen. Ich hatte den Eindruck, im Außen nichts mehr zu haben, über das ich meinen Wert definieren konnte. Früher waren es Äußerlichkeiten, perfekte Kleidung, das schicke Cabrio, Schmuck und einige andere Statussymbole, die mir wichtig erschienen. Damals erwartete ich, meine Anerkennung über Leistung zu erhalten, in den Augen der anderen „jemand zu sein". Erfolg und Karriere standen lange im Mittelpunkt meiner Aufmerksamkeit.

Jetzt, nach dem Unfall, hatte ich ein Dilemma. Zum einen investierte ich eine Menge Zeit und Energie in meine Zukunftsgedanken, machte mir Sorgen um meine kommenden Einkünfte und meinen Beruf, zum anderen konnte ich selbst eineinhalb Jahre später noch nicht absehen, welche Auswirkungen mein Handicap auf dies alles haben würde. Ein inneres Paradox stellte sich ein. Etwas in mir rief nach dem alten Leben und etwas anderes wusste, das alte Leben könne nicht bleiben. Die Herausforderung schien darin zu liegen, einen neuen Lebensplatz zu finden, ein Auftrag, bei dem meine Geduld schwer auf die Probe gestellt wurde.

Ich hatte viele Gelegenheiten, großartige Lehrerinnen und Lehrer kennenzulernen, die meisten von ihnen arbeiteten als Psychologen, Ärztinnen und Lehrer. Aus ihren Begegnungen und Seminaren hatte ich einen reichhaltigen Fundus an Techniken gesammelt. Jetzt stöberte ich wieder in meinen Unterlagen und suchte nach Möglichkeiten, um mich aus dieser Illusion der Sicherheit zu befreien.

Allen voran begann ich Papiergespräche zu führen, erst mit mir selbst, danach mit meinem Mann, später mit Freunden. Ich schrieb alles auf, was mich bewegte. Jedes Gefühl bekam somit Platz, Ausdruck und Wertschätzung. Die Briefe aus der damaligen Zeit werden heute noch von Freunden wohlwollend gehütet und verwahrt. Mir schien, als müsste ich erst meine Seele befreien, mich freischreiben, ohne Zensur Erlebtes zu Papier bringen. Das Schreiben zog mich in den Bann, und die Freude, eine gesunde rechte Hand zu besitzen, verdoppelte sich mit jeder Zeile. Durch das Zu-Papier-Bringen meiner Empfindungen fühlte ich Erleichterung und rückte mir Zeile um Zeile näher. Im Schreiben konnte ich meine Gefühle erkennen und sortieren. Es half mir, mich wieder in meiner Mitte zu spüren und erlaubte mir, mein Denken über mich gründlicher infrage zu stellen. Ich erkannte mich in meiner Opferrolle und fand heraus, wie es dazu kommen konnte. Der Verstand will immer hinterfragen, einordnen und vergleichen, erst mit dieser Methode kam er zur Ruhe und entspannte sich. Langsam und mit jedem geschriebenen Text stellte sich in mir eine Empfindung ein, die ich lange vermisst hatte, ich nenne sie den „Geist des Glücks", der sich in mir ausbreitete. Immer tiefer wurde mir mein erlebtes Wunder bewusst, mein Glück und mein darin verborgenes, großartiges Geschenk deutlich. Nichts passiert uns im Leben, was nicht mit unserer Seele im Einklang steht. Also „lächle" und quittiere das Geschenk deiner Seele mit dem Gedanken: „Wow, es ist genau so, wie es sein soll".

Dieses Buch enthält Übungen und Gedanken, die sich mir in meiner Zeit der Rehabilitation als sehr nützlich erwiesen und mir enorm hilfreich waren. Vielleicht unterstützen auch Sie Ihren Regenerationsprozess, in welcher Veränderung Sie sich auch befinden mögen.

Papiergespräche stellen eine unmittelbare Verbindung zwischen Denken und Fühlen her und erhellen die Gedanken. Am besten beginnt man morgens nach dem Aufstehen. Schon 20 Minuten oder etwa drei Din-A4-Seiten helfen, den Kopf freizubekommen. Drückende Sorgen können sich lösen, Träume verarbeitet werden oder ein „Wirrwarr" der Gedanken findet seinen Ausdruck auf Papier. Das Konzept stammt von Julia Cameron[22], einer US-amerikanischen Kreativexpertin, und wird in ihrem Buch „Der Weg des Künstlers" beschrieben. Das Schreiben von Morgenseiten bringt Ruhe und Klarheit und lässt uns hinter das „Allerlei" schauen, das in unseren Köpfen schwirrt. Hinter häufig wiederkehrenden Gedanken, Fragen, Sorgen und To Dos schlummern oft ungeahnte Potenziale, die sich durch das Schreiben zeigen können. Morgenseiten schreiben Sie am besten:

– Mit der Hand in ein Heft oder in ein Notizbuch;

- Mit einem angenehmen und idealen Schreibgerät, denn es soll Spaß machen;
- Mit der Erlaubnis: „Alles, was im Kopf herumschwirrt, aufzuschreiben!" – ohne Zensur;
- Indem Sie sich zwischendurch selbst Fragen stellen und Sie auch beantworten.
- Lesen Sie in den ersten Wochen *nicht,* was sie geschrieben haben. Denn der innere Zensor ist unerbittlich und würde sonst Ihre angenehme Erfahrung verhindern.
- Wenn das Schreiben am Morgen gar nicht Ihrem inneren Biorhythmus entspricht, hilft es Ihnen, eine konstante Tageszeit einzuführen, in der es sich gut anfühlt, zu schreiben.

Sie werden bald bemerken, wie diese Inventur Ihren Gedanken guttut. Wahrscheinlich werden auch Sie so manchen Irrtümern auf die Schliche kommen oder ruhiger und mit klarem Kopf in den Tag gehen. Vielleicht können Sie auch aus Ihren inspirierenden Gedanken schöpfen.

Trotzdem leicht!

Wenn ich mir überlege, was manche Menschen durchlebt haben, bin ich tief im Inneren berührt, welch starke Persönlichkeiten sich daraus geformt haben. Ich kann mich des Eindrucks nicht erwehren, dass gerade die Herausforderungen des Schicksals jenen Menschen hervorbringt, der von Anbeginn des Erdenlebens in uns geplant war, und der sich beharrlich und über so manche Umwege von sich selbst wegbewegt hat. Betroffen sind viele, die Unfallstatistik spricht für sich. Die Schicksale hinter diesen Zahlen sind uns meist kaum bekannt. Dabei können wir so viel von diesen Erfahrungen lernen, wie: wer solche Krisen meistert, worin der Mut gefunden wurde, einer unbekannten Zukunft zu trotzen. Wie wurde das Chaos, das zuerst verwirrte wieder gemeistert?

Es gibt einige berühmte Beispiele. Der junge Deutsche Samuel Koch, der trotz Lähmung seinen Lebensmut nicht verloren hat. Hermann Maier nach seinem Motorradunfall, der durch mentales und körperliches Training wieder zurück zum Rennsport fand, oder Hans Grugger, der österreichische Schirennläufer, der nach seinem schweren Sturz in Kitzbühel 2011 mit den lebenslangen Folgen seines Unfalls kämpft. Niemals aufgegeben, egal wie schwer sie es auch hatten, scheint die meisten Betroffenen auf ihrem Weg ins Leben zu einen. Natürlich weiß ich auch, dass es mindestens genauso viele gibt, die unter der Last des Erlebten zerbrechen. An welchen wollen wir uns aufrichten, wenn wir selbst betroffen sind?

Am Beispiel Viktor Frankls, der trotz der Grausamkeiten, die ihm im KZ widerfuhren, die Hoffnung und den Sinn, aber vor allem die Vision einer sinnbesetzten Lebensform nie aufgegeben hat? Sein Buch „... trotzdem Ja zum Leben sagen!" hat mich schon vor Jahren sehr bewegt. Seine Vorträge und die Erfahrungen, seine Erlebnisse und wie er damit umgegangen ist, haben vielen Mut und Sinn geschenkt. Die von ihm entwickelte Logotherapie und Existenzanalyse begeistern Sinnsucher auf der ganzen Welt.

Doch vielleicht müssen wir gar nicht so weit blicken, manchmal ermutigen uns Geschichten aus unserem ganz nahen Umfeld.

Ich lernte Nadja, eine 28-jährige Fitnesstrainerin und ehemalige Krankenschwester kennen. Sie landete nach Verschiebungen zweier Lendenwirbel und zahlreichen Operationen im Rollstuhl. Die Aussichten, je wieder gehen zu können, waren gering. Ihrer Willenskraft und der Hilfe von Therapeuten verdankte sie es, dass sie nach vier Jahren im Rollstuhl wieder ein „normales" Leben führen kann. Heute arbeitet sie als Fitnesstrainerin und motiviert andere, „nicht aufzugeben"!

Suchen Sie selbst nach Menschen in Ihrem Umfeld, die Hürden gemeistert, sich mit ihren Krankheiten ausgesöhnt haben oder nach Rückschlägen wieder fest am Boden stehen. Sie werden staunen, wie viele Personen in Ihrer Nähe etwas geschafft haben, das sich lohnt, wahrgenommen zu werden. Fragen Sie danach, wie sie das Vertrauen und ihr Selbstbewusstsein wiederfanden und entwickelten. Gemeint sind nicht die großen, die bekannten Schicksale dieser Welt, sondern jene, die direkt vor unseren Haustüren passieren.

Umgang mit dem geänderten Lebenstempo

Irgendwann nach meiner intensiven Betreuung begann für mich „mein Alltag". Langsam musste ich mich an die Erfahrung gewöhnen, den Schutz des Reha-Zentrums nach einem Jahr zu verlassen und mich einer „realen Welt" zu stellen. In meinem bisher durch Therapien diktierten Alltag hieß es nun, meine eigene Struktur zu finden. Aufgaben zu suchen und ein neues Ziel konsequent zu fokussieren, um nicht den ganzen Tag im Bett verbringen zu müssen, war wohl eine weitere Neuerung in meinem Leben, obwohl mir nach den langen Monaten meines medizinischen Termindrucks ein einfaches „laissez faire" sehr willkommen gewesen wäre. Die Entdeckung der Langsamkeit war das neue Abenteuer, das sich meine Seele zum Lernen ausgesucht hatte, und auf das ich mich jetzt einlassen musste. Jetzt war ich auf mich allein gestellt. Einfach nur leben! Für mich eine völlig neue Lebenserfahrung. Ich erlebte ein Paradoxon. Je langsamer ich meinen Alltag verbrachte, umso stärker forderten mich meine Gedanken heraus. „Langsam sein ist langweilig!" Zerrissen zwischen dem Können und dem Wollen wurde ich missmutig. Mein bisheriges Lebensmotto, das aus selbstständig tun, handeln und aktiv sein bestand, konnte ich nicht weiterverfolgen. Damals verging kaum ein Tag, an dem ich mir erlaubte, einfach nur zu „sein", absichtslos und ohne Zielsetzung.

Gedankenverloren dachte ich über die Bedeutung meines Arms und meiner Finger nach und stöberte in längst vergessenen Büchern. Ich informierte mich über die psychosomatischen Hintergründe von Verletzungen der oberen Extremitäten: zupacken können, anpacken können, greifen und begreifen können, handlungsfähig sein! Brüche würden bedeuten oder aussagen, dass das Verhältnis zur Welt gebrochen ist. Wie passend!

Ich las, welche Redewendungen und Metaphern für den Arm verwendet werden, zum Beispiel „einen langen Arm haben" oder „strecken wir der Welt den Arm entgegen". Der Arm selbst steht grundsätzlich für Durchhaltevermögen, aber auch für Gelenkigkeit und Beweglichkeit, damit ist auch der Umgang mit der Welt gemeint. Die Finger werden in der Literatur als eine Brücke für alles Berührbare und das Leben selbst beschrieben. War dann mein Unfall, meine Amputation, ein Zeichen des nicht mehr Zupacken-Könnens oder sogar des inneren Nicht-mehr-zupacken-Wollens? Sollten der Sturz und die Trennung von meiner schwierigen beruflichen Situation eine Symbolik nahelegen? Hatte das Schicksal für mich einen Plan?

Ja, es hatte für mich einen Plan! Sonst wäre mein Unfall anders ausgegangen. Es hätte nicht so viele „positive Zufälle und Ereignisse" gegeben. Wie ein Wunder hatte ich überlebt und noch viel mehr, ich hatte die tollste Versorgung, die man sich nur wünschen konnte. Also musste es einen Plan geben.

Deshalb akzeptierte ich mein neues Lebenstempo, so wie es war, erlaubte mir in dem Moment zu handeln, so wie ich konnte. Wir können entscheiden, wie wir eine Situation bewerten und wie wir darüber denken. Also nutzte ich sie wie ein Geschenk an mich, dankbar und nachdenklich. Dabei schien es mir wichtig, weniger nach den Ursachen als nach den Aufgaben zu suchen und mein Leben wieder in den Griff zu bekommen. Vielleicht war etwas in mir so festgefahren oder gar in einer intensiven Krise, dass es wirklich einer Unterbrechung bedurfte und das schlagartig. Die Zeichen und Impulse einer Veränderung hatte ich davor offenbar übersehen, wenngleich mich meine Intuition in unterschiedlichen Situationen immer darauf hinwies. Damals hatte ich die Signale meines „Bauches" überhört und auf meine innere Stimme nicht gehört. Das Gefühl, fremdbestimmt gehandelt zu haben beziehungsweise gewesen zu sein, war stärker. Sollten mir meine amputierten Finger im übertragenen Sinn zeigen, wo meine Grenzen neu zu ziehen sind? Der Richtungswechsel, den mein Leben damals vorgab, war wohl die Herausforderung, die ich jeden Tag liebevoll akzeptieren musste. Ergebnisoffen versuchte ich, die hinterlassenen Spuren meines Körpers als „Fingerzeige" zu erkennen. Ich erforschte die Tiefen und die Höhen, das Schwierige und das Einfache und tatsächlich fand ich Antworten und ein inneres Gleichgewicht. Nicht, was uns zustößt, bestimmt wer wir sind, sondern wie wir auf uns wirken lassen, was uns zustößt. Statt mich zu zentrieren und mich mit meinem Innersten zu verbinden, hatte ich mein Gefühl für mich und meine Intuition verloren, also meine Mitte, und unkontrollierbaren Zuständen die Entscheidung über mein Leben überlassen.

Die unendlich zarte Macht der Liebe verändert alles!

Liebe bedeutet, eine tiefe Verbindung mit dem, was lebt, zu entwickeln, zu suchen, was alle Beteiligten glücklich macht. Liebe ist nicht nur auf Menschen beschränkt. Wir sind mit allem verbunden, was beseelt und lebendig ist. Mit Pflanzen, Tieren, Menschen, Steinen, mit Wasser, Licht oder dem Meer. Wenn wir in tiefer Harmonie mit uns und allem sind, dann leben wir in der Liebe. Liebe ist also nichts, was schmerzt, einschränkt, verunsichert, sondern voller Wertschätzung. Nur auf dieser Basis kann Heilung und Frieden geschehen. Heilung ist dann die Erfahrung von Harmonie mit allem, was jetzt ist und was wir erleben, im Bewusstsein, das alles, was wir erleben, auch in uns begründet ist. Ehrfurcht vor dem, was in und um uns passiert, ohne Bewertung. Zu akzeptieren, dass jede Erfahrung, die jeder von uns macht, eine Einladung zum Lernen von Harmonie und Leichtigkeit ist. Wenn nichts mehr fremd ist, wird alles leicht. Wenn nichts mehr abgelehnt wird, ist alles so passend, wie es gerade ist. Wenn wir respektvoll und liebevoll sind, werden diese Energien immer die stärkste Kraft sein, weil sie keine Widerstände in anderen hervorrufen. Dann kann sich jede Erfahrung wandeln und zu Harmonie werden, die wir uns in unserem Alltagsleben wünschen.

Wir sind umgeben von einer Welt, die wir selbst formen, aus unserem Herzen, in unseren Gedanken und in unseren Zellen. Lebenskrisen, Krankheiten und emotional heftige Erlebnisse sind für unsere Entwicklung so wichtig und wertvoll, weil wir in diesen Zeiten mehr Bereitschaft haben, uns mit den Schattenseiten und mit jenen Dingen zu beschäftigen, die wir meistens lieber ausblenden. Die hektische Betriebsamkeit und die Dynamik unseres Egos, das nach „besser" und „mehr" hungert, deckt die innere Empfindsamkeit und das Anliegen zu, sich mehr um das Sein als um den Schein zu kümmern. Jemand, der krank oder für einige Zeit dem Treiben der Leistungsgesellschaft enthoben ist, wird zum Loslassen gezwungen. Er wird aufgefordert, innezuhalten und sich mit seinen Lebensumständen auseinanderzusetzen, um sich an Vergessenes und Verdrängtes zu erinnern.

Doch statt innezuhalten und zu spüren, was derzeit in Unordnung geraten ist und wieder neu ausgerichtet werden möchte, werden Symptome verdrängt. Medikamente, Aufputschmittel und Symptombehandlungen stellen den alten Zustand rasch wieder her und wir werden schnell wieder fit, um im Konkurrenz- und Erfolgsstreben nicht behindert zu werden. Die innere Stimme wird überhört und der Druck, im Außen nach Lösungen zu suchen, erhöht sich. Wir lenken uns mit äußeren Aufgaben wie unserer eigenen Karriere ab, rücken Berühmtheiten ins persönliche Interesse, erwerben Wissen, um uns nicht mit uns selbst beschäftigen zu müssen. All diese Ablenkungen erzeugen ein „High-Gefühl", das stärker betäubt als so manche Droge. Mentale Betäubungsmittel machen abhängiger und ihr Ausbleiben erzeugt Gefühle der Schwere, Verspannungen und Verhärtungen bis hin zum völligen Ausbrennen. So verhindern wir, offen zu sein und zu vertrauen, dass alles richtig ist, was uns passiert und verstärken das Kontrollverhalten. Matthias Pöhm[23] behauptet sogar: *„Wer das Leben kontrollieren will, will das Leben nicht."*

Mitten in den Verstrickungen des Egos fühlen wir uns getrennt vom Leben. Oft werden aus lauter Leistungs- und Erfolgsdruck Familie und Freunde unwichtig und innere Dynamiken und Existenzängste treiben uns voran. Der Glanz der *Ich*-Persönlichkeit hat gesiegt, auf Kosten echter gelebter Potenziale und Lebensqualität. Die Seele wird härter und der Körper verspannter. Unsere Handlungsspielräume und der Blick über den „Tellerrand" enger.

Vielen geht es dabei wie Liane: Noch vor zwei Jahren hatte sie gedacht, dass sie im richtigen Job sei und dass sie dort auch bis zu ihrer Pensionierung bleiben würde. Natürlich hatte sich im Laufe von 22 Berufsjahren einiges verändert. Mit den Entwicklungen der Firma war Liane auch nicht immer einverstanden gewesen. Sie kannte als Führungskraft das Auf und Ab, den Erfolg und den Misserfolg, hatte viele neue Ideen mitgetragen und somit ihre Erfahrungen gemacht. Jetzt war sie nicht mehr so blauäugig wie früher, sondern äußerte sich pessimistisch zu neuen Vorschlägen oder hatte sogar zynische Bemerkungen auf den Lippen. Immer wieder tauchte in ihr ein Gefühl auf: „Ich passe da nicht mehr dazu!" Doch genauso regelmäßig wie es kam, wurde es von ihr auch wieder ignoriert. Ihr Körper sandte Hilferufe: Ein Bandscheibenvorfall, regelmäßige Kopfschmerzen und Migräneanfälle, bleierne Müdigkeit und noch viel mehr. Doch Liane ignorierte lange, was für sie im Nachhinein offensichtlich war ...

Halt und Stabilität entstehen, wenn wir uns ins Leben eingebettet fühlen und Zugang zu unserer Intuition haben. Wenn wir die Signale unserer inneren Weisheit hören können. Doch vielfach halten wir, wie Liane, am „Habenwollen" oder am „Nicht-wollen" fest, statt die Gefühle des Herzens zu hören und sie als Sprache des Lebens zu verstehen. Wir ziehen die Grenzen im Herzen, wenn wir über die anderen oder über uns selbst urteilen und trennen uns tief im Inneren vom ganzen Zusammenhang. Wenn wir uns über Situationen ärgern oder kränken, bewerten wir sie und verhindern Freude. Bei Liane drückte sich ihr Festhalten durch innere Unruhe, negative und schwere Gedanken aus. Statt wie früher Bücher zu lesen, in Konzerte zu gehen oder sich an Reisen zu erfreuen, war für sie alles belastend. Ihren inneren Kampf und die tiefsitzenden Schmerzen versuchte sie hinter einer Rüstung der

Anpassung und der Höflichkeit zu verbergen. Sie war aufgefordert, wieder eine Welt der Harmonie und Leichtigkeit zu suchen. Das dauerte bei ihr ganze drei Jahre. Dann erst konnte sie alte Denkprogramme auflösen und fand ihren Frieden wieder.

Das Ego und der Verstand wollen immer einordnen und vergleichen und Zusammenhänge klarmachen. Doch Wissenschaftler haben bewiesen, dass das Hirn nur dem Herzen dient. Im Herzen werden Gefühle gespeichert. Also liegt der Königsweg menschlicher Entwicklung im Weicher- und Bewusster-Werden. Wenn wir zulassen, dass wir mit unseren Gefühlen in Kontakt bleiben, dann erst ist es uns möglich, diese auszudrücken. Selbst wenn das Ausdrücken erst einmal erlernt werden will, weil wir uns schon weit von unserem Inneren entfernt haben. Wenn wir es schaffen, in Ordnung zu bringen, was wir in uns zerstört haben, werden wir wieder offener für alles Lebendige, werden mitmenschlicher, zufriedener, glücklicher.

Natürlich gilt es sich, bewusst zu machen, dass schwere Zeiten genauso wie glückliche Momente nicht von Dauer sind. Sie sind. Ihr kreatives Potenzial für uns zu sehen, ist eine Lernchance. Einmal aus der Bahn geworfen haben wir die Chance, wieder neu und anders zu beginnen …, doch es muss nicht immer mit Krisen einhergehen. Es geht auch einfacher.

Statt sich in ihr eigenes Schneckenhaus zurückzuziehen und möglichst viel Distanz aufzubauen, heißt das hilfreiche Prinzip: ausdehnen. Gemeint ist, die Gefühle und Empfindungen im Körper und in der Gegenwart zu erkennen. Ja, die Angst ist da. Ignorieren Sie sie nicht. Es ist Chaos da. Es ist Anspannung, Aufregung oder Gereiztheit da. An dieser Stelle bietet sich Ihnen die Gelegenheit, die Macht des Geistes zu nutzen. Statt sich selbst zu sagen: „Je länger er das noch macht, desto angespannter werde ich", sagen Sie sich selbst: „Je länger er das noch macht, desto mehr werde ich mich daran erinnern, mich zu zentrieren und auf mich und meinen Atem zu achten, ruhiger zu werden."

Schon vom Babyalter an stellen wir uns mutig den Herausforderungen. Wir lernen aus dem behüteten Umfeld, das Wagnis des Neuen und Fremden einzugehen und auszuprobieren. Aus diesen Erfahrungen lernen wir die Fülle an Möglichkeiten kennen, die uns das Leben schenkt und nehmen es an. Wir entdecken, testen, sind neugierig und probieren aus, ganz voller Vertrauen. Wir meinen, das Erlernte ist so, wie ist und erlebt wird, richtig und gut. Mit jeder Menge Erfahrungswissen ausgestattet, wiegen wir uns in Sicherheit.

Irgendwann allerdings meinen wir, an unseren Erfahrungen festhalten zu müssen, weil wir es nicht mehr hinterfragen. Teils aus Gewohnheit oder aus Mangel an Alternativen bleiben wir dabei, was uns vertraut ist, selbst wenn wir darunter leiden. Wir beginnen, uns an Leiden zu gewöhnen und glauben, dass eine Veränderung viel zu schmerzlich wäre. Bernd Hellinger, einer der Pioniere für systemisches Familienstellen meint: „Leiden ist leichter als Lösen" und er hat damit recht.

Denken Sie nur an so manche Beziehungen, in denen die Partner lieber nebeneinander her leben, als sich zu trennen. Sie empfinden eine Trennung als zu schmerzhaft, oder lassen sich von finanzieller Sicherheit leiten und bleiben in der unglücklichen Verbindung.

Auch Liane begann sich innerlich minderwertig zu fühlen und vermisste die Wertschätzung an ihrem Tun. Mehr und mehr bezog sie Aussagen auf sich, fühlte sich schuldig und glaubte versagt zu haben. Aber sie blieb in der Firma, in der sie schon so viele Jahre arbeitete. Aus Angst und Mangel an erkennbaren Möglichkeiten fiel es ihr schwer, eine Entscheidung zu treffen.

Anscheinend meint etwas in uns, wir können festhalten und damit kontrollieren, was uns *gehört* und es dementsprechend fixieren. Wir wiegen uns in Sicherheit und übersehen dabei manchmal die Fingerzeige und Hinweise auf notwendige Weiterentwicklungen. Nur dann, wenn der Druck von außen sehr stark ist, beginnt eine Entwicklung. Oder wenn wir erkennen, dass derselbe zu bleiben mit größerem Leid verbunden wäre, dann lassen wir nach. Daher sind Veränderungen innerlich oder äußerlich, beinahe immer gewaltsam oder so ungemein rüttelnd, verwirrend und destabilisierend.

Würden wir aufgeben, uns zu ängstigen und uns dafür mehr vertrauen, könnten wir beginnen, uns mit einem Feld zu verbinden, das die Physiker „Quantenfeld" nennen. Denn im Nichtfesthalten liegt die größte Chance, etwas Neues zu erhalten. Hans Peter Dürr meint: „Der kleine Raum, der entsteht, wenn wir die Kontrolle über unsere Gedanken, unser Leben und unser Sein aufgeben, ermöglicht uns aus einem kreativen Feld zu schöpfen. Im Nichtwissen liegen die Offenheit und damit der Keim für das Neue, genau darin." Er spricht auch vom Punkt höchster Sensibilität, in dem der „Zufall" wirken kann." (Mehr über die Kraft des Nichtwissens finden Sie im Kapitel „Meine wichtigsten Wertehelfer – Werte auf den Kopf gestellt".)

Wer hat nicht schon die Erfahrung gemacht, dass plötzlich und überraschend eine Wende, ein Ausweg, ein Hoffnungsschimmer auftaucht, wenn wir nicht mehr damit rechnen oder schon fast aufgegeben haben? In diesem Moment hört das Ego auf, sich so wichtig zu nehmen und wir beginnen, mehr mit dem Herzen wahrzunehmen. Jetzt können wir offen und spontan für die Signale des Alltags werden und darauf reagieren. Das bedeutet, die Kontrolle abzugeben und etwas zu riskieren, das nicht mit dem Sicherheitsdenken übereinstimmt, das uns sehr vertraut ist. Überraschende Wendungen oder „zufällige" Schlüsselsituationen sind dann möglich und können eine wundersame Wende herbeiführen. So kann sich langsam das Gefühl verdichten, dass alles, was uns passiert und das wir nicht planen, für uns genau richtig ist. Nur so können wir unser Leben wirklich leben, mit viel mehr Leichtigkeit.

Verbinden von Getrenntem – Rituale für Körper und Seele

Der Wert „Kontinuität" bekam durch meinen Unfall einen neuen, wichtigeren Stellenwert und meine innere Werteskala richtete sich völlig neu aus. Stabilität, dauerhafte Beziehungen, Kontinuität und natürlich Gesundheit rückten in den Vordergrund und halfen mir bei meiner Traumabewältigung. Früher kreisten meine Gedanken öfters über dem, was ich *nicht* hatte und weniger darüber, was ich hatte. Nicht immer war ich bereit gewesen, mein Leben als erfüllt zu erkennen. Vor meinem Unfall hatte ich im Großen und Ganzen ein ausgewogenes Leben ohne allzu große Schicksalsschläge geführt. Nur manche Begegnungen, beruflich und auch privat, gingen mit unbearbeitetem Streit oder Zorn unversöhnt auseinander. Jeder von uns verfolgte dann seine Wege und verlor keine Gedanken mehr an den anderen. Dadurch ließen wir so manchen Reichtum, der im Versöhnen liegt, ungenutzt vorbeiziehen, ohne dabei die Möglichkeiten auszuschöpfen und ohne die darin verborgenen, kostbaren Geschenke anzunehmen. Manch inneren Ärger, vor allem aus meinen Kindertagen, schleppte ich wie einen schweren Rucksack mit mir herum. Das Zeichen für diese innere Disharmonie war eine allgemeine Verärgerung.

Ein plötzlicher und für andere ganz unerwartet auftauchender Zorn irritierte sehr oft meine Mitmenschen, auch wenn sie teilweise geduldig und entschuldigend meinten, dass mein Unfall und die lange Rehabilitationszeit Ursache für meinen Zorn wären. Nur ich selbst ahnte, welche Wurzel meinen Projektionen zugrunde lag und woher mein Groll auf meine Umwelt und auf mich stammen könnte.

Der Körper ist der Übersetzer der Seele, denn „Energy flows where attention goes!" – Energie folgt der Aufmerksamkeit! Diese Haltung stammt aus dem hawaiianischen Schamanismus und ist hilfreich, wenn wir uns bewusst machen, worauf wir uns konzentrieren. Angst ist so eine Konzentration. Nicht nur, dass Angst eine starke und elementare Kraft darstellt, ist sie auch imstande uns ziemlich zu blockieren. Letztlich behindert die Angst jene Energie, die in uns fließen möchte, weil wir so sehr mit dem „Fürchten" beschäftigt sind. Angst ist im Grunde auch sehr verwandt mit der Wut. Während sich die Angst meist in die Zukunft richtet, bezieht sich die Wut häufig auf die Vergangenheit. Je mehr wir sie verdrängen, umso eher drückt sie sich in körperlichen Störungen oder in Stresssituationen aus. Wir schleppen Wut und Angst oft lange mit uns herum, obwohl sie längst vergangen sind und kommen dadurch nicht in Bewegung. Meist zeigen sich solche „Altlasten" in Rücken- oder Nackenschmerzen, in Verspannungen oder Verkrampfungen des Körpers. Er weist uns darauf hin, welche Themen längst „bearbeitet" hätten werden sollen. Doch wir reagieren auf diese Hinweise nicht immer dankbar. Ganz im Gegenteil trachten wir danach, sie so schnell wie möglich, auch mithilfe von Medikamenten, in den Griff zu bekommen. Wenn wir allerdings feststellen, dass eine kräftige Portion Wut in uns steckt, besteht der einzige Ausweg darin, sich irgendwann einmal damit auszusöhnen und loszulassen. Dadurch holen wir eine neue Heilungsfrequenz in unseren Körper. Die gebundene Energie steht uns damit mehr zur Verfügung oder kann in eine neue Richtung fließen. Der erlebte Ärger, eine Kränkung oder eine Enttäuschung sind erlebte Tatsachen. Sie als ein natürliches und zutiefst menschliches Geschehen vorerst einmal anzuerkennen, und sich bewusst zu machen, dass „es war, wie es eben war", ist ein wichtiger Meilenstein des „Heil-Werdens". Persönliche Rituale der Vergebung sind eine weitere, wertvolle Hilfe im Rahmen des Heilungsprozesses, denn sie entsprechen einem natürlichen Bedürfnis der Menschen, das Erlebte hinter sich lassen zu können und sich für Transzendenz zu öffnen.

Bevor Sie weiterlesen, möchte ich Sie dazu einladen, Ihren Blick auf Ihr Leben zu lenken und darauf zu achten, welche Menschen, Situationen oder Elemente besondere Beachtung oder auch einen Ausgleich verdienen. Mit welchen Menschen oder mit welchen vergangenen Erfahrungen wollen Sie Ihren inneren Frieden schließen? Wer sind mögliche Kandidaten, bei denen eine Versöhnung oder ein Vergeben längst nötig wären? Es spielt keine Rolle, ob Sie diese Personen noch kontaktieren können oder diese vielleicht schon sogar verstorben sind. Wichtig ist, dass Sie selbst zu einem persönlichen Ritual der Vergebung bereit sind.

Leider wird heute generell alles Rituelle und Ritualisierte zugunsten von Spontaneität, Unfeierlichem und Saloppem abgelegt. Rituale sind uns ganz fremd geworden, da sie noch immer stark mit dem religiösen Kontext verknüpft sind und kirchliche Institutionen vielen kein Vertrauen und wenig Halt bieten. Das „Brimborium" alter Rituale empfinden wir im 21. Jahrhundert als zu aufgeblasen. Vielleicht sind Rituale deshalb so wirksam, weil sie eine Art Ersatz der verlorenen Religiosität unserer Gesellschaft darstellen. Tatsache ist: Rituale stellen das innere Gleichgewicht der Seele wieder her und erlauben uns zu erkennen, dass der Strom des Lebens etwas Größeres ist als wir.

Mit der Kraft der Worte wurde schon so mancher Zauber beschworen. Diktatoren bannen ihre Anhänger mit ihren Reden, und Revolutionen wurden mit glühenden Worten begonnen. Wir erleben im normalen Alltag eine ganze Menge kleiner und auch größerer Rituale, verbale und nonverbale, die dazu dienen, unbewusste Botschaften an andere und an uns weiterzugeben.

Schauen wir uns nur die einfachsten Gesten des Abschieds und der Begrüßung an: das Händeschütteln, ein Umarmen, ein Kuss als Besiegelung einer Begegnung oder als Abschluss eines Kontaktes der Blickkontakt. All diese kleinen ritualisierten Handlungen erzeugen Verbindung und eine positive Stimmung. Wir vermissen sie, wenn sie nicht stattfinden. Denn der Hunger des Herzens wird durch beziehungslose Kommunikation nicht gestillt.

Im Privatleben trennen wir uns selten nach einem Treffen, einem Essen, einem Gespräch oder einer Begegnung, indem wir einfach aufstehen und gehen – wortlos. Wir wollen das Gute, vielleicht sogar erhebende Gefühl des Miteinanders besiegeln, abschließen. Wir geben uns die Hände, umarmen uns, küssen uns mehr oder weniger innig und fördern so die Beziehung zu jener Person, mit der wir eine bestimmte Zeit verbracht haben. Wir erleben das als natürlich und normal.

In meinen systemischen Coachings erlebe ich regelmäßig, während die Klientinnen und Klienten von ihren belastenden Erfahrungen erzählen, dass bei ihnen ein Druck auf der Brust, ein verengendes Gefühl in der Kehle oder ein „ungutes" Gefühl im Bauch auftaucht. Ich gebe diesen Empfindungen meist breiten Raum und bitte die Klientin ihre Gefühle, die sie im Moment spürt, in ein Symbol, zum Beispiel einen Stein, fließen zu lassen. Das kann durch Gedankenkraft oder mithilfe des Atmens passieren. Durch dieses „Nach außen"-Bringen gelingt es uns meist zu erkennen, wem diese Gefühle wirklich gehören. Gemeinsam geben wir den Gefühlen dann in einem Ritual einen guten Platz im Ganzen oder an jene Person zurück, bei der es gut aufgehoben ist. Ein Rückgaberitual erleichtert nicht nur die körperlichen Belastungssymptome, sondern entlastet eine als angespannt erlebte Situation. Meist beschreiben meine Klientinnen in der darauffolgenden Sitzung, dass ihr Problem verschwunden und eine deutliche Erleichterung eingetreten ist. Oft lindern sich dadurch sogar körperliche Beschwerden. Die Seele braucht eben Rituale.

Das Ritual der Vergebung, ein kraftvolles, fast magisches Instrument. Mit dem Erlebten oder vergangenen Situationen, vor allem aber mit uns selbst Frieden zu schließen, spielt eine große Rolle für die Heilung. Dabei verblassen Schuldgefühle und die Selbstliebe wächst. Im Loslassen und Anerkennen von erlebten Tatsachen tauchen wir wieder in den Strom des Lebens ein und halten das Alte nicht mehr fest.

Auch ich erkannte in mir einen tief vergrabenen Zorn, den ich als eine Form der Autoaggression offensichtlich gegen mich selbst richtete. Andere bemerken Kränkungen als unbestimmte Traurigkeit, haben Herzklopfen, wenn sie Entscheidungen treffen sollen oder fühlen sich frustriert wegen mangelnder Anerkennung. Ich musste nicht lange suchen, um zu erkennen, welchen Menschen ich zu vergeben hatte. Allen voran, mir selbst! Mein persönliches Vergebungsritual entdeckte ich, nachdem ich alle Personen und Situationen vor meinem geistigen Auge vorbeiziehen ließ, die mir einfielen. Da waren zum Beispiel längst vergangene Beziehungen, Menschen, mit denen ich zusammengearbeitet hatte, meine Brüder, mein Vater und meine Mutter. Wochenlang rezitierte ich meinen Vergebungssatz, bis ich seinen Inhalt nicht nur sprach, sondern auch wirklich in mir fühlen konnte. Ich tat dies so lange, bis ich bemerkte, wie es in meinem Herzen stiller und stiller wurde und meine Wut verblasste. Die Bilder des Zorns veränderten sich in Bilder der Gleichgültigkeit und der Harmonie. Vor allem aber benötigte es einige Zeit, bis ich mir selbst vergeben konnte und mein eigener Groll gegen mich selbst abfiel.

Das körperliche Empfinden ist der Schlüssel zur Erlösung. Registrieren Sie eine emotionale Reaktion, die in Ihnen aufwallt? Wut, Groll oder Zorn können unterschiedliche Ursachen haben. Meist sind sie Reaktionen ferner Vergangenheit, die wir nicht erkennen oder „erlöst" haben. Sich selbst geringschätzen, andere abwerten, sich nicht abgrenzen können oder seine eigenen Bedürfnisse nicht artikulieren können sind mögliche Hinweise auf einen versteckten Mangel an Selbstwert oder versteckte Wut. Genauso wie Gier, Neid oder Eifersucht aus Angst entstehen können. Egal welche Ursache ihre Empfindungen haben mögen, eine Veränderung Ihrer Sichtweise und ein Akzeptieren der Tatsachen bringt Ihnen Gelassenheit zurück.

Folgende Sätze wiederholte ich in mir, ständig und überall, wo es mir möglich war, auf dem Weg zur Therapie, bei Untersuchungen, beim Mittagessen:

„Ich nehme die Tatsache meines Unfalls und meiner Verletzungen an. Meine Behinderung ist eine Chance zu wachsen. Ich höre auf, mir selbst Druck zu machen und erlaube mir, die kleinen Schritte, die es benötigt, zu gehen. Womit auch immer das zusammenhängt, ich vergebe mir selbst, dass ich all das erschaffen und erlebt habe (ich bin nämlich davon überzeugt, dass wir uns unsere Wirklichkeit selbst erzeugen). Es tut mir leid. Ich danke mir und meiner Seele, dass ich daraus lernen und wachsen kann. Ich bin frei vom Einfluss des Unfalls und meinen Verletzungen. Ich liebe mich."

Immerzu blieb ich mit meiner Aufmerksamkeit bei meinem eigenen Vergeben, wiederholte meine Sätze wieder und wieder, bis ich eine deutliche Erleichterung und einen inneren Frieden empfand. Am Anfang kam es mir vor, als würde ich nur Worthülsen rezitieren. Mehr und mehr erfühlte ich dann aber ihre wahre Bedeutung und die Kraft der Wörter. Mit der Zeit wurde es in mir deutlich stiller. Ich erkannte, dass ich mich meinem ganz individuellen Tempo des Heilwerdens hingeben durfte. Das befreite mich von meinem inneren Druck und sprengte die belastenden Ketten, die sich um mein Herz gelegt hatten. Große Erleichterung und Stolz machten sich in mir breit und mit ihnen tauchte eine tiefe *Dankbarkeit* auf. Im eigenen Akzeptierenkönnen der unveränderbaren Tatsachen schenkte ich meinem Körper Ruhe und eröffnete mir eine Quelle der Freude und des Mutes. Wohlwollen und mein ehrliches Vergeben im Herzen befreiten mich von den Schatten, die mich lange begleitet hatten. Natürlich dauerte es einige Wochen, bis ich das Gefühl empfand, mit diesem Ritual abschließen zu können. Doch Zeit hatte ich ja!

Monate später fiel mir ein Buch in die Hände. Es war von Colin C. Tipping[24] und trug den Titel „Ich vergebe". Wahllos schlug ich eine Seite auf. Dort stand: „Dem Wunder Raum geben. Respektieren Sie sich selbst für den Mut, den Sie aufbringen, radikal zu vergeben. Diese Arbeit erfordert enormen Mut, große Bereitschaft und ein gutes Maß an Vertrauen. Denn um etwas zu transformieren, müssen wir es vollständig erfahren und lieben, wie es ist."

Um Ihnen die Möglichkeit zu geben, jetzt gleich mit Ihrem persönlichen Ritual der Vergebung zu beginnen, fasse ich die Übung für Sie zusammen.

Worte bei innerer Wut (Ärger oder Groll), wenn sie auf eine Person gerichtet ist.

1. Mich stört an dir ..., oder: Ich nehme dir übel, dass ...!
2. Ich lasse es jetzt ganz bei dir ... oder: Ich danke dir für ... (zum Beispiel die Möglichkeit ... zu lernen).
3. Ich vergebe dir aus ganzem Herzen, dass ... (Vergebung heilt Wunden).
4. Es tut mir aus ganzem Herzen leid, wenn ich ...
5. Ich vergebe mir selbst, was ich dir und mir angetan habe ...

Sie können diese Sätze mit Ihren ganz persönlichen Gedanken vervollständigen. Schreiben Sie diese erst einmal auf, um sie sich leichter zu merken. Erst dann beginnen Sie, sie zu rezitieren. Immer wieder. Sie werden über die Wirkung staunen. Mit der Zeit vertiefen sich die Worte zu gefühlten Empfindungen und es reicht dem Gehirn nur noch eine Kurzform.

Wenn Sie die Sätze wirklich gefühlt haben, reicht es, nur noch zu sagen: „Es tut mir leid, bitte verzeih mir. Danke. Ich liebe mich"!

So wichtig wie die großen rituellen Feste sind auch jene Rituale, die zu persönlichen Lebensübergängen, wie zum Beispiel der Pubertät, der Menopause oder Schicksalsschlägen gehören. Es kommt in solchen Zeiten immer darauf an, Altes abzuschließen und Neues zu entdecken. Vor allem wirken sie bei solchen Übergängen stabilisierend. Sie erleichtern und befreien!

Ein Beispiel dazu möchte ich Ihnen gerne erzählen: Eine Klientin hatte massive Probleme mit ihrem Vorgesetzten. Die Situation war für sie so verfahren, dass sie bei jedem Gespräch mit ihm Herzrasen und Schuldgefühle empfand und daher eine Begegnung, wann immer es möglich war, vermied. Doch aufgrund ihrer leitenden Position musste sie einen Weg suchen, einigermaßen gut mit ihm zusammenarbeiten zu können. Sie fühlte sich ungerecht behandelt, ja sogar ausgegrenzt. Sie wurde durch ihn von wichtigen Entscheidungen ferngehalten oder zu Meetings, die ihren Bereich betrafen, nicht eingeladen. Dieses Verhalten führte zu Frustration und einem Gefühl, nicht geschätzt und anerkannt zu werden.

Man nennt dieses Verhalten Bossing. Viele Betroffene wechseln ihren Job, weil sie es körperlich und seelisch nicht ertragen können. Meine Klientin wollte jedoch die wenigen Jahre bis zu ihrer Pensionierung in ihrer Position bleiben und nicht wieder woanders neu beginnen.

Reine Ursachenforschung führt manchmal nicht zum Ziel. Durch die Ablehnung ihres Chefs, über ihre Bedürfnisse zu sprechen, steuerten Ansätze dazu meist in eine Sackgasse. Aus seiner Sicht war ja alles in Ordnung. Er wollte sich nicht mit solchen Empfindlichkeiten beschäftigen. Also war meine Klientin gefordert, etwas in ihr selbst zu verändern. Wir können häufig andere oder eine Situation nicht verändern, aber wir können unsere eigene Einstellung zur Sache ändern. Meist hat eine geänderte Einstellung Auswirkung auf die Lage.

Auf Basis meiner Überzeugung, dass nichts im Leben ohne einen tieferen Sinn passiert, empfahl ich ihr die fünf Schritte des Loslassens aus dem hawaiianischen Schamanismus, auch als „Ho'oponopono" bekannt. Sie stellte die fünf Schritte direkt in Zusammenhang mit ihrer Situation.

Wir wissen, dass unsere Einstellungen, Erwartungen und Handlungen Auswirkungen auf uns selbst und auf unsere Umgebung haben. Wenn wir mit der Harmonisierung und Heilung bei uns selbst beginnen, können wir fröhlicher und leichter werden. Automatisch vergrößert sich die Liebe und die Harmonie in uns selbst. Wir nehmen den verletzten Anteil in uns selbst an und strahlen dann etwas anderes aus. Die Welt ist eine Konstruktion unserer Denkmuster. So wie wir denken, glauben oder tun, erzeugen wir unsere Wirklichkeit.

Meine Klientin erkannte, dass sie also die Schöpferin ihrer eigenen Realität war, indem sie vielen Situationen mehr „Bedeutung" gab. Daher veränderte die innere Harmonie ihre Einstellung, ihr Denkmuster und damit auch ihre „Brille", durch die sie ihre Umgebung sah. Sie strahlte den inneren Frieden in sich selbst aus und arrangierte sich mit der Situation zu ihrem Chef. Sie agierte aus diesem Gefühl anders als früher.

Wir waren beide darüber erstaunt, dass es bereits zwei Wochen später zu einem harmonischen und guten Gespräch zwischen den beiden kam, bei dem sie vieles besprechen und ausräumen konnten. Er bestätigte ihr ihre Kompetenz und lobte ihren Einsatz für das Unternehmen. Ja, das Gespräch endete sogar mit einer freundschaftlichen Umarmung und der Bekundung, wie sehr sie sich beide schätzten.

Wenn wir Leichtigkeit zuallererst in uns selbst finden, dann wirkt sie wie ein Magnet auf andere. Wir verändern etwas in unserer Umgebung, ziehen Gespräche in eine ganz andere Richtung.

Wir reagieren anders darauf, was um uns herum passiert, sind offener für die Emotionen anderer Menschen, wir spüren den Stimmungswechsel. In dieser Verbindung sind wir wie eine Stimmgabel in Resonanz, schwingen mit.

Die innere Vorstellung von Bildern im Gehirn funktioniert. Im Kapitel 2 „Wer sein Gehirn optimal nützt, kann Verletzungen rascher heilen" beim Thema Spiegeltherapie habe ich Ihnen erzählt, dass dadurch meine

Phantomschmerzen bereits nach drei Wochen verschwunden sind. Genauso funktioniert unser Gehirn mit Worten, die immer wieder innerlich, als sogenanntes Mantra rezitiert werden. Worte erzeugen Bilder, dadurch entspannen sich negative Gefühle. Die positiven werden klarer. Die Auswirkungen auf belastende Situationen sind faszinierend. Ich kann Ihnen hier natürlich keine Patentrezepte anbieten, aber diese Vorgehensweise auszuprobieren lohnt sich!

Wenn Sie ein Mantra wie die fünf Schritte des Loslassens rezitieren oder innere positive Bilder nähren, sich mit Vergangenem aussöhnen, Bewertungen einfach sein lassen und sich vorstellen, wie glücklich Sie durchs Leben gehen, nämlich voller Freude und Leichtigkeit, werden Sie sicherlich bald aufmerksamer für alle Signale im Alltag. Ihr Unbewusstes wird „gehorsam" alle Wünsche erfüllen, die Sie haben. Sie werden genau zum richtigen Zeitpunkt am richtigen Ort sein, ob im Supermarkt oder beim Busfahren, um dort einen Freund wiederzutreffen, den Sie schon lange in Ihrem Leben vermisst haben oder anrufen wollten. Sie werden entgegen Ihrer Gewohnheit eine andere Zeitschrift kaufen als sonst, die Ihnen entscheidende Informationen liefert. Ein Gespräch positiv führen, dass Ihnen vielleicht schlaflose Nächte bereitet hat. Denn Ihre Vorstellungen funktionieren wie ein Filter für Ihre Wahrnehmungen. Natürlich gilt das auch für Ihre negativen Erwartungen!

Perspektivenwechsel: Identität und Ich-Bild erneuern

Mein persönlicher Perspektivenwechsel dauerte fast zwei Jahre. Einige bisher als Fixpunkte angenommene Denkweisen erwiesen sich für mich als nicht mehr passend und überarbeitungswürdig. Zu Beginn glaubte ich, dass alle Blicke nur auf mich gerichtet wären. Daher versteckte ich meine Finger unter schützenden Handschuhen und die Narben unter wärmenden Stulpen. Ich war noch nicht dazu bereit, meinen Arm als etwas Natürliches und zu mir Gehörendes anzuerkennen. Was ich mir früher so sehr gewünscht hatte, nämlich Aufmerksamkeit, war für mich jetzt bedrückend und unangenehm.

Ganz nebenbei stellten sich auch mein Frauenbild und meine Identität auf den Kopf. Die gewohnte, vertraute Frau, die das Leben und sich selbst 46 Jahre lang geformt hatte, verfiel plötzlich in einen Schock- und Trancezustand. Das Gehirn schien sich an Eintönigkeit und reduzierte Reize zu gewöhnen. Die bunte Vielfalt des Lebens, die Farben, die Fülle und die Eindrücke der „normalen" Welt überforderten mich heftig.

Ich erinnere mich gut an einen Ausflug ins Wiener Leopoldmuseum. Mit einer kleinen Gruppe von Patienten aus dem Rehabilitationszentrum entdeckte ich im Museum für mich eine neue, meiner Sicht entrückte Welt. Nein, nicht die Kunst war neu, auch nicht meine Vorstellungen von der Gesellschaft. Mein eigenes Frauenbild und ich waren neu. Ich erlebte mich so anders und musste mich in einer Welt zurechtfinden, in die ich nicht mehr zu passen schien. Verborgene und empfindsamste Aspekte meiner Persönlichkeit drängten sich plötzlich in den Mittelpunkt. Durch meine Betriebsamkeit hatten sie in mir geschlummert und geduldig gewartet, bis ihre Zeit kommen sollte. Vielleicht hatte ich mich auch bisher gut darüber hinweggerettet, doch jetzt forderten die lange missachteten Gefühle ihre Aufmerksamkeit ein. Jetzt, gerade jetzt, wo ich mich doch mit ganz anderen Dingen auseinanderzusetzen hatte!

Da waren sie also, meine verdrängten Gefühle der Schwäche, der Schutzlosigkeit und Verletzlichkeit, genauso wie die der eigenen Hilflosigkeit. Ich hatte offenbar gelernt, dass Kontrolle und Härte für mein Überleben Gesetz bedeutete. „Erfolgreiche Karrierefrauen müssen stark sein", schien zu meinem Leitsatz geworden zu sein. Die Angst davor, meine nicht starken Gefühle zu zeigen, setzte daher so manches innere Machtspiel in Gang.

Jetzt, hier im Museum, war mein einziger kleiner Beschützer, in einer mir zu schnell gewordenen Welt, mein Gehstock! Meine Erlebenswelt fühlte sich verlangsamt und fremd an. Sogar das Treppensteigen war für mich schwierig. Ein weißer Handschuh versteckte meine empfindlichen Fingerstümpfe. Eine Schiene links am Arm, ein Stock rechts in der Hand, nicht sehr elegant, um eine Ausstellung zu besuchen. Meine Kleidung war auch anders als früher, legerer und bequemer. So erleichterte sich das Anziehen. Enge Jacken und schmale Oberteile, definierte Hosen und elegante Schuhe mussten einem verletzungsfreundlichen „Schlabberlook" weichen. Keine Handtasche, nur ein kleiner Rucksack, der meine wichtigsten Habseligkeiten für diesen Ausflug bereithielt.

Früher verwendete ich eine beachtliche Summe meines Gehalts dafür, um mir all die wohltuenden Artikel, die mir die Werbung so verlockend ins Ohr säuselte, zu leisten. Heute hatte ich nicht einmal die Chance, diese Artikel zu tragen, geschweige denn zu kaufen. Es war einfach unmöglich. Ich fühlte mich wie ein fremdes Wesen in einer normalen Welt. Trotzdem freute ich mich nach sechs Monaten Krankenbett schon auf die willkommene Abwechslung und den Kunstgenuss im Museum. Erwartungsvoll bewegte sich unsere kleine Gruppe zum Portier, der unsere Karten kontrollierte. Mit strengem Blick wies er mich an, den Rucksack, der ohnehin nur das Notwendigste enthielt, an der Garderobe abzugeben. Ein Rucksack sei nicht erlaubt in der Ausstellung!

Wie ein Blitz durchfuhr es mich. Wohin mit meinen für mich so wichtigen Utensilien? Meine Schmerzmittel, ein wenig Geld, etwas Wasser! In der Hand tragen? Unmöglich! Die kleinen unscheinbaren Utensilien wurden in diesem Moment so wichtig, dass ich mich völlig aus der Bahn geworfen fühlte. Eine Situation, die für normale Menschen eher eine Kleinigkeit darstellt, überforderte mich völlig. Ausweglos kämpfte ich mit meinen Tränen, die sich heftig nach außen beeilten und mich damit bloßstellten. Verzweifelt stand ich da im Visier des unbarmherzigen und irritierten Blicks des Portiers.

Wäre da nicht meine wachsame Tischnachbarin Elisabeth vom „Weißen Hof" gewesen, stünde ich heute wahrscheinlich immer noch dort. Sie reagierte prompt und bot mir an, meine Habseligkeiten in ihrer Handtasche zu deponieren. Ich nahm ihr Angebot dankend an und ließ den teilweise entleerten Rucksack in der Garderobe zurück.

Noch schlimmer als der Vorfall waren für mich die mitleidvollen Blicke und das Bedauern der anderen, die den Vorfall beobachtet hatten. Ich hatte den Eindruck, dass alle Aufmerksamkeit auf mich gerichtet war. Jeder nahm mich, voll Mitgefühl, als behinderte Frau wahr. Ich fühlte mich so verletzt. Ich stand schwach, ängstlich und sensibel in der „Öffentlichkeit" und hatte mit den Folgen meines Irrtums von „Ich muss stark sein!" zu kämpfen.

Meine Selbstständigkeit und meine mentale Stärke waren unerwartet völlig verschwunden. Hilfsbedürftig, klein und von Schmerzen geplagt, zerbrach mein bisheriges inneres Bild von einer starken Frau. Werde ich je wieder „die Alte" werden?

Die Erfahrungen meines Unfalls und deren Folgen kann ich heute durchaus als Wendepunkt in meinem Leben beschreiben. Sie rüttelten gehörig an meinen Grundfesten.

Als Frau war ich stets mit kraftvollen Beinen auf der Erde gestanden, stark und unerschütterlich! Sechzehn Jahre Selbstständigkeit, immer im Management tätig gewesen, stets selbstverantwortlich! Jedoch durchaus fremdbestimmt und einem inneren Diktat folgend, jenem, dem moderne Frauen öfters unterliegen. Erfolgreich sein und Karriere machen, das waren meine Ziele gewesen! Familie und Kinder, ja sogar eine feste Beziehung blieben dabei lange Zeit auf der Strecke. Früher hatte so mancher Mann Angst vor so viel „Powerfrau", nur mein Lebensgefährte, mit dem ich seit drei Jahren eng verbunden war, empfand das anders. Vor meinem Unfall hatte ich Anerkennung für Leistung gesucht und unternahm viel, um sie zu bekommen. Ich war um die halbe Welt gereist, hatte unentwegt Zeit im Flugzeug verbracht, bei Veranstaltungen und bei Netzwerktreffen. Wochen und Monate nächtigte ich in Hotelzimmern. Mein Zuhause hatte mir oft nur für einen kurzen Zwischenstopp oder für den Wechsel meiner Wäsche gedient. Die regelmäßige Pflege meiner Freundschaften war sehr oft meinem Karrierestreben zum Opfer gefallen. Sogar während meines Urlaubs war ich fast immer allein gereist. Permanent hatte ich in meine Ausbildung investiert und bemerkte viel zu spät, dass ich mich von mir selbst entfernte.

Schnell war ich unterwegs gewesen! Irgendwann begann ich aber etwas zu vermissen. Wo blieb die Zeit, in der ich Muße fand, ein Bild zu malen, in der ich Zeit fand, mit Ton zu formen oder einfach nur ein Buch zu lesen, ohne dabei ein schlechtes Gewissen haben zu müssen? Meine Sehnsucht auf eine andere Art des Lebens verdrängte ich. Dabei brannte ich für Innovationen, glühte für alles Neue und wenn ich in den Aufgaben Sinn sehen konnte, war mein Feuer ansteckend und motivierend. Ich begeisterte andere mit meinen Ideen und entfachte in ihnen ein „Ja, ich will!". Viele Jahre lang wollte ich in meinem Leben mein Bestreben nach

Freiheit ausdrücken. Nur einen einzigen, treuen Begleiter hatte ich all die Jahre. Es war die Einsamkeit! Sie war der Preis für meinen Erfolg! Und ich war sehr lange Zeit bereit dafür gewesen, diesen Tarif zu bezahlen! Rückblickend betrachtet, hatte ich damals Angst, mir diese Schwäche einzugestehen. Lieber zog ich es vor, mich in Aktivitäten zu stürzen. Mir meine enorme Vereinsamung, die sich im Laufe der Jahre eingeschlichen hatte, einzugestehen, erlaubte ich mir nur in kurzen, sehr persönlichen Momenten. Eineinhalb Jahre vor meinem Unfall lernte ich meinen jetzigen Mann kennen. Durch ihn erfuhr ich den Wert einer stabilen, kontinuierlichen Partnerschaft. Dieses neue, angenehme Gefühl machte mir anfänglich sogar Schwierigkeiten. Mein Unfall zwang mir dann noch deutlicher diese Notwendigkeit auf. Offenbar brauchte ich so ein energisches Haltesignal, um mich wieder einmal daran zu erinnern, was mir auch noch wichtig schien.

Es fehlte mir ein Vorbild, eine Art „Rollenmodell" erfolgreicher Frauen, die eine wunderbare Beziehung und vielleicht sogar eine Familie hatten. Also lebte oder kopierte ich eher die männlichen Berufsmodelle, jene, die kompromisslos ihr Leben der Karriere verpflichten, die ich auch schon als Kind kennengelernt hatte. Wie ich dabei mit Schwäche, Hilflosigkeit, ja sogar mit Bedürftigkeit umgehen sollte, erwies sich besonders in der Zeit meines Unfalls als große Herausforderung. Leider musste ich diesen Weg über das Tal der Tränen nehmen. „Rosenlippenmädchen, grüßt die strammen Jungs!" – sagte Meryl Streep zum Abschied zu den ehrwürdigen männlichen Clubmitgliedern, als sie ihr geliebtes Afrika verlassen musste, weil das Schicksal und die Politik der Männerwelt sich ihrem Erfolg als Frau entgegenstellten.

Wer dem Yang-Prinzip folgt, zahlt möglicherweise einen hohen Preis. Dem männlichen Streben kommen viele moderne Frauen nach und leiden gleichzeitig an einer inneren Vereinsamung, vielen gescheiterten Beziehungen oder stehen vor kaputten Ehen. Denn Karrieren sind nicht immer als beziehungs- oder familienfreundlich einzureihen. Eine Karriere, wie sie heute noch von Frauen verstanden wird und eigentlich nur eine Kopie der Männerwelt ist, lässt so einiges an „Frau sein" einbüßen.

Ein kürzlich geführtes Gespräch mit einer Journalistin brannte sich in mein Herz. Sie meinte: „Ich kann stolz auf mich und meine Karriere sein. Ich habe viel erreicht, stehe finanziell auf stabilen Beinen und bin in der Öffentlichkeit und meinem Unternehmen total anerkannt. Ich führe Gespräche und Interviews mit bekannten und berühmten Menschen und habe das Gefühl, durch meine Publikationen einen wertvollen Beitrag an der Gesellschaft zu leisten. Nur in meinen Partnerschaften will es einfach nicht klappen. Kaum eine Beziehung dauert länger als zwei Jahre. Dann pendle ich wieder zwischen Geliebter und Single-Frau hin und her. Meine Sehnsucht auch hier ‚erfolgreich' zu sein wächst mit jeder gescheiterten Beziehung." Ihre traurigen Augen und ihr resignierter Gesichtsausdruck bei diesen Worten empfand ich sehr tief.

Zielorientiert setzen starke Frauen ihre Kräfte ein, um vorwärtszukommen. Sie wollen nach oben und so manche Hürde, die sich ihnen in den Weg stellt, bekämpfen sie mit Entschlossenheit und Macht. Sie sind der Meinung, Unabhängigkeit und Freiheit erreicht man nur mit Stärke, Mut und Unerschrockenheit. Das entspringt dem männlichen Prinzip.

Mein bisheriges Frauenbild hatte auch kein sogenanntes „Verhaltensprogramm" für das eigene Schwachsein entwickelt. Bisher hatte ich erfolgreich meinen Lebenskampf geführt. Jetzt, wo ich selbst von der Hilfe anderer Menschen abhängig war, musste ich nach einem anderen, inneren

Standort Ausschau halten, von dem aus ich die Wirklichkeit und meine Vorstellung von meinem „Frau sein" betrachten konnte. Hilfe annehmen und mit meinen Helfern geduldig umgehen, meine eigene geduldige Seite erforschen, so forderte mich der Alltag. Mein Mann, meine Familie, meine freundschaftlichen Begleiter zeigten Ausdauer dabei, mir ihre Hilfe anzubieten. Ihre Fürsorge erlaubte mir, stärker und liebenswürdiger mit meinen Schwächen umzugehen, Vertrauen zu fassen und mich dabei geborgen fühlen zu können. Vor diesem starken Rückhalt wagte ich sogar meine Hilflosigkeit auszudrücken und meine Ohnmacht gegenüber meiner Schwäche zu erfühlen. Behutsam konnte ich mir so meine große Bedürftigkeit eingestehen.

Nie zuvor hatte es sich so deutlich gezeigt, wie wichtig mir das Gefühl des Angenommenseins war. Es hatte für mich Gewicht, von meinem Partner und den Menschen, die mir besonders nahestanden, „gehalten" zu werden. Meine verletzten Finger und natürlich auch ich selbst wollten als besonders liebenswert empfunden werden. Gerade aus diesem Grund wuchs meine Dankbarkeit, vor allem auch darüber, alles gut überstanden zu haben. Ich empfand Situationen, in denen mich Menschen befremdet musterten, weniger beängstigend, ertrug ihre Blicke besser und konnte endlich wieder so existieren, wie ich eben war. Die liebevollen Gesten anderer, die „Erlaubnis", über meinen Unfall erzählen zu dürfen, all das wurden meine wichtigsten „Seelenpflaster". Anfangs war ich einer verständnisvollen Zuhörerschaft sehr zugetan. Anscheinend sollte das wiederholende Erzählen meiner Geschichte ein wichtiger Anteil der seelischen Verarbeitung meiner Geschichte sein. Mein Schicksal führte mich zu einem anderen, neuen Frauenbild und zu einem anderen, neuen Weltbild!

Nur die Liebe zu uns selbst schafft es, mutig zu dem stehen zu können, was auch wirklich zu uns gehört. Jeder, der sein körperliches Gebrechen annehmen will, kommt an den Punkt des Sich-Eingestehens, des Sich-Zeigens, des völligen Integrierens von Tatsachen und Wirklichkeiten. Aufrichtig zu sein und im Inneren seinen eigenen Wert, seine Erfolge, seine eigenen „Schönheiten" wahrzunehmen, braucht Energie und Konzentration. Das erfordert aber auch, sich von alten Bildern zu verabschieden und sie durch mutige und stolze Bilder zu ersetzen. Dieser Gewinn prickelt im Herzen und öffnet unser Herz. Er erfüllt uns mit Stolz und Freude, mit Selbstbeziehung und Vertrauen, aber auch mit Dankbarkeit und einer radikalen Selbstannahme. Wir können uns deshalb neu erfahren und eine neue, völlig andere persönliche Freiheit spüren.

Gerade zu diesen Tagen fielen mir immer wieder Textpassagen in die Hände, die mich ganz stark zum Nachdenken anregten und die mich immer wieder bestärkten, weiterzumachen.

Nelson Mandela sagte nach der Entlassung aus dem Gefängnis in einer seiner Reden: „Es ist das Licht, vor dem wir Angst haben, nicht die Dunkelheit!", und das merkte ich besonders dann, wenn ich meine neue Zielrichtung einfach nicht sofort erkennen konnte. Was Flavio Alborino über das Tanzen sagte: „Es gibt keine Fehler im Leben, nur Variationen", löste in mir die sich wiederholende Frage aus: „Welche Lebensvariationen werden wohl ab jetzt auf mich warten?"

Selbst-Be-Sinnung ermöglichte es mir, mit meinem Innersten Kontakt aufzunehmen. Das zarte Zusammenspiel von Selbst und Wert wurde zentrales Thema, aus dem sich mein neues persönliches Frauenbild formte. Meine Verletzungen forderten mich auf, darüber nachzudenken, weshalb ich mich früher gedankenlos und unwissend gegenüber Behinderten verhielt. Jetzt war ich selbst behindert. Die für mich unbe-

kannte Situation lehrte mich etwas, das ich früher nicht ge-
kannt oder beachtet hatte, nämlich beengende Bilder und
begrenzende Gedanken loszulassen und durch Dankbarkeit
und Demut zu ersetzen. Dabei handelte es sich um Gefühle
und Empfindungen, die ich tatsächlich dringend nötig hatte.

Herzeigen statt verstecken! Das bewusste Ertragen des
Anblicks meiner Behinderung, das Gesehenwerden, bekam
eine andere Tiefe. Freunde zu treffen und mit Menschen
kommunizieren zu können, bedeutete für mich, mich immer
wieder von Neuem meiner Situation stellen zu müssen.
Zwischen den Menschen und mir entstanden neue, sehr tiefe
Begegnungen. Besonders dann, als sie sich wirklich auf mich
und meine Behinderung einlassen konnten.

Ich erinnere mich voller Freude an ein Gespräch mit
einer Berufskollegin. Völlig gedankenverloren und in das
Gespräch versunken, legte ich meine linke Hand flach und
offen auf den Tisch, schutzlos und nicht wie sonst üblich,
vor fremden Blicken verborgen. Meine Gesprächspartnerin
war eine sehr hübsche Frau. Ihr Blick fiel auf meine amputierten Finger und dort blieb er auch für eine lange Zeit haften. Erst schien es so, als wäre sie durch das Fixieren eines
Punktes völlig in ihren Gedanken gefangen. Rasch merkte
ich an ihr aber Rührung und Irritation. Ich zog meine Hand
nicht wie üblich beiseite, sondern ließ sie gewähren und
erlaubte uns dadurch einen wunderschönen Moment der
Begegnung. Schweigend verstanden sowohl unsere Herzen
als auch unsere Blicke den größeren Zusammenhang. Wir
fühlten etwas sehr Verbindendes. Erst später, nach wun-
dervollen Augenblicken der Stille, versuchten wir unsere
Gefühle in Worte zu fassen.

Ihre innere Frau war berührt und voller Zartgefühl, zugleich traurig als auch beeindruckt. Beeindruckt auch von
der Frau, die das alles mit so viel Würde ertrug. Wir erlaubten uns, unseren Eindrücken Raum zu geben und empfan-

den dabei so viel Besonderes, so viel Schönes und so viel Authentizität. Scheinbar hatte uns das Leben wohlwollend dazu eingeladen, die Lektion der Liebe, der Berührbarkeit und der Offenheit zu lernen!

Nur die Liebe zu uns selbst schafft es, mutig zu dem stehen zu können, was auch wirklich zu uns gehört. Jeder, der sein körperliches Gebrechen annehmen will, kommt an den Punkt des Sich-Eingestehens, des Sich-Zeigens, des völligen Integrierens von Tatsachen und Wirklichkeiten. Aufrichtig zu sein und im Inneren seinen eigenen Wert, seine Erfolge, seine eigenen „Schönheiten" wahrzunehmen, braucht Energie und Konzentration. Das erfordert aber auch, sich von alten Bildern zu verabschieden und sie durch mutige und stolze Bilder zu ersetzen. Dieser Gewinn prickelt im Herzen und öffnet unser Herz. Er erfüllt uns mit Stolz und Freude, mit Selbstbeziehung und Vertrauen, aber auch mit Dankbarkeit und einer radikalen Selbstannahme. Wir können uns deshalb neu erfahren und eine neue, völlig andere persönliche Freiheit spüren.

Narkose, Schmerz- und Suchtmittel – Täuschung und Willenskraft

Unzählige Narkosen, fast ein halbes Jahr unter Morphium und anderen Schmerzmitteln, hinterließen ihre Spuren. Zum einen halfen mir die Medikamente, den Schmerz auszuhalten, zum anderen spürte ich aber ihre Auswirkungen auf meinen gesamten Körper. Ich wollte diese Dumpfheit, eine der Nebenwirkungen, in meinem Kopf nicht mehr. Ich wollte „frei" sein!

Mag sein, dass wir nach dem Absetzen starker Medikamente einer Form von Täuschung aufsitzen, die uns suggeriert, dass es ohne Medikamente nicht geht. Denn neben den realen Schmerzen schwingt immer auch eine Art von Angst mit. Die Angst vor den unerträglichen Schmerzen! Bedauerlicherweise ist es nicht immer klar, ob die Droge oder die Angst die Regie im Gehirn übernommen hat.

Immer wenn ich Medikamente endlich reduzieren durfte, litt ich unter heftigen Entzugserscheinungen. Dabei zeigten sich alle Auswirkungen, die ein Entzug mit sich bringen kann. Mein Körper zitterte, er schwitzte und er wand sich, weil ihm die Droge fehlte. Doch meine Willenskraft war stärker als alle Drogen!

Es hieß daher für mich, die Zähne zusammenzubeißen und es ohne Schmerzmittel zu versuchen. Natürlich dauerte es ziemlich lange, bis ich völlig schmerzfrei war. Der Körper zeigte mir den Weg. Tag für Tag entschied ich neu, ob ich wirklich die Tabletten nehmen wollte. Immer wenn ich wachsam auf sein Befinden achtete, wurde meine Gewissheit darüber klarer. Meine Willenskraft und die positiven Bilder in meinem Herzen halfen mir, auch diesen Kampf zu gewinnen. Der Weg zurück war wie eine lange einsame Reise. Verworren, herausfordernd, unberechenbar!

Anscheinend rüttelt ein Schicksalsschlag so sehr an den Grundfesten des bestehenden Lebens, dass der Weg zurück einfach mit vielen Hürden gepflastert ist. Vielleicht finden Menschen, die ihren fixen Arbeitsplatz behalten, schneller oder leichter zurück. Aber ich wollte zurück …

Gehörige Gedächtnislücken machten mir zu schaffen. Manchmal konnte ich mich nur schwer an alle Zusammenhänge erinnern. Es dauerte endlos, bis mir die einfachsten Worte einfielen. Es fühlte sich an, als ob mir der Zugang zu meinen über lange Zeit aufgebauten Wissensarchiven versperrt worden wäre oder ich sie sogar verloren hätte.

Bange erkannte ich, dass die Nebenwirkungen der Medikamente und die Narkosen mein Gedächtnis verändert hatten. Einfache Dinge konnte ich nicht benennen, manchmal fehlten mir die Worte, um etwas auszudrücken. Mitten im Satz verlor ich den Faden, verkannte Zusammenhänge und suchte nach Gedanken. Ich rang mit meinem Kurz- und Langzeitgedächtnis. Aber ich wollte mich erinnern! Wo waren meine Wissensarchive, die ich während meiner Ausbildungen angelegt hatte? Verzagt suchte ich nach den Ursachen.

Viele Patientinnen und Patienten, die einen Verkehrsunfall hatten oder auch jene, die über einen langen Zeitraum starke Medikamente zu sich nahmen, klagten über ähnliche Symptome. Je nach Verletzungsgrad, Länge und Anzahl von Narkosen plagten sie unterschiedlich starke Folgewirkungen. Einige mussten sich mit einer Art von Langsamkeit arrangieren. Manche litten an Energielosigkeit für neue Aufgaben. Wieder andere konnten sich nicht mit ihren Traumata auseinandersetzen und griffen erneut zu Betäubungsmitteln, zu Alkohol und Rauschmitteln unterschiedlichster Art. Trotzdem schafften die meisten, die ich persönlich kennenlernte, sehr langsam den Weg zurück ins Leben. Ich verfolgte in den Zeitungen Artikel dazu, aber die meisten boten keine Lösung an, sondern nur Tatsachenberichte. Mein Arzt hielt meine Theorie, dass etwas durch das Trauma in meinem Gehirn gelöscht worden wäre oder durch die lange Gabe von Narkosemitteln meine synaptischen Verbindungen „verstopft" worden seien, für unwahrscheinlich.

Ich las Bücher, hörte CDs, DVDs und besuchte Seminare. Das half mir, die Türen meines inneren Archivs wieder zu öffnen und ich lernte, mich zu erinnern. Heute, fast zwei Jahre später, ist alles schon sehr viel besser! Nur manchmal erinnere ich mich an die vergangene Zeit, dann, wenn alles wieder einmal langsamer geht und ich unendlich lange nach den richtigen Worten suche. Dafür stiegen meine Intuition und die Sensibilität, Zusammenhänge zu erfassen, enorm. Ich wurde geduldiger mit mir selbst und erlaube mir, wenn ich einmal keine Antwort habe, zu schweigen und die Antwort aus meinem Inneren entstehen zu lassen. Früher fühlte ich mich während meines langen Schweigens unwohl, ich bezeichnete es als Unkenntnis, als nicht perfekt, schon gar nicht perfekt genug, um meinen Job ausüben zu können. Meine damalige Realität setzte mich stark unter Druck, mein Bemühen und mein eingeschränktes Reagieren entfernten mich weit von meinen möglichen beruflichen Chancen. Heute freue ich mich einfach darüber, dass ich überhaupt wieder klar denken kann und bin glücklich darüber, dass die Weisheit meines Körpers über die Verzweiflung meines Geistes gewonnen hat. Einige Entschlackungskuren und Leberentgiftungen trugen zu meinem Erfolg bei.

Ein Schicksalsschlag kann sehr stark an den Grundfesten des bestehenden Lebens rütteln und setzt eine Menge Kreativität frei. Es ist und war mein persönliches Wunder! Endlich habe ich wieder Zugang zu meinen inneren Wissensarchiven!

Kapitel 4
„Back to energy" – emotionale Stabilisatoren, die Ihre Intuition stärken

Die fünf Säulen der Lebensenergie ausbalancieren

Meine schicksalhafte Fahrt mit dem Motorrad riss mich aus meinem geordneten Leben. Niemals zuvor hatte ich etwas Bedeutungsvolleres erlebt. Selbst frühere heftige Krankheiten hatten in mir keine so tiefen Spuren hinterlassen. In meinem sonst eher hektischen Leben liebte ich die großen, bombastischen Momente, folgte dem Prinzip von größer, schneller, mehr und perfekter. Die zarten Momente, die winzigen Gesten, die wirklich etwas zählten, verloren sich eher in der Hektik des Alltags oder hatten in der Menge an Erlebnissen wenig Platz. So mit Äußerlichkeiten beschäftigt, übersieht man gerne die zarten „Momentchen", die sich uns meist still und schüchtern offenbaren. Viel zu oft lassen wir die Augenblicke und sinnlichen kleinen Freuden ungeachtet an uns vorbeiziehen. Es scheint so, als bräuchten wir solche „Lektionen des Lebens", um uns wieder die Erlaubnis zu geben, diese Augenblicke wahrnehmen und zelebrieren zu können. Dabei bedarf es der Stille oder auch einer besonderen Form der Demut, nämlich sein Ego einmal nicht so wichtig zu nehmen und ein Gespür für sich und seine tiefen Bedürfnisse aufzubauen. Scheinbar ist das „Bei-sich-Sein" die Grundlage, das Wesentliche erkennen und den darin gestellten Lebensfragen Bedeutung geben zu können.

Mit der Gewohnheit auf sich hören zu dürfen, wächst auch das Vertrauen. Vertrauen, dass das Leben uns trägt und für uns sorgt. So gelingt es leichter nachzuprüfen, ob wir gegenwärtig aus Angst oder aus Freude handeln. Angst hat oft ihren Ursprung in der Vergangenheit. Freude ist das untrügerische Zeichen in Übereinstimmung mit seiner Berufung zu handeln. Wer es also schafft, den alten Ballast abzuwerfen, erleichtert sich nicht nur selbst, sondern schafft es in der Zukunft, mutige Wege des Denkens und Handelns gehen zu können. Wir sind bereiter, die Sprache des Herzens zu erlernen, ihrem Rat zu folgen, auch wenn der Verstand durchaus etwas anderes will. So kann eine neue Sicht der „Welt" entstehen, die das „Entweder–oder" in ein „Sowohl als auch" verwandelt. Meist sind es die Wendezeiten, die uns auffordern, sie als eine Zeit des Aufbruchs und des Wandels zu deuten. Wer sich also getrennt, isoliert, krank oder depressiv fühlt, ist sozusagen vom Leben beauftragt, eine neue Balance herstellen zu müssen. Statt sich als Opfer der Umstände zu sehen, liegt die Chance an Ihnen selbst, wieder Regisseur der eigenen Zukunft werden zu dürfen. Aus dem „Mehr an Möglichkeiten" kann sich etwas ganz Neues entwickeln. Wenn es uns also gelingt, wieder grundsätzlich mit allen Teilen unseres Ichs, insbesondere aber mit dem Herzen in Kommunikation zu treten, und uns weniger an Fakten, Zahlen und Daten zu orientieren, haben wir es geschafft. Mit dieser Erlaubnis entdecken wir unsere Lebensfreude und uns selbst wieder.

Krisen fordern uns auf, jene Bereiche zu stabilisieren, die durch die Ereignisse so richtig durcheinandergewirbelt wurden oder auf die wir einfach vergessen haben. So verlangen alle Krisen, wie etwa eine unerwartete Kündigung oder ein anderer Schicksalsschlag, die eigene Identität in Richtung „Wer bin ich? Auf wen beziehe ich mich? Wer bezieht sich auf mich? Worüber definiere ich mich? Was macht mich aus?" zu überprüfen.

Die „Lehren der integrativen Therapie" nutzen die fünf Säulen der Identität und der Lebensenergie, um nach Krisen und Unfällen dem Leben wieder Stabilität zu geben. Der Begründer, Hilarion Gottfried Petzold, spricht in seinen Büchern[25] über die Säulen, die uns als einzigartiges Lebewesen mit individueller Persönlichkeitsstruktur erleben lassen. Diese fünf Lebenssäulen bauen, stützen und tragen die Wesenseinheit eines Menschen. Wenn eine oder mehrere Säulen im Leben eines Menschen „wegbrechen" oder sich plötzlich stark verändern, kann es zu einer Identitätskrise kommen. Sehr häufig suchen wir in belastenden Momenten nach Stabilität. Der damit verbundene Stress beansprucht Entspannung. Doch zumeist sind wir selbst nicht dazu bereit, die eigenen Lebensbereiche zu überdenken. Der Stresspegel erscheint uns sehr oft als noch erträglich und so leiden wir länger als notwendig. Wenn wir unsere Konzepte, auch wenn sie noch so schädigend sind, auflösen, kommt die Identität ins Wanken, was für die meisten erst einmal Unsicherheit bedeutet. Daher gehen wir nur aus Angst vor Veränderungen bis zu unserer eigenen Belastungsgrenze oder sogar darüber hinaus. Selten erkennen wir früh genug, wann die Grenze erreicht ist und lassen uns mit der Suche nach dem Ursprung der „Unannehmlichkeiten" lange Zeit. Oft warten wir sogar und hoffen, dass etwas sich „von selbst" verändert.

Um eine feste, stabile Basis zu finden, auf der wir unser Leben aufbauen können, benötigen wir stabile Lebensverhältnisse und Balance. Wird einer der tragenden Säulen des Fundaments zu viel Aufmerksamkeit geschenkt oder vergessen wir eine andere, gerät unser „Lebenshaus" ins Ungleichgewicht. Die einzelnen Säulen stehen nämlich in wechselseitiger Abhängigkeit zueinander.

Sehr häufig verschieben Krisen das Verhältnis zwischen Privat- und Berufsleben. So wird zum Beispiel eine zu intensive zeitliche Betonung der beruflichen Leistung zwangsläufig zur Vernachlässigung des privaten oder des körperlichen Bereichs führen. Finanzielle Belastungen können Orientierungslosigkeit oder Krankheit auslösen, da der Druck für den Einzelnen oft nicht aushaltbar erscheint. Die wachsame und aufmerksame Überprüfung der fünf Säulen verhindert eine Krise und unterstützt einen Neustart, besonders dann, wenn so manches aus den Fugen geraten ist. Wenn wir uns die richtigen Fragen stellen, kann sich ein Wandel vollziehen. Zum Bespiel: „Worauf lege ich am meisten wert?", „Was ist mir in meinem Leben wirklich, ... wirklich wichtig?", „Wo habe ich auf mich vergessen?", „Was bringt mich wieder in Bewegung, in den Fluss?", „Was blockiert oder hindert mich?"

Altlasten, die nicht mehr zu den aktuellen Wünschen passen, können abgegeben, losgelassen und aus dem Weg geräumt werden. Nach Untersuchungen des Neurologen Nossrat Peseschkians und seiner Mitarbeiter steht Erkrankung oft erst am Ende eines sich über fünf Stufen schleichend entwickelnden Prozesses. Jede Stufe ist ein Warnsignal für die nächste. Jede bietet uns die Möglichkeit zur aktiven Gegensteuerung. Danach finden wir wieder leichter zu dem, was uns viel wert und wichtig ist und können unser Leben danach gestalten.

Die *5 Säulen der Identität* und die Einteilung der fünf Stufen, die als Hinweise dafür dienen, wenn etwas nicht mehr im Gleichgewicht ist, können uns dabei helfen, die Signale unseres Körpers bewusst zu beobachten und wahrzunehmen.

1. Säule der Identität: der Körper

Zur Identitätssäule „Körper" zählen Gesundheit, Krankheit, Stress, Leib und Leiblichkeit.

Oft werden die Vorwarnungen bis zum Ausbruch einer Krankheit übersehen oder verdrängt. Verspannungen oder Kopfschmerzen sind erste typische Stresssymptome, die oft mit Medikamenten unterdrückt werden und auch tatsächlich unterdrückt werden können. Nach den ersten physischen und psychischen Krankheitssignalen bleibt dem Körper dann oft nur mehr die „Holzhammer-Methode". Dabei weigert er sich, gute Miene zu bösem Spiel zu machen. Wir werden krank. Wir können die unterschiedlichen Stufen körperlicher Symptome durchaus unterscheiden:

Stufe 1: Nervosität und Gereiztheit

Stufe 2: Angst

Stufe 3: Aggression/Depression

Stufe 4: Funktionale Störungen

Stufe 5: Organerkrankung

Eigentlich sollte Sie schon Stufe eins und zwei der Warnsignale dazu veranlassen, etwas in Ihrem Leben zu verändern. Sie sollten danach suchen, was anders werden soll und mit kleinen Korrekturen wieder Ihre Balance herstellen.

2. Säule der Identität: Kontakte

Dazu gehören soziale Netzwerke, Partner, Freunde, soziale Bezugspersonen, Haustiere, in Krisenzeiten auch Trennung, Scheidung und Konkurs.

Lebendige, qualitativ hochwertige Kontakte zum Ehe- oder Lebenspartner, zu den Kindern, Eltern, Freunden, Arbeitskollegen und Mitmenschen verhindern die Flucht in die Arbeit oder die Suche nach Ablenkung durch Zeitung,

Computer und Fernseher. Wertschätzend, ehrlich und offen mit anderen zu kommunizieren ist der Code, der den Lebensbereich Kontakt ausbalanciert. Wer mit sich und seinen Gefühlen gut in Verbindung steht, ist in der Lage, authentisch und wertschätzend zu kommunizieren. Aus einer stabilen inneren Mitte heraus wird es erst möglich, das auszudrücken, was wirklich in uns fühlbar und real ist. Wir sind dann in Resonanz mit den eigenen Bedürfnissen und dem Wesentlichen.

Die meisten Menschen beschweren sich über chronischen Zeitmangel und verbringen doch den größten Teil ihres Alltags mit Dingen, die sie gar nicht tun wollen. Das geht aus einer Studie einer Management-Beratungsfirma im amerikanischen Pittsburgh hervor. Der Präsident der Beratungsfirma, Michael Fortino[26], wies darauf hin, dass Ehepaare pro Tag durchschnittlich vier Minuten lang ernsthaft miteinander sprachen. Für ihre Kinder blieben hingegen ganze 30 Sekunden übrig. „Dabei behaupten die meisten der Befragten, dass ihnen ihre Familien wirklich wichtig seien."

Leider erleben immer mehr Menschen eine Entfremdung und Isolierung im Kontaktbereich. Schmerzhaft erfahren Frauen und Männer, die in ihren Berufen erfolgreich sind und deren Karriereleitern steil nach oben zeigen, wie Partnerschaften, Ehen und persönliche Kontakte leiden oder in die Brüche gehen. Mobiltelefone, Laptops, Tablets & Co, überlange „Fernsehsitzungen" und die Notwendigkeit, sich auch noch mit anderen auseinandersetzen zu müssen, fördern die tägliche Müdigkeit und nagen an unseren sozialen Kontakten. Probleme am Arbeitsplatz verstärken bereits bestehende Spannungen im Privatleben und Schwierigkeiten zu Hause führen zu weiteren Leistungsabfällen im Beruf. Stress, Mangel an Bewegung, Alkohol-, Medikamenten- und Drogenmissbrauch machen das Maß voll! Oft realisieren wir erst nach einem Zusammenbruch oder einer Krankheit die Tragweite dessen, was passiert ist.

3. Säule der Identität: Arbeit und Leistung

Zu dieser Säule gehören Beruf, Arbeit und Arbeitsauffassung, Organisationsfähigkeit, Glaubenssätze, innere Antreiber und blockierte Erlaubnisse.

Die Beschäftigung mit diesem Leistungsbereich bedeutet, sein eigenes Engagement bei der Arbeit und im Beruf zu hinterfragen. Übersteigerte Karrierewünsche, Ehrgeiz, der Wunsch nach hohen Einkommen oder die Verbissenheit, etwas unbedingt erreichen zu müssen, treiben Menschen zu Höchstleistungen an. Ein ausgeprägtes Verantwortungsgefühl für übernommene Aufgaben und der Wunsch, nicht nur auf dem Laufenden zu bleiben, sondern sich beruflich andauernd weiterentwickeln zu müssen, ja einfach perfekt zu sein, bewirken eine Überbetonung dieser Lebenssäule.

Finanzkrisen und der Druck der Unternehmen lasten auch auf den Schultern der Mitarbeiterinnen und Mitarbeiter. Die Unsicherheit sowie die hohen Erwartungen an sich selbst und die Umwelt, keine oder unrealistische Planung, unklare Prioritäten, ineffektive Arbeitsmethoden und Termindruck sorgen zusätzlich dafür, dass auch nach Dienstschluss nicht einfach abgeschaltet werden kann. Ein schlechtes Gewissen wegen lange aufgeschobener Aufgaben, gepaart mit verstecktem Hunger nach Anerkennung treiben Menschen oft ins Burn-out.

Starke Abhängigkeit von den Erwartungen anderer, die Furcht vor Verlust an Zuwendung, Liebe und Unterstützung machen viele zusätzlich hilflos. In manchen Firmen gehört es zur Kultur des Unternehmens und ist eine unausgesprochene Wahrheit: „Sich zu Tode zu arbeiten ist die einzige, gesellschaftlich anerkannte Form des Selbstmords!" Rigide und überholte Managementkulturen treiben Mitarbeiter dazu, regelmäßig 60 bis 80 Stunden pro Woche zu arbeiten. Häufiges Reisen und stundenlanges Warten werden oft selbstverständlich als private Zeit verbucht.

Dazu kommen innere Antreiber, die meist in früher Kindheit geprägt wurden. Solche Antreiber werden bereits in der Kindheit verinnerlicht und später im Erwachsenenalter wie unter Zwang ausgeführt. Der Name „Antreiber" weist darauf hin, dass das Kind, und später der Erwachsene, diesen Geboten beinahe zwanghaft folgt. Der Erwachsene steht unter Druck, weil er glaubt, nur so lange in Ordnung zu sein, wie er den Antreibern gehorcht. Das verstärkt den Druck noch mehr.

Doch für jede dieser integrierten Antreiber-Botschaften gibt es eine Gegenstrategie. Die innere Erlaubnis! Wenn man diese Erlaubnisse als Kind von seinen Eltern oder anderen Bezugspersonen nicht bekommen hat, ist es auch möglich, sie sich als Erwachsener zum Geschenk zu machen.

In der Transaktionsanalyse spricht man von fünf inneren Antreibern:

Antreiber	Erlaubnis
Ich muss perfekt sein!	So wie ich bin, bin ich gut genug!
Ich muss stark sein!	Ich darf offen sein und meine Gefühle zeigen!
Ich muss mich anstrengen!	Ich darf es mir leicht machen!
Ich muss es anderen recht machen!	Ich darf mich selbst wichtig nehmen!
Ich muss mich beeilen!	Ich darf mir Zeit lassen!

Wer mit seinen Erlaubnissen zu arbeiten beginnt, wird dazu Zeit benötigen, bis sich diese ganz tief in ihm verankern. Dabei lohnt es sich, die Verbesserungen bewusst zu zelebrieren.

4. Säule der Identität: materielle Sicherheit

Dazu gehören Besitz, Haus, Wohnung, Einkommen, Ersparnisse, Grundsicherung.

Existenzieller Druck kann so hohen Stress erzeugen, dass wir uns gerne von den wesentlichen Dingen ablenken lassen. Fehlen finanzielle Stabilisatoren, ruft das Sorge, Verunsicherung, aber vor allem Angst hervor. Angst blockiert alle Energien, sie friert sozusagen jede Aktivität ein. In unserer europäischen Welt leiden wir mehr an den Ängsten über finanzielle Nöte als zum Beispiel an der Gefahr, verhungern zu müssen. Die Werbung und die Konsumwelt haben unsere Bedürfnisse ganz hochgeschraubt. Daher meinen wir alles zu verlieren, wenn wir das Rad des Konsums zurückdrehen oder auf etwas verzichten müssen. Existenzieller und finanzieller Druck erzeugt Spannung und führt beinahe zu einer persönlichen Lähmung, die uns völlig handlungsunfähig macht. Manche irren dann, aufs Geldverdienen fokussiert, umher und vergessen dabei die wesentlichsten Notwendigkeiten des Körpers, ihrer Mitmenschen und natürlich von sich selbst. Wem ist es da zu verübeln, wenn er es trotz Angst nicht schafft, kreativ zu sein und neues Handeln für den Erfolg zu suchen? Oder haben Sie schon einmal erlebt, dass Sie in Angstsituationen völlig unkonventionelle Wege gegangen sind?

In unserem Stammhirn sind Ängste gespeichert. Dieses Hirnareal haben wir Menschen früh entwickelt. Aus jener Zeit stammt auch die reale Überlebensangst, denn die Angst, sein Leben zu verlieren, war alltäglich. Heute sind unsere Ängste meist Illusionen, Vorstellungen von etwas, das uns ängstigt.

Wer in einem Dienstverhältnis steht, hat es nach einem Unfall möglicherweise leichter, wieder in ein System eingebunden zu werden. Die Tatsache abgesichert zu sein, nämlich das Gefühl zu haben, wirklich eingebettet zu sein, erleichtert eine Stabilisierung wesentlich. Nicht selten stehen jedoch Menschen, die bereits persönliche Rückschläge ertragen mussten, auch noch vor einer Kündigung. Unternehmen, die bei persönlichen Schicksalen oder bei Burn-out ihrer Mitarbeiterinnen und Mitarbeiter auf diese Art „unmenschlich" reagieren, geben keine Stabilität und erschweren damit auch noch den Neustart der Verunsicherten. Das Gefühl, nur ein „Rädchen" im Getriebe zu sein, ohne Anteilnahme und Verständnis für eine außergewöhnliche Situation, führt nicht selten zur inneren Kündigung. Viele kleine Niederlagen aus der Vergangenheit addieren sich: Ideen, die von anderen in die Realität umgesetzt wurden, Hierarchien, die ein Weiterkommen verhinderten, geringe Gehaltserhöhungen trotz hoher Leistung lassen den Enthusiasmus, den wir in schwierigen Zeiten so sehr brauchen, sterben. Wir alle haben nämlich ein internes, gefühltes Ausgleichskonto. Dieses reguliert Einsatz und Leistung, Stellenwert und Rangfolge, Identifikation und Loyalität. Gerät dieses Konto ins Ungleichgewicht, reagieren wir mit Demotivation, mit Rückzug und mit Leistungsrückgang.

Als jahrelang selbstständig Tätige kenne ich das Auf und Ab in meinen „Finanzgebarungen". Die Hochs und Tiefs, die durch ein unregelmäßiges Einkommen gekennzeichnet sind, erfordern auch eine damit verbundene Auseinandersetzung mit den alten Glaubensstrukturen. Jeder Selbstständige kennt die Freude über seine eigenen Erfolge, aber auch die Sorge, die fälligen Rechnungen, zum Beispiel an das

Finanzamt oder an die Krankenkasse, bezahlen zu können. Wesentliches lehrt uns das Leben, wenn wir uns darauf einlassen! Einiges übernehmen wir unhinterfragt von unseren Eltern. Ich lernte von meiner Familie, dass Geld intensiv mit dem persönlichen Glück verknüpft ist. Viel zu leisten und hart für mein Einkommen zu arbeiten, andererseits wenig Freizeit zu haben, waren für mich lange Zeit sehr prägende Verhaltensprogramme. „Mann/Frau verdient Geld nur durch dauerhaft redliche und vor allem durch nachhaltige Arbeit!" Diesem Glaubenssatz folgte ich widerspruchslos. Denn dieser Glaubenssatz war auch der Grund, weshalb meine Eltern ein Leben lang hart gearbeitet haben, sich nichts gönnten, und aus meiner Sicht viel zu wenig Glück und Freizeit genossen. Es ist daher nicht verwunderlich, dass ich einen besorgten Blick auf meine berufliche Neuausrichtung warf. Denn um hart arbeiten zu können, benötigt man einen gut funktionierenden Körper und einen wachen Geist. All das hatte ich unmittelbar nach meinem Unfall nicht mehr. In der Zeit, in der ich mich in voller Rehabilitationsbehandlung befand, war ich vorübergehend finanziell abgesichert. Erst danach, ein Jahr nach meinem Unfall traten meine wirklichen Sorgen aus dem Schatten tiefer Angst ans Tageslicht. Das Ringen um die eigene Existenz wollte damals ohne Gnade das Tempo vorgeben. Verständlicherweise hatte ich daher einiges zu tun, um meinen Geist beruhigen und wieder ohne Angst in die Zukunft blicken zu können.

Das eigene Leben weitestgehend frei gestalten zu können, gehört zu einem vieler Ziele von Selbstständigen. Trotzdem glücklich und materiell abgesichert zu leben, ist dabei nicht einfach und erfordert konsequente Arbeit, auch an den eigenen Glaubens- und Verhaltensmustern.

Ein Schlüssel für die eigene Beziehung zu Geld ist die persönliche Einstellung zu den erlebten Erfahrungen und die

Wertigkeit, die man Geld beimisst. Die eigenen Werte bilden die Basis für einen entspannten Umgang mit Geld und Materiellem überhaupt. Die einen entspannt ein „dickes" Bankkonto, die anderen sehen im Geld nur ein Mittel zum Zweck. Während die einen gestresst und nervös jedem Euro hinterherlaufen, begnügen sich die anderen mit dem Glauben daran, zur rechten Zeit genügend Geld zu verdienen. Es benötigt Vertrauen, anzunehmen, immer gut versorgt zu sein und jederzeit genug Geld zur Verfügung zu haben. Geld ist nämlich genauso ein Konstrukt und eine Illusion wie die ganze andere Materie. Die meisten von uns haben aber Geld zu einem Gott gemacht und beten es an. Ohne Geld gesellen sich sowohl Verzweiflung als auch Angst rasch an unsere Seite. Aber dem nicht genug, auch mit einer Menge Geld sind wir nicht zufrieden, denn daran sind Verlustängste gekoppelt. Geld ist keine Garantie für Glück! Trotzdem versuchen es viele dadurch zu erreichen. Die Idee der Quantenphysik, Materie sei eine Illusion und der Gedanke, Geld sei ein Konstrukt, wackeln dann, wenn Ängste und Verzweiflung die Oberhand gewinnen.

Geld ersetzt bei Gott nicht alles, schon gar nicht aber die Nähe zu anderen, eine liebevolle Umarmung oder ein zärtliches Wort. Auch nicht die Hoffnung oder die Zuversicht. Geld ist nicht die Währung des Herzens! Nur wer mit der Herzensenergie verbunden ist, handelt nach seinen eigenen Werten und gewinnt Kraft und Vertrauen. Die Gewissheit, nach seinem Empfinden gehandelt zu haben, lässt ängstliche Gedanken verschwinden. Dann wächst Vertrauen und mit ihm der eigene Einfluss.

Die Einstellung zu Geld und zu sich selbst ist also ausschlaggebend dafür, ob wir entspannt oder eben besorgt in die Zukunft blicken. Hinterfragen Sie sich doch! Ist Geld das zentrale Mittel für Ihr Glücklichsein? Wo liegen Ihre Wertvorstellungen? Sind es die materiellen Güter, die Sie als

Einziges erfreuen? Oder gibt es in Ihrem Leben auch freudige Momente, die mit Geld einfach nicht zu bezahlen sind? Wie heißt das, was mehr Wert hat als Geld? Ist es die Zeit für sich selbst? Ist es der ausgedehnte Spaziergang, Sport oder einfach nur die Freude, gesund zu sein? Sind es Ihre Familie, die Menschen, die Freunde, denen Sie sich widmen können, ohne von Ihrer knappen Freizeit viel zu viel Zeit wegknabbern zu müssen?

5. Säule der Identität: Werte

Zur letzten Säule gehört alles, was uns im Leben wirklich wichtig ist, Lebensziele, Wünsche, der Sinn des Lebens, Glaube, Spiritualität und Moralvorstellungen.

Werte geben uns die Regeln und Prinzipien vor, nach denen wir unser Leben in Balance bringen und halten können. Haben wir uns Klarheit über unsere Wertvorstellungen verschafft, fällt es leichter, daraus sinnvolle Ziele zu entwickeln.

Wie wichtig Werte sein können, beschreibt der bekannte Logotherapeut Viktor Frankl in seinem Buch „... trotzdem Ja zum Leben sagen". Anhand einer Vielzahl von Studien vermittelt er die Notwendigkeit einer klaren Zielsetzung in Krisenzeiten. Wichtigster Faktor, um selbst härteste Anforderungen überstehen zu können, ist seiner Beobachtung nach, den Sinn im (Über-)Leben zu sehen und über eine starke Wertorientierung zu verfügen. Der Glaube, die Liebe zum Menschen, die politische Überzeugung, Familienangehörige, die versorgt werden müssen, das Bedürfnis, Schwächeren hilfreich zur Seite zu stehen – all dies könnte nach Frankl einzelnen Menschen Sinn vermitteln und ermöglichte ihnen ein Überleben sogar unter menschenverachtenden Bedingungen.

Werte bestimmen, worauf wir unsere Aufmerksamkeit lenken. Zudem beeinflussen sie entscheidend unser Verhalten. Die Werte, nach denen wir unser Leben ausrichten, sind Wegweiser, die unserem Leben Richtung geben. Sie sind letztlich die Basis für unsere Entscheidungen, bestimmte Dinge zu tun, andere zu lassen. Aus ihnen setzt sich unser Lebensweg zusammen. Meist sind die wesentlichen Themen oder bestimmenden Grundideen unseres Lebens auch von grundlegenden Werten geprägt.

Ein Mensch, der als höchsten Wert sein Familienleben nennt, wird weder gerne einen Auslandsjob annehmen noch einen Beruf ausüben können, der ständig lange Reisen oder Hotelaufenthalte beinhaltet. Handelt diese Person jedoch gegen seine Grundwerte, können sich unterschiedlichste Symptome physischer und psychischer Natur einstellen. Wenn wir auf Dauer nicht nach unseren Werten leben, reagiert unser Körper zum Beispiel mit Unruhe, mit Spannung oder einem Druckgefühl. Wenn wir offen bleiben und die *Warnsignale des Körpers* auch wertorientiert prüfen, können wir etwas ändern, bevor sich heftigere Symptome oder Krankheiten einstellen. Wir verfügen offensichtlich über einen Schutzmechanismus, der sicherstellen soll, dass wir wirklich nach unseren Werten leben mögen.

Der Schlüssel zu einem ausgeglichenen und glücklichen Leben besteht also darin, nach unseren eigenen, höchsten Idealen leben zu wollen. Es geht auch kontinuierlich um das Handeln, von dem wir überzeugt sind, dass es in unserem Leben geht. Das können wir aber erst dann erkennen, wenn wir uns klar darüber werden, welche Werte die unseren sind.

Fehlt uns dieses Sinngefühl, bedeutet das, dass wir ein „Wertedefizit" haben. Dann machen uns Gefühle der Sinnlosigkeit, der Freudlosigkeit, in schwereren Fällen sogar Depressionen, darauf aufmerksam, wie wichtig es wäre, zu wissen, was nun tatsächlich unsere Werte sind. Denn wirklich tiefe Freude entsteht erst dann, wenn die Erfüllung der eigenen Werte gelingt.

Es steckt eine ungeheure Kraft darin, nach der eigenen Werteorientierung zu leben. In Übereinstimmung mit dem zu sein, was große Bedeutung für uns hat, erzeugt ein Gefühl der inneren Sicherheit. Dieses Gefühl schenkt uns innere Ruhe und Gelassenheit.

Wer so lebt und handelt, entwickelt Selbstachtung, innere Stabilität und Stärke. Wie finden wir aber heraus, nach welchem tief in uns wirkenden Wertesystem unsere Entscheidungen getroffen werden?

Viktor Frankl unterscheidet drei Wertekategorien:

Die schöpferischen Werte: Er meint damit das Tun, das Gestalten, das Schaffen, das Verwirklichen der im Menschen angelegten Möglichkeiten. Wir erkennen sie als die nach außen gerichteten oder nach außen erkennbaren Werte. Tanzen, malen oder ein Musikinstrument spielen gehören genauso dazu wie der liebevoll angelegte Garten von Susanne und das selbstgebaute Biotop von Hannes.

Die sozialen Erlebniswerte: Damit meint Viktor Frankl den Bereich der sozialen Wahrnehmung, der Begegnung mit dem Du, nämlich mit einem oder mehreren anderen Menschen. Die Theatergruppe und der Chor, die sich wöchentlich treffen und für ihre Auftritte proben, sind genauso wichtige Fixpunkte wie das Beisammensein mit Familie, Freunden oder Vereinen.

Die Einstellungswerte: Mit ihnen können wir unsere Möglichkeit der Sinnerfahrung finden und über unsere eigene Begrenztheit hinauswachsen. Sinn macht nach Viktor Frankl das, was persönlich bedeutungsvoll ist, was wertvoll ist. Etwas als wertvoll zu betrachten heißt, dass wir dieser Sache, diesem Zustand, dieser Arbeitsaufgabe oder auch diesem Menschen besondere Wichtigkeit zumessen, ihm Bedeutung, also Wert geben. Zum Beispiel wäre das ein Unternehmer, der mehr das Wohle der Mitarbeiter als den reinen Gewinn im Kopf hat. Dann hat er verstanden, dass seine Mitarbeiter für ihn das wichtigste Kapital sind. Genauso bedeutungsvoll wäre die Fokussierung auf eine ökologische und nachhaltige Lebens- und Arbeitsweise. Wichtig und bedeutsam im Sinne Frankls ist zum Beispiel auch, wenn jemand für eine Idee „brennt", also voll und ganz dahintersteht.

Werte sind Ressourcen und Potenziale! Sie stärken das Vertrauen, um eine neue Ausrichtung langsam, aber vorsichtig stattfinden zu lassen. Wer besonders in unstimmigen Lebenssituationen auf einen klaren Wertekatalog zurückgreifen kann, der führt immer eine Quelle der Kraft mit sich. Decken sich Werte und Verhalten, bietet sich uns die Chance zur Selbstverwirklichung. Aktive Schritte zur Umsetzung der Werte in Ziele können nun aus dem starken Gefühl der Klarheit und Sicherheit heraus getan werden. Wer es dann noch schafft, in Übereinstimmung mit ihnen zu leben, erlebt einen „Flow", eine sogenannte Glückserfahrung, Stabilität und Selbstachtung.

Entdecken Sie Ihre kreative Seite wieder!

Frankl meinte: „Wer mit den Sinnen erlebt, erlebt das Leben sinnvoll!"

Wer mit Neugierde und Entdeckerfreude seine eigene Kreativität sucht, findet sie! Egal was Ihnen schon irgendeinmal durch den Kopf gegangen ist, probieren Sie es aus.

Entdecken Sie Neuland, suchen Sie den Spaß an der Sache oder an Ihrem Job. Lenken Sie Ihre Aufmerksamkeit auf jene Dinge, die Sie gerne tun und die Ihnen leicht von der Hand gehen. So lernen Sie sich für Ihre Inspiration und Ihre innere Führung zu öffnen. Wir denken oft, dass wir nichts Besonderes erschaffen können, wenn uns etwas gar so einfach von der Hand geht. Doch gerade da lohnt es sich, seinen Blick zu vertiefen. Halten Sie sich Zeit für Ihre Kreativität frei. Neugierde und Freude sind Königsdisziplinen zum Glücklichsein.

Beim Umgang mit Keramik und Ton bot sich mir Gelegenheit, meine Kreativität auszuloten. Sie erinnern sich: mit meinen „Fingerchen" gar nicht so einfach! Der weiche Tonklumpen erlaubte mir, meiner Idee Form zu verleihen, das auszudrücken, was ich mir vorgestellt hatte. Mein Selbstbewusstsein wuchs mit jedem handgefertigten, glasierten und gebrannten Keramikteil, den ich mit nach Hause nehmen durfte. Es war unbeschreiblich schön und ließ mich an meine frühe Jugendzeit anknüpfen, in der ich stundenlang Bilder malte. Im Zustand schwerster Verletztheit fand ich den Zugang zu meiner Fantasie wieder und damit auch die Möglichkeit, mir und meiner kreativen Ausdrucksform näherzukommen.

Viele Kreativstücke aus der Arbeit in der Keramikwerkstatt verschenkte ich in Dankbarkeit an meine liebsten Freunde und Bekannte. Das auch aus dem inneren Gefühl heraus, meine liebgewonnenen Erfahrungen mit anderen teilen zu wollen. In den langen Monaten meines Aufenthalts im Weißen Hof produzierte ich sicherlich an die 30 Stück Keramik. Wenn ich heute Freundinnen besuche und sie voller Wertschätzung eine von mir gefertigte Vase oder ein Milchkännchen verwenden, erinnert mich das daran, wie glücklich ich bei der Herstellung war. Ich bin es noch immer, denn ich selbst habe das alles geschafft.

Leichtigkeit und Freude zeigen sich auch in ungewöhnlichen Situationen. Manchmal erst, wenn wir aufhören zu denken und zur Ruhe kommen können. Dann können wir uns auf eine Antwort zu unseren Gunsten konzentrieren. Denn Innenschau benötigt Ruhe! „Die besten Ideen habe ich unter der Dusche!", soll Albert Einstein bemerkt haben.

Wer sich die Fragen stellt, die im Herzen brennen, erhält eine Antwort. Ganz sicher! Mag sein, dass uns ein Gespräch, ein Zeitungsartikel oder ein Buch plötzlich zu neuen Gedanken führen. Idealerweise führt und leitet uns aber unsere innere Stimme, unsere Intuition, wenn wir ihr wieder zu vertrauen beginnen. Kreativität hilft uns dabei. Tatsache ist, dass wir die Gelegenheiten für die Antworten auf Fragen, die uns wichtig sind, überall finden. Die Kunst ist dabei nur, die Signale und Zeichen wahrzunehmen und ihnen auch zu trauen. Vielleicht würden wir uns diese Fragen nie stellen, wenn uns das Leben nicht wohlmeinend dazu einladen würde.

Wer sich ständig Fragen darüber stellt, was ihn begeistert und fasziniert, findet auch Antworten. Nach und nach wächst die Begeisterung und das lauwarme Dasein schwindet. Die Freude im Leben, die auch Ihr Umfeld inspiriert, wächst. Mut, Kraft und Begeisterung strahlen wie Lichter im Dunkeln! Das wirkt auf die meisten Menschen anziehend.

Außerdem ist Leidenschaft die Grundlage für Kreativität und diese wiederum zeigt Ihnen, welcher Berufung Sie folgen sollten und welche Potenziale in Ihnen stecken.

Wer sich nur über Leistung definiert, gerät in Gefahr auszubrennen oder seine Bedürfnisse einfach zu vergessen. Opfer beklagen sich über schlechte Zeiten, miese Auftragslagen oder schlechte Moral. Manche sehen die Welt nur mit der Brille der Besorgnis. Sie fühlen sich handlungsunfähig und einem unbekannten Großen ausgeliefert. Manche verfallen sogar in Verschwörungs- und Machttheorien. Dabei fordert uns jede Krise dazu auf, einen Schritt über die Mauern der eigenen Begrenzung zu wagen und aus der eigenen Kreativität zu schöpfen. Doch das funktioniert nur mit Vertrauen! Und ohne Angst!

Es gibt verschiedene Fragen zu unterschiedlichen Themenbereichen, die Sie sich in Bezug auf Ihre persönliche Lebensbalance[27] stellen können:

Körper & Gesundheit: Eine stabile Balance zwischen Spannung und Entspannung und Kraft, Beweglichkeit und Ausdauer ist die Grundlage des physischen Wohlbefindens. Fragen Sie sich:
– Wie fit und gesund fühlen Sie sich?
– Wie ist Ihr Verhältnis zwischen Spannung und Entspannung, Bewegung und Ruhe?
– Welche typischen körperlichen Stresssymptome bemerken Sie an sich?
– Woran erkennen Sie, dass etwas Ihnen körperlich zu viel wird?
– Wie viel Zeit nehmen Sie sich ganz bewusst für sich selbst und Ihre körperliche Fitness pro Woche?
– Welche Möglichkeiten der Entspannung nutzen Sie bewusst?
– Welche Therapien oder Gesundheitschecks wollen Sie in der nächsten Zeit anwenden?
– Wenn Sie könnten wie Sie wollten, was würden Sie am liebsten für Ihre Gesundheit verändern?

Arbeit & Leistung: Der Beruf ist ein wichtiger Baustein der Identität und des persönlichen Ausdrucks in der Welt.
– Sehen Sie Ihren Beruf als Aufgabe, als Berufung oder als Belastung?

- Was macht Ihnen an Ihrem Job wirklich Spaß?
- Was können Sie an Ihrer inneren Einstellung zur Arbeit verändern?
- Gibt es Dinge, die Sie delegieren oder verändern können? Welche?
- Wie belohnen Sie sich, wenn Sie etwas ganz toll gemacht haben?
- Wie gehen Sie mit Misserfolgen um? Suchen Sie nach einem Lerngewinn in Ihren Misserfolgen?
- Welche ungenutzten Potenziale wollen Sie vermehrt aktivieren?

Familie & Kontakt: Ein Gleichgewicht zwischen Geben und Nehmen, zwischen Pflicht und Lust, zwischen Wahrhaftigkeit und Verlässlichkeit lässt langfristige Bindungen entstehen.
- Wie fühlen Sie sich in Ihren Beziehungen?
- Lassen Sie gerne alles beim Alten oder lassen Sie Veränderungen zu?
- Durch welche Gewohnheiten vernachlässigen Sie Beziehungen?
- Bei wem können Sie so sein, wie Sie sind, egal wie es Ihnen gerade geht?
- Wen haben Sie in den letzten Monaten vernachlässigt, mit wem den Kontakt wenig gepflegt?
- Wem könnten Sie wieder einmal sagen, wie viel er/sie Ihnen bedeutet?

Sinn & Kultur: Innere und äußere Entwicklung müssen Hand in Hand gehen.
- Was macht Ihnen in Ihrem Job, aber auch privat besonders viel Freude und Spaß?
- Womit können Sie Ihre Batterien wieder auftanken, was gibt Ihnen Kraft?

- Mit welchem Verhalten verhindern Sie Ihre Lebensfreude?
- Welche Werte haben in Ihrem Leben einen hohen Stellenwert?
- Wenn Sie im Alter auf Ihr Leben zurückblicken, was wollen Sie erlebt, geschaffen oder verwirklicht haben?

Eine aufrichtige Konfrontation mit diesen Fragen und mit sich selbst setzt augenblicklich Transformationsenergie, das heißt die Energie setzt Bewegung in Gang, frei. Dabei spielt eine wertschätzende Atmosphäre allerdings eine wichtige Rolle. Wer sich selbst mit all seinen Fehlern liebevoll annimmt, beginnt sich selbst mehr zu lieben. Perfekt und fehlerfrei werden wir nie und das ist gut so, denn das Leben ist nicht vollkommen.

Das Geheimnis der Entwicklung – Es liegt an uns, mutiger zu werden!

Alles, was geschieht, ist sinnvoll und dient unserer Entwicklung. Der Weg zur Ganzheit fordert von uns eine gewisse Kraftanstrengung und die Bereitschaft, vertraute Denkgewohnheiten aufzubrechen und Prioritäten neu zu ordnen. Den meisten fällt es schwer, die Gültigkeit unserer Konzepte von Vergangenheit, Gegenwart und Zukunft zu verändern. Manchmal hindert uns die Angst vor einer neuerlichen Wiederholung des Misserfolgs. Wir denken dann: „Es könnte uns ja wieder dasselbe passieren!" Doch das stimmt nicht.

Wir sind angehalten, unsere Bewertungen von gut oder schlecht über uns und über andere aufzugeben. Wir halten nämlich das Vergangene mit unseren Bewertungen fest, nähren es sogar mit Energie, indem wir die inneren Bilder immer wieder durch unseren Kopf ziehen lassen. So bleiben Bilder und Emotionen erhalten. Begegnen wir Personen, die mit unseren vergangenen Illusionen verbunden sind, taucht das gesamte Spektrum der Gefühle wieder in uns auf und der Kreislauf beginnt von neuem. Alles, was passiert, passiert im Jetzt und in diesem Augenblick.

So wie bei Romy, die nach außen selbstbewusst wirkte, sich aber durch Kritik so sehr aus der Bahn werfen ließ, dass sie sogar verärgert auf sich und auf andere reagierte. Ihr war aus logischer Sicht klar, dass Kritik für sie durchaus hilfreich sein und auch einen Vorschlag zur Verbesserung beinhalten könnte. Doch sie erlebte Kritik als herben Angriff auf sich selbst. Romy wollte also mit ihrer Logik alles Unangenehme wegwischen, indem sie sich selbst mit Erklärungen zu beruhigen versuchte. Doch ihre Empfindungen ließen sie nicht zur Ruhe kommen. Immer wieder tauchten dieselben Gedanken auf. Dadurch fühlte sie sich schlecht und minderwertig. Ja, sie wertete sich sogar selbst ab. Erst als sie ihre Gefühle wirklich ernst nahm und sie sich diese bewusst machte, erfuhr sie den tieferen Grund ihrer Unsicherheit. Sie nahm den Ruf ihres Körperempfindens ernst und ging tiefer in das sich sowieso durchsetzende Gefühl. In ihr tauchten die Bilder und Geschichten ihrer Kindheit auf, in denen sie barsch und brüsk zurückgewiesen worden war. Sie umarmte innerlich ganz liebevoll ihr kleines Kind und damit auch das mit dem Bild verknüpfte Gefühl. Sie gab dem Prozess so lange Zeit, bis sie deutlich merkte, dass sie sich auch mit den Gedanken an die Kritik versöhnen konnte. Die Erleichterung und die Ruhe bestätigten ihr, dass sie künftig die *Signale ihres Körpers* in dem Moment, in dem sie sich in Form von starken Empfindungen bemerkbar machen würden, sofort ernst nehmen würde.

Der jetzige Augenblick, der Moment, das *Jetzt* sind die einzigen und richtigen Zeiten, sich mit dem auszusöhnen, was wir in uns tragen, erlebt oder übernommen haben. Der Familientherapeut Bernd Hellinger meint dazu, dass Hass stärker bindet als Liebe. Ich meine, jede Emotion zu unserem Erlebten, die nicht liebevoll angenommen wurde, hindert uns daran, frei zu leben. Dann tragen wir die Rucksäcke unserer Erfahrungen mit uns herum. Manche tragen eine solche Last, das heißt die Rucksäcke sind so schwer, dass sie geradezu mit hängenden Schultern herumschleichen. Andere wiederum versperren ihr Herz und fühlen sich dadurch ständigem Druck ausgesetzt und wieder andere verengen den Blick auf das Schöne und Positive im Leben, sodass sie durch die selbst angelegten Scheuklappen wie die Pferde nur mehr den Blick nach vorne riskieren. Dabei ist das Einzige, was uns leicht und lebendig macht, die natürliche Neugierde, die Unschuld und die Freiheit, die wir als Kinder gefühlt und erlebt haben. Es geht darum, morgens wie ein Baby aufzuwachen, ohne den Blick in die Vergangenheit oder Zukunft zu wenden, spontan und mit einem Gefühl der Neugierde, des Erstaunens die Angebote des Lebens anzunehmen, um dem Tag zu begegnen. So bleiben wir wach für den Moment, meint Jeff Foster[28]. Leiden und Trennung, insbesondere auch der Tod, scheinen nur dazu da zu sein, damit wir erkennen, dass alles ist, wie es ist. Das alles passiert, so ist, wie es zu passieren hat. Dass das Leben lebendig ist, so wie es immer schon lebendig war.

Manchmal suchte ich geradezu nach bedauernden Worten, dem Mitgefühl der Mitmenschen oder zumindest dem Verständnis für meine Schmerzen. Mein Ego hielt im Grunde danach Ausschau, gestreichelt und liebkost zu werden. Dadurch wollte ich mir die Legitimation für mein „Armsein" holen und gleichzeitig eine Bestätigung für meine eigenen Ausreden. Ich glaubte, mich damit auch ein Stück weit aus der Verantwortung entlassen zu dürfen, weil mir die Angst erhalten blieb und ich mich hinter ihr so gut und leicht verstecken konnte. Übertriebene Angst vor der Zukunft hatte ich ja genug. Damit machte ich mir das Leben zum Feind, sperrte es aus, statt es mir zu meinem Verbündeten zu machen.

Es liegt an uns selbst, mutiger zu werden und aus der Opferrolle auszusteigen. Vertrauen erwächst aus dem Glauben der Einheit, aus der Erkenntnis, von einer unsichtbaren Ordnung geführt zu sein, aus dem Wissen, geliebt zu werden. Dann fühlen wir uns beschützt, geborgen, genährt und getragen von der Lebensenergie. Wir empfinden uns nicht länger als ein vom Rest der Welt getrenntes Ich. Vielmehr erfahren wir uns als in ein Ganzes eingebettet. Denn alles ist, so wie es ist, in Ordnung, alles ist richtig! Wir haben es selbst in der Hand. Unser eigenes grenzenloses Potenzial finden wir im Spiegel des Geistig-seelischen, nämlich wenn wir denken und fühlen. Wir erkennen darin unsere Größe und Weite, so wie wir wirklich sind. Wir begreifen, dass wir Teil eines Ganzen sind. Aus diesem Wissen entsteht die Herzensqualität des Vertrauens. Sie verändert die Einstellung zu uns selbst und zu den anderen. Sie nimmt ein *Ich* wahr, das jeden Morgen erwacht und sich daran erinnert, hier zu sein, dankbar, mit dem Gefühl des Erstaunens, der Verwunderung für das Leben, so wie dieses eben ist. Zufrieden und präsent für alles das, was ist und selbstverständlich auch dafür, was nicht ist. Erst die Begegnung mit dem Selbst erlaubt eine echte Begegnung mit den anderen.

Als ich mir selbst begegnete, begannen auch meine Begegnungen im Außen tiefer und verbundener zu werden. Menschen, die ich von früher her kannte und von denen ich dachte, dass wir einander gut kennen würden, wichen aus meinem Leben. Andere fanden einen festen Platz in meinem Herzen. Ihnen konnte und durfte ich mich öffnen, selbst dann, wenn ich mich schwach und klein fühlte. Unsere

Herzen verbanden sich und ließen mich vergessen. Eigentlich sollte ich ja auf der Hut sein, damit ich nicht wieder verletzt werden würde! Letztlich war das alles ein Resultat einer beständigen Arbeit an mir und mit mir selbst. Wir vertrauten einander und dieses Vertrauen lehrte mich, noch mehr davon zu leben, mich noch mehr zu öffnen.

Früher traute ich mich nicht, mein wahres Ich zu „zeigen". Vor allem fiel es mir schwer, meine Schwächen, meine Hilflosigkeit preiszugeben. Heute wage ich, mich vertrauensvoll zu öffnen und erkenne dadurch, was ich mir lange Zeit selbst genommen hatte. Auch Nähe konnte ich nur schwer zulassen, weil mir mein Leben und meine Arbeit, meine Vorstellung von Erfolg und Frau sein, einfach mein Fühlen, es mir nicht erlaubt hatten. Ich musste funktionieren und stark sein. Ich dachte, in die betriebsame Geschäftswelt passen keine „Herzensduselei" und auch keine Gefühlsschwankungen.

Gefühle ausdrücken oder aussprechen zu können benötigt mehr Zeit, mehr Worte und viele Menschen, die zuhören können. Zeit, die in Unternehmen und ihrer übertriebenen „meeting- und termingeschwängerten" Welt keinen Platz hat, weil Druck, E-Mails und Aufgaben den Arbeitstag bestimmen. Kurz, knapp und dazu auch noch prägnant sollten die Antworten sein, denn mehr Raum gibt es nicht in der modernen Businesswelt.

Herzenssachen hingegen gehen eine Verbindung mit dem Du ein. Sie lassen sich aber nicht in fünf Sätze pressen. Denn Gefühle und menschliche Bedürfnisse erlauben es nicht, in wenigen Minuten abgehandelt zu werden, damit dann wieder zur Tagesordnung zurückgekehrt werden kann. Aus und erledigt! Kein verbindender Gefühlsausdruck, keine Liebeserklärung der Welt ist überzeugend, wenn sie zwischen „Tür und Angel" gemacht wird. Mit Druck lassen sich Gefühle eben nicht äußern. Sie benötigen Zeit und Raum.

Ganz der jeweiligen Empfindung angemessen. Durch die Zeitknappheit und den Druck verlieren wir uns selbst, aber auch die anderen. Nicht selten bemerken wir dann völlig überrascht oder viel zu spät, dass der andere, die Kollegen, die Geschäftspartnerinnen komplett ausgebrannt und leer neben uns arbeiten.

Längst wäre unsere Hilfe, unser Gespräch oder eine andere nützliche Geste der Menschlichkeit angezeigt gewesen. Doch wir waren mit uns selbst beschäftigt und hatten dabei nicht einmal einen realen Kontakt zu uns selbst. Wir haben unser Ego genährt, wollten mehr Geld am Konto, ein schnelleres Auto und von allem mehr und mehr. Jagten dem Status, mehr Glück oder einem höheren Selbstwert hinterher. Wir wollten glänzen und scheinen und dachten immer nur: ich, ich, ich!

Als angestellte Personalentwicklerin eines Textilunternehmens wollte ich mich ganz groß beweisen. Einzig mein Wollen war es, das mich daran hinderte, sofort auszusteigen, einfach auf mein Innerstes zu hören. Ich litt Höllenqualen ob der unmenschlichen Firmen(un)kultur. Meine Intuition, die ja bekanntlich im „Bauch" beheimatet ist, fand in dieser Zeit keinen Weg durch mein verschlossenes Herz in mein Bewusstsein. Die Ratgeberstimmen, die mich oft warnten oder auf etwas hinweisen wollten, konnten nicht durchdringen. Der Kontakt zu meinen Quellen der Lebensfreude versiegte und beinahe schien mir die Geschäftswelt als eine Welt der zielorientierten, faktengesteuerten „Zombies", die sich selbst nicht erleben und wahrnehmen konnten. Welch ein Bild! Ich mitten drin! Keine Zeit für echte Begegnung. Kaum Raum für Kreativität! Oder gelingt Kreativität, wenn man mit dem Bearbeiten der Aufgaben auf den „To-do-Listen" beschäftigt ist? Wenn einem der Zeitdruck im Nacken sitzt oder der nächste Termin schon überfällig ist? Nein! Wirklich nicht.

Die Dinge veränderten sich aber für mich. Das Leben und die Geschäftswelt, in der ich mich heute bewege, sehe ich aus einem ganz anderen Blickwinkel. Menschlichkeit und Zeit für die Bedürfnisse anderer erkenne ich als Ressource und Energiequelle für Mensch und Unternehmen, und für mich.

Unsere erlebte Welt spiegelt unsere geistig-seelische Wirklichkeit wieder. Den Weg, auf dem wir unsere Wirklichkeit erleben wollen, finden wir auf der Ebene des Geistes, unserer Gedanken und unserer Vorstellungen. Denn der Geist ist stärker als die Materie! Daher beginnt eine glückliche Zukunft zuerst im eigenen Inneren. Viele orientieren sich nur an der Materie und beschäftigen sich dabei nur mit einem Milliardstel der Wirklichkeit. Dabei hätten wir großen Einfluss auf das, was wir erleben, wenn wir glauben könnten, wie sehr der Geist die Materie formt.

Ich will Sie einladen, sich viel mehr aus der Intuition leiten zu lassen. So kann sich auch in der Geschäftswelt viel verändern, wie ich Ihnen anhand des folgenden Beispiels zeigen möchte.

Horst wirkte eher arrogant. Als er zum Abteilungsleiter befördert wurde, stand er vor der Herausforderung, ein wertschätzenderes Verhältnis mit seinen Kollegen aufbauen und die angestauten Konflikte im Team bewältigen zu müssen. Seine Aufgabe schien ihn aber vorerst zu überfordern. Herzrasen und Schlaflosigkeit machten ihm zu schaffen.

In jedem Versuch, „jemand" zu sein, werden wir so schwer und so ernst. Dabei könnte uns mehr Leichtigkeit helfen, uns wirklich im Augenblick und im Jetzt wahrzunehmen, ohne so sehr danach Ausschau halten zu müssen, mehr als ich selbst zu werden. Mit dem Wissen, ganz wie im Innen so im Außen, können wir beginnen, unserem im Inneren angelegten Original näherzukommen. Wir können vertrauen, dass sich in der Freude, in der Glut und der Begeisterung unser wahres Wesen zeigt, wirklich da ist.

Spontan und lebendig und so großartig, in der Einfachheit des Seins.

Horst schaffte es und beschrieb seine Entwicklung folgendermaßen: „Ich bin emotional reifer geworden. Heute vertraue ich bei meinen Entscheidungen auf mein Bauchgefühl, früher wäre ich umgefallen, wenn andere mein Gefühl belächelt hätten. Heute habe ich den Mut, zu mir selbst zu stehen. Ich lobe mich und andere dafür, wenn sie ihrer Intuition trauen. Durch meine Veränderungen und das wachsende Vertrauen wurden wir zu einer Vorzeigeabteilung. Die Stimmung und die Produktivität sind seither großartig."

Sechs-Punkte-Programm zu Leichtigkeit und neuen Perspektiven

Wer mutig sein möchte, kann seine Lebensenergie in einem *Sechs-Punkte-Programm* wieder zurückerhalten und dadurch Erleichterung und neue Perspektiven finden.

1. *Lernen Sie aus Ihrem Erlebten!* Denken Sie, dass es das Leben schon sehr hart mit Ihnen meint? Fühlen Sie sich in einer Umbruchphase alleingelassen? Oder haben Sie den Eindruck in einer Wendezeit festzustecken, die hart an Ihre Grenzen geht? Was Ihr Schicksal, Ihre Erfahrung Sie lehrt, ist nicht immer gleich zu erkennen. Nutzen Sie die Chance, die Ihnen das Leben schenkt! Finden Sie die *Perlen aufgrund Ihrer Erfahrungen*, tanken Sie Kraft im Ausruhen, im Zurücklehnen und Reflektieren, um wieder stark auf eigenen Beinen stehen zu können.

2. *Gewinnen Sie Ihre Lebenskraft zurück!* Fühlen Sie sich belastet? Kennen Sie das Gefühl, erfolgreich sein zu müssen, damit Sie Ihre Träume verwirklichen können, und diese Verwirklichung dann doch nicht schaffen, weil Sie regelmäßig knapp vor dem Ziel scheitern? Plagen

Sie körperliche Symptome? Fehlt Ihnen eine glückliche Beziehung? Oder bekommen Sie trotz Anstrengung den ersehnten Job nicht?

Manchmal sind es blockierte Energien oder hemmende Überzeugungen, die uns daran hindern, Lebensfreude voll zum Ausdruck bringen zu können. Denn dort, wo es nicht leicht ist, sind wir auch nicht in Harmonie mit uns selbst. Nehmen Sie einfach einen Stein oder ein anderes Symbol der Schwere und lassen Sie die Sorgen dort hineinfließen. Lassen Sie Ihre persönlichen *Mühlsteine, Lasten und Blockaden* los und „entsorgen" Sie Ihre symbolischen „Helfer" in der Natur oder in einem Fluss. Dadurch gewinnen Sie das Gefühl des Glücklichseins wieder. Statt sich mit Ängsten und Problemen zu plagen, finden Sie Erleichterung.

Befreien Sie sich von „Was wäre, wenn"-Fragen und richten Sie sich auf Ihre Ziele und Ergebnisse aus. Gehen Sie dabei Schritt für Schritt vor! Suchen Sie Lösungen in schwierigen Situationen, denn das gibt Kraft, emotionale Stabilität und mentale Stärke. Vertrauen Sie Ihrer inneren Führung! Denken Sie in größeren Dimensionen. Lassen Sie los, was sich erledigt hat, so richten Sie sich auch spirituell aus.

3. *Punkten Sie mit Ihrer Sprache!* Neigen Sie dazu, sich und andere negativ zu bewerten? Fällt es Ihnen schwer, in Ihrem Leben positive Gedanken zu finden? Oder fühlen Sie sich als Opfer der Umstände, die Sie gerade erleben? Negative Gedanken und Sprachmuster bremsen Ihre Seele und hindern Sie am Vorwärtskommen. Negative Gedanken wirken wie Gift auf Sie und Ihr Umfeld. Jede Negativität lenkt Sie von Ihrem Ziel ab. Vielleicht fragen Sie sich: „Aber wie denn, wenn in meinem Geschäft oder meinen Beziehungen alles drunter und drüber geht?"

Es gibt eine Antwort: Indem Sie ganz einfach versuchen, Ihre Gedanken zu steuern und damit Ihre Sprache zu ändern. Durch die Kraft Ihrer Gedanken wurde Ihnen freier Wille gegeben. Sie entscheiden selbst, ob Sie Gedanken der Angst oder Freude, Hass oder Liebe zulassen, ob Sie positiv oder negativ denken. Erkennen Sie, welche Bewertungen in sich zu Ärger oder zu Wut führen, machen Sie den Schritt nach vorne und ändern sie diese. Damit ziehen Sie Positives an. Sie sprechen und ernten auch, was Sie denken. Dabei haben kleine Änderungen große Wirkung.

4. *Söhnen Sie sich mit Ihrem Familiensystem aus!* Kennen Sie das Gefühl, anderen mehr Kompetenz und Macht zu geben als sich selbst? Dadurch arbeiten Sie viel für andere, wenig für sich und verlieren den Spaß. Obwohl Sie sich als kraftvoll und lebensfroh bezeichnen, plagen Sie Depressionsschübe, die Ihnen die Luft zum Atmen nehmen? Oder suchen Sie krampfhaft nach Anerkennung? Machen Sie Familientreffen eher traurig als glücklich? Gibt es schwere Schicksalsschläge in Ihrer Ursprungsfamilie? Oder nagt ein unausgetragener Konflikt in Ihnen?

Hilfe für die Seele existiert, wenn Sie mit dem System, das Sie bewegt, ausgesöhnt sind. Wenn Sie erkennen, dass Sie Eigenschaften „wiederholen", die Sie eigentlich ändern wollen. Heilung entsteht dabei in mehreren Schritten:

Im Würdigen und Einbeziehen aller Personen, auch wenn sie schon verstorben sind. Denn der starke Strom des Lebens fließt von Generation zu Generation.

Im Anerkennen und Aussöhnen mit dem, was als schmerzlich erlebt wurde. Erneuern Sie Bindungen und Beziehungen und das Leben wird Sie tragen, Sie können wieder Glück erleben.

Im Vergeben liegt Kraft, Frieden und Dynamik für Ihre neuen Ziele und dies gibt Ihnen die Leichtigkeit, jede Richtung einzuschlagen, die Sie wollen.

5. *Finden Sie das Bedeutsame für sich!* Sind Sie in Ihrem Beruf glücklich? Machen Sie beruflich und privat das, was Sie gerne tun? Können Sie das ausdrücken und tun, was Ihnen wirklich Freude macht?
Finden Sie heraus, welche Werte Ihnen in Ihrem Tun Sinn und Motivation geben, was Ihnen wertvoll und wichtig ist. Denn Werte leiten Sie und geben Ihnen Klarheit. Sie helfen Ihnen zu finden, was Sie wollen und sich von Ihrer Zukunft wünschen. Wenn Ihnen Ihr Leben, Ihr Beruf keine Freude machen, leben Sie sehr oft gegen Ihre Werte. Ein wichtiger Gradmesser ist dabei die Leichtigkeit beim Tun und Ihre Begeisterungsfähigkeit. Sie finden die Ausrichtung, die Sie brauchen, damit sich Ihre Wünsche im Außen manifestieren können. Finden Sie, was bedeutsam für Sie ist.

6. *Trauen Sie sich, Sie selbst zu sein!* Finden Sie es inspirierend und kribbelnd, wenn Menschen vor Energie strotzen? Wenn sie sich selbst zum Ausdruck bringen und das tun, wofür sie alle Gaben und Talente bekommen haben? Frei von Angst ihre wirklichen Potenziale leben? Das ist möglich. Suchen Sie Ihre Berufung! Weniger im Denken, sondern mit allen Sinnen. Entdecken Sie, was durch Sie in die Welt kommen möchte. Ihr Herz ist dabei der Schlüssel für Ihre wahren Talente. Trauen Sie sich, Ihren Verstand mit Ihren Gedanken auszuladen und der Stimme Ihres Herzens zu folgen!

Sensibler Umgang mit Sprache und der Ehrlichkeit

Wer weiß schon, wo er steht? Und wenn er glaubt, sein Ziel zu kennen, kann er sich trotzdem auf Abwegen befinden, denn die Verlockungen und Scheinwerte, denen wir nachlaufen, sind vielfältig und zahlreich. Für sie verlassen wir manchmal unseren Herzensweg, um später feststellen zu müssen, dass wir doch einen Umweg genommen haben.

In unserer geschäftigen Welt bleibt uns nicht immer die Zeit, uns mit uns selbst zu beschäftigen. Der Alltagstrubel hält uns davon ab. Zwischen Arbeit und Verpflichtungen, zwischen Freizeit und Freunden nehmen wir uns nur selten Zeit, um wirklich in uns hineinzuhorchen. Wir kümmern uns nicht um die eigene Seele. Vielleicht aus Angst, uns alleine in den Tiefen der eigenen Seelenlandschaft zu verlieren. Doch oft bleiben die Zugänge zum eigenen Ich, jene Quellen, aus denen wir uns stärken können, verborgen. Zwischen Aktion und Handeln bedarf es der Mußestunden, in denen wir unserer inneren Stimme Gehör verschaffen.

Vielleicht wäre es wirklich viel öfter notwendig, uns radikal unseren innersten Ängsten zu stellen. Das Wort radikal stammt vom Lateinischen „radix" und bedeutet wörtlich „zu den Wurzeln, an die Substanz gehen".

Früher kannte ich keine Sorgen und Ängste. Ich strebte Unabhängigkeit und Zugehörigkeit gleichermaßen an. Mut war die Devise, an der ich mich ausrichtete. Ja, manchmal war ich intolerant, bewertete ängstliche Menschen negativ und belächelte sie sogar. Ich tat so manches, um mir meinen Mut zu beweisen. Ich sprang mit dem Fallschirm aus einem Flugzeug, suchte in Höhlen nach etwas Interessantem und tauchte in die Tiefen des Meeres, um das Gefühl der Leichtigkeit und der Schwerelosigkeit zu genießen, oder unterzog mich einer schamanischen Einweihung in Kuba. Dabei bemerkte ich nicht, dass ich damit tiefe Ängste verdrängte und mit Aktivität überdeckte. Hatte ich genügend Gelegenheiten, mich meinen Ängsten zu stellen? Vielleicht gab es da einige Angebote, Hinweise, Signale, doch die wollte ich damals nicht wahrnehmen. Sicher war die Wahrhaftigkeit mir selbst gegenüber etwas, das ich zu lernen hatte. Nach meinem Unfall taten sich mir viele Gelegenheiten auf, wahrhaftig zu werden. Mehr als mir lieb waren. Ein weiterer Prozess der Erkenntnis und der Schulung meines Geistes begann.

Sehr oft halten wir die Vergangenheit mit Worten fest. Wenn wir zum Beispiel sagen: „Ich habe", „Ich bin", „Ich erlebe", verknüpfen und verankern wir uns mit der Situation noch intensiver. Die Art und Weise, wie wir unsere erlebte Situation bewerten, bestimmt, wie wir uns fühlen und ob wir glücklich und froh sind oder uns als Opfer, als arm betrachten. Wir identifizieren uns mit unseren Gefühlen und verstärken sie mit unserem Empfinden. Dadurch erhöht sich die Schönheit, aber auch die Hilflosigkeit, je nach dem, was eben da ist.

Stellen Sie sich vor, Sie könnten Ihr Erleben von außen betrachten, so als würden Sie sich selbst in einem Kinofilm zusehen. Statt zu sagen: „Ich bin unglücklich", können Sie zu Ihrem eigenen Beobachter werden. Sie könnten es dann so ausdrücken: „Ich sehe Unglück und erkenne eine Traurigkeit. Ich bemerke, dass Druck auf meinen Schultern lastet." Als Beobachter würden Sie zwar spüren, aber sich selbst viel weniger mit den Empfindungen identifizieren, weil Sie nicht so stark in die Situation involviert sind. Sie werden mehr Abstand von Ihren Problemen bekommen, wenn Sie „nur" beobachten. Sie werden weniger Energie dorthin lenken, wohin Sie es eigentlich gar nicht wollen. Dann wird es Ihnen auch leichter fallen, eine größere Distanz aufzubauen.

Eine Freundin erzählte mir einmal, immer wenn sie das Lied „I did it my way" hörte, spürte sie regelmäßig intensive Rührung, Traurigkeit bemächtigte sich ihrer und ein tiefer Seelenschmerz tauchte auf. Oft dauerte diese Rührung lange an und irritierte sie selbst und auch ihr Umfeld. Inspiriert von der Idee des Beobachtens begann sie, ihre Emotionen mit Abstand zu betrachten. Sie begann, sich und ihre Gefühle einfach wahrzunehmen und festzustellen: „Oh, es ist Rührung da!", „Aha, jetzt taucht Traurigkeit auf!", „Mmh, interessant, jetzt empfinde ich Gelassenheit." Je mehr sie ihre Gefühle mit Distanz beobachtete, sozusagen wie eine Fremde, die von außen zusieht, umso schneller verschwanden die traurigen Gefühle und Entspannung stellte sich bei ihr ein.

Ich selbst habe diese Methode sehr oft in der späteren Zeit meiner Regeneration, zur Behandlung von Schmerzen jeder Art ausprobiert. Siehe da, der Schmerz verlor genauso seine Heftigkeit. Statt zu denken „Ich habe Schmerzen", teilte ich mir beobachtend mit: „Es ist Schmerz da." Denn es kommt immer auf das „haben" an, und darauf, dass sich das Ich mit den erlebten Gefühlen ganz und gar identifiziert. Mit der Distanz begann auch eine Veränderung des Empfindens und das erleichterte viele schwierige Situationen.

Lassen Sie sich beim Ausprobieren Zeit, testen Sie die Anwendungen ausführlich und erleben Sie dann, wie schnell die Traurigkeit, der Druck oder eine Depression verschwinden. Probieren Sie es aus, es lohnt sich. Sogar in den Worten „Ich hab dich lieb", steckt das Ich im Vordergrund. Während „Es fließt Liebe zwischen uns" wirkliche Liebe fließen lässt, frei vom Ego und vom Haben.

Das Herz offen lassen, wenn wir den Tatsachen ins Auge schauen

Marshall Rosenberg, Entwickler der gewaltfreien Kommunikation und der Sprache des Lebens hat eine bereichernde Form des Umgangs mit uns und anderen entwickelt. Im Mittelpunkt stehen Fairness und Gerechtigkeit in einer prozessorientierten Sprache. Dabei wird die Aufmerksamkeit auf die Gefühle und Bedürfnisse, die jeden Menschen motivieren, gelenkt. Die Hauptursachen für negative Stimmung, Ärger und Konflikte untereinander sind unsere Bewertungen. Das heißt, wir fällen ein Urteil darüber, was und wie andere etwas tun oder nicht tun: „Du bist ungenau", „Das machst du falsch", „Muss ich denn immer alles zweimal sagen?" Jene Werturteile, die eine moralische oder wertende Aussage über andere darstellen, sind das Herzstück „gewaltfreier Kommunikation".

Wer Schuldzuweisungen, Beleidigungen, Kritik, Vergleiche und festlegende Einschätzungen verwendet, unterstellt anderen Menschen, dass sie Unrecht haben oder „nicht okay" sind. Moralisch verurteilt wird, wer sich nicht gemäß den Wünschen des Verurteilenden verhält. Die entfremdende Art der Kommunikation basiert hauptsächlich auf Mustern, die von Emotionen aus der Kindheit gesteuert sind. Das Formulieren von Tatsachen und dabei die eigenen und anderen Bedürfnisse wahrnehmen zu können, ist die Kunstfertigkeit, die dieser Methode zugrunde liegt.

Wir haben vergessen, wie es geht, das Herz des anderen zu berühren.

Eine Steigerung dieser Misskommunikation ist, die eigenen Bedürfnisse nicht wahrzunehmen und dann auch noch lieblos mit sich umzugehen. Eine sehr effektive Form der Herabsetzung der eigenen Person besteht darin, darüber nachzudenken, was andere vermutlich über einen selbst denken könnten. Wer sein Leben besonders unangenehm gestalten will, sollte sich dafür viel Zeit nehmen. Weitere Behelfe, Verantwortung zu leugnen, sind die sprachlichen Formulierungen von „müssen" und „man" oder die Bezugnahme auf höhere Instanzen oder Autoritäten, denen wir glauben, uns unterordnen zu müssen. Damit schieben wir auch die Verantwortung für die eigenen Handlungen weg. Marshall Rosenberg nennt das gewalttätiges Verhalten sich selbst und anderen gegenüber.

Einer der Hauptgründe, weshalb wir so über uns denken oder reden, liegt im mangelnden Selbstwert und an einer sehr geringen Selbstachtung und Selbstliebe. Beurteilungen anderer geben vielen Menschen ein angenehmes Gefühl von Überlegenheit. Denn der eigene Selbstwert wird durch das Kleinmachen der anderen scheinbar gehoben. Wer sich selbst innerlich als „nicht gut genug" empfindet, muss gezwungenermaßen andere auch so beurteilen. Das verzerrte Selbstbild der modernen „Ich bin Mamas Liebling"-Generation, die sich sehr oft selbst überschätzt, leidet genauso an diesem Mangel, sich selbst nicht wert zu sein. Besonders dann, wenn Erfolge ausbleiben, die der verwöhnte „Sei Perfekt"-Typus voraussetzt.

Das Selbstwertgefühl ist nicht vom Applaus anderer abhängig. Ebenso wenig wie von Macht, Besitz und ständiger Selbsterhöhung. Das Selbstwertgefühl ist vielmehr ein „Sieg" über unsere inneren Bilder, über uns selbst und natürlich auch über andere. Es wird durch die Suche nach den eigenen inneren Werten und der Suche nach dem Sinn des Lebens gestärkt. Dadurch erhöht sich auch der Selbstwert.

Kopfarbeiter brauchen eine Herzenssprache

Alles beginnt im Kopf und zeigt sich unmittelbar in der Sprache. Nicht die Welt ist gut oder schlecht. Die Welt ist weder gut noch böse, sie ist, wie sie ist. Unsere eigene Einstellung zur Welt, zur Wirtschaft, die Bilder von uns selbst richten sich grundsätzlich nach Kategorien aus, beginnend mit gut und endend mit schlecht. Wir legen unseren eigenen Bewertungsfilter über das Handeln anderer und analysieren es.

Im Urteilen von Gut und Böse stecken starke Emotionen! Gedanken und Werte in unserem Kopf sind entscheidend für unsere Sprache und Handlungen. Sprache wird, besonders in Stress- und Drucksituationen, zum direkten Ausdruck unserer inneren Bilder. Wie ich also meinen „Zentralcomputer programmiere", so wird er auch „funktionieren". Verantwortung übernehmen ist das Credo für unser Denken, dann wird auch die Sprache nachziehen.

Menschen haben seit eh und je die Sprache völlig unterschiedlich eingesetzt. Durch sie haben sie andere dominiert. Viele Diktatoren waren exzellente Sprachtalente und haben es verstanden, Menschen durch Worte zu manipulieren und für eine Idee zu begeistern. Ein einziger Mensch kann die Grundstimmung in einem Land ändern. Am Beispiel des US-Präsidenten Obama zeigte sich, wie ein Mensch es schaffte, die Mehrheit der Menschen Amerikas durch seine Einstellung, seine Sprache, seine Tonlage, aber auch seine Menschlichkeit mitten ins Herz zu treffen und eine positive Stimmung zu erzeugen.

Die Lösung liegt daher im Erkennen und im Ändern selbstschädigender Sprachmuster. Dabei könnte man statt Gut und Böse auch hilfreich oder nützlich, förderlich oder brauchbar sagen. Damit nähme man die Bewertungen weg.

Sprache als Herzöffner

Wir alle stehen vor der Aufgabe, ein Menschenbild zu entwickeln, das förderlich und offen ist, das die Unterschiede als Möglichkeiten versteht und vor allem die Freude und die Begeisterung für das Leben in den Mittelpunkt rückt.

Leitende Angestellte in Firmen würden größere Fortschritte machen, wenn sie herkömmliche Ansichten zumindest einmal infrage stellen, ihre inneren Bilder ändern und weniger nur den Profit im Auge haben würden.

Jeder von uns sieht, versteht und interpretiert die Welt anders. Die meisten Menschen fragen sich nicht, wie es dazu kam, dass unerwünschtes Verhalten aufhört. Sie fragen sich nur, wie es angefangen hat.

Fünf Schritte für mehr Empathie sich selbst gegenüber:

1. Denken Sie an eine Situation, in der Sie sich auf eine Art verhalten haben, die Sie selbst als falsch und fehlerhaft empfunden haben und schreiben Sie die Umstände in Stichwörtern auf.

2. Untersuchen Sie nun genau, was Sie zu sich selbst gesagt haben. Welche verbalen Maßnahmen ergreifen Sie in einem solchen Fall? Wie sprechen Sie zu sich selbst? Erarbeiten Sie konkret und möglichst wortwörtlich Ihre diesbezüglichen Aussagen.

3. Achten Sie auf Beschuldigungen, Herabsetzungen, Anklagen (hätte, sollte, u.Ä.m.) und auf „Gewaltworte". Alle diese Maßnahmen gegen sich selbst basieren auf der gängigen, brutalen Art der Erziehung. Dahinter steht die Erziehungsidee, dass man sich selbst für seine Handlung missbilligen und für sie entschuldigen sollte, sozusagen als Voraussetzung dafür, sich dann ändern zu können. Das Ergebnis eines solchen Vorgehens ist jedoch nur ein Empfinden von Schuld und Scham, der fehlende Kontakt zu den eigenen Bedürfnissen und das Entstehen von Depressionen.

4. Ihr Ziel sollte es ab jetzt sein, Ihre gewalttätige Sprache sich selbst gegenüber durch eine lebenserhaltende und lebensverbundene Sprache zu ersetzen, frei von moralischen Urteilen und in Harmonie mit Ihren Bedürfnissen.

5. Fragen Sie sich also öfters, was Sie jetzt brauchen, damit es Ihnen gutgeht, nämlich genau in dieser Situation? Wie fühlen Sie sich im Augenblick des Geschehens? Wo stellen Sie dieses Gefühl im Körper fest? Schreiben Sie ein paar der Empfindungen auf.

Martin ist Leiter einer Abteilung mit 300 Mitarbeitern in einer Organisation. Er erledigt seine Aufgaben so gut es eben geht, korrekt und am selben Tag, damit sich nicht zu viel „Bürokram", wie er es nennt, auf seinem Schreibtisch ansammelt und ihm damit Stress erzeugt. Fast täglich muss Martin dann auch noch zu ungeplanten Meetings und Ad-hoc-Terminen. Das führt dazu, dass gesetzte Fristen nur mehr knapp eingehalten werden können. Erledigungen entsprechen nicht mehr seinem Wunsch nach „mach es perfekt!". Er bewertet eventuelle Versäumnisse als Schlamperei. Martin ist zu sich selbst sehr streng und sucht Fehler ausschließlich bei sich selbst. In seinem Kopf drehen sich die Gedanken ständig um „ich bin nicht genug, ich versage". Selbsturteile, die zu Stress führen, und ihn nur noch mehr und intensiver arbeiten lassen. Was denken Sie, wie er mit seinen Mitarbeitern umgehen wird?

Glauben Sie das, was wir denken, hat keine Auswirkungen auf unsere Sprache?

Wer mit sich selbst gnadenlos umgeht, tut es auch mit anderen. Wer sich selbst verurteilt, verurteilt auch die anderen. Vorwürfe und Formulierungen wie „immer", „nie", „schon wieder", „alle", „keiner" sind Ausdruck dieses eigenen inneren Dialogs. Der andere „hört mir nie zu", „kommt immer zu spät" sprudeln wie selbstverständlich aus unseren Gedanken, genauso wie „diesen Zusagen kann man einfach nicht trauen". Die Fälle, in denen so kommuniziert wird, erstrecken sich lediglich auf das Sich-Verteidigen oder Beleidigt-Sein. Leider sind die Möglichkeiten, vor allem aber die Zeit, in denen solche Missverständnisse ausdiskutiert werden sollten, äußerst rar. Nicht nur, dass in den meisten Unternehmen die Zeit fehlt, morgen stehen schon wieder andere Themen im Focus. Wen wundert es, wenn die Stimmung in den Unternehmen sinkt und der Hunger nach Respekt und Wertschätzung regelmäßig größer wird?

Lernen wir also die Sprache des Lebens und der Selbstverantwortung zu übernehmen. Schenken wir unseren Bedürfnissen Anerkennung, anstatt ständig fatalistisch die Opferrolle einzunehmen. Letztlich erleichtern wir es uns auch, die Bedürfnisse anderer anzusprechen.

Die Schule des Wünschens

Wir sind von Jugend an darauf trainiert, Wünsche, Hoffnungen und Erwartungen nicht offen anzusprechen. In unstabilen, aber auch unsicheren Situationen wird das jedoch zu einer Notwendigkeit.

Thies von Stahl[29] entwickelte auf Basis Rosenbergs die Schule des Wünschens. Zentraler Grundgedanke ist die Orientierung an der Zukunft. Nicht die Vergangenheit steht im Focus, sondern die Gestaltung der Zukunft. Statt Vorwürfen werden Wünsche geäußert, denn Wünsche sind verhandelbar und der Blickwinkel ändert sich automatisch in Richtung Zukunft. Vorwürfe dagegen werden meist mit Gegenvorwürfen beantwortet. Sie zielen auf eine Abwertung des anderen hin, während Wünsche den anderen ernst nehmen. Als Beispiel: „Wie oft muss ich Ihnen sagen, dass Sie die Korrespondenz nicht so chaotisch ablegen sollen!" Besser: „Ich wünsche mir eine geordnete Korrespondenzen-Mappe, in der Eingänge nach Datum und Alphabet gereiht werden." Verwandeln Sie daher Vorwürfe in Wünsche und machen Sie damit klar, was Sie benötigen.

Sprechen Sie Dinge konkret an. Formulieren Sie positiv oder neutral beobachtend, was bedeutet, dass Sie keine Negativformulierungen oder Verneinungen verwenden sollten. Formulieren Sie den Wunsch möglichst konkret und genau, sodass keine Missverständnisse möglich werden. Lernen Sie, einen Wunsch so zu formulieren, dass der Empfänger in der Lage sein kann, den Wunsch nach seinen eigenen Möglichkeiten zu erfüllen. Jede Beziehung wird dadurch entspannter und gelassener.

Auf positive Beziehungen bauen, sich als liebenswert erfahren

Die Alte und die Neue!

Was brennt in meinem Herzen? Was ist neu? Welcher Ordnung und welchen inneren Werten will ich folgen? Das Leben hatte mich zu einer Wandlung eingeladen. Das Herz musste es zulassen und die Regie übernehmen, nur der Verstand, der mich lange Zeit lenkte, fühlte sich unsicher und verwirrt. Es benötigte viel Zeit und eine gehörige Portion Lebensmut, bis das Wissen aus meinem Herzen das Gehirn erreichte.

Anscheinend war es auf der Suche nach den Kostbarkeiten meines Selbst notwendig, mein Leben auf null zu stellen. Mich selbst infrage zu stellen, mich zu überprüfen und achtsam zu hören, welche Zeichen ich nicht wahrgenommen hatte. Ich war gefordert, behutsam mit mir selbst und meinen Gefühlen umzugehen. Zu lernen und zu erinnern, mich wieder mit neuen Bildern auszustatten, dabei vorsichtig und gleichzeitig streng zu sein. Das sicherte ab, alte Fehler nicht noch einmal zu machen. Ich suchte das Helle und durchlebte dabei auch die Dunkelheit. Oberflächliche Pflaster reichten nicht angesichts der Härte der Lebenslektion. Ich wollte es daher genau wissen!

Ich hatte das Gefühl der „Unvollkommenheit" in einer perfekten Welt. Wollte mich verstecken, fühlte mich klein, schwach und unzulänglich. Durch meine Unvollkommenheit breitete sich in mir ein Gefühl des Minderwerts und der Bedeutungslosigkeit aus. Ich fühlte mich, als wäre ich in meine Einzelteile zerlegt und dann wieder neu zusammengebaut worden. Anscheinend bezog ich die meiste Anerkennung durch die Einflüsse von außen. Nicht in einem System eingebunden zu sein beziehungsweise durch plötzliche Einwirkung hinauszufallen und seine Identität zu verlieren, ist wohl eine der bedeutungsvollsten Erfahrungen von Menschen, ein alchemistischer Prozess. Daher suchte ich Halt, wollte wach bleiben und mit meinem Herzen abwiegen. Trotz meiner inneren schaurigen Gefühle wollte ich die Verantwortung niemals abgeben.

Viele Menschen zwischen zweiundvierzig und achtundvierzig Jahren gehen durch solche Krisen, in denen innere Anteile überprüft werden. Die Frage, worum es eigentlich geht, drängt sich in solchen Phasen des Lebens intensiver auf. Mit Mitte vierzig spüren wir vermehrt nach unseren Sehnsüchten und dem tieferen Wollen. Wir suchen einen sicheren Platz und verlässliche Lebenssituationen. Das Loslösen von gesellschaftlichen Normen scheint ein Lebensdrang zu sein, den ich mir damals besonders eindrucksvoll vor Augen führte. Wir sprechen von der berühmten Midlife-Crisis und meinen eigentlich die Suche des Individuums nach mehr, nach Sinn, nach Wert, nach Stabilität dessen, was wir bisher geschafft und erlebt haben. In Schulen, Universitäten, Fachhochschulen, sogar in der Familie werden wir auf diese

Art der Herzensbildung vielfach nicht vorbereitet. Ich nenne es eine Disposition unserer Zeit. Unsere Gesellschaft baut auf Wissen und Verstand auf, doch die Sehnsucht nach Gefühl und Wärme zeigt sich an den Symptomen unserer Zeit, den Krankheiten, den Krisen und den Scheidungen. Sie zeigt sich an der Vereinsamung und den traurigen Kindern und Jugendlichen, denen jeglicher Halt fehlt. Dass „etwas" anderes benötigt wird, nehmen viele wahr, doch eben nur intuitiv, im Bauch.

Veränderungen und Zeiten des Umbruchs lösen in uns tiefe Gefühle aus, die neu sortiert und in Balance gebracht werden wollen. Das Herz ist der Partner dieser Gefühle, es prüft, es filtert, es mixt Erfahrungen und Werte zusammen. Mit einer gut entwickelten Intuition finden Sie jene Sicherheit, die zu neuer Stabilität führt. Aus einer stabilen Mitte lassen sich auch einfacher klare Entscheidungen treffen.

Das Erlebnis, mich als liebenswert und intakt zu erfahren, unterstützte in dieser Zeit mein Partner und meine anderen positiven Beziehungen. Mein Mann war eine starke Stütze! Er war es, der mir niemals das Gefühl gab, ungenügend oder unvollkommen zu sein. Ungefragt nahm er meine Taschen, Koffer oder Haushaltsartikel, oder wartete geduldig, bis ich fertig war. Anfangs hatte ich ein echtes Problem mit meinen fehlenden Fingern. Ich versteckte sie gerne unter Handschuhen und meine Narben in langen Ellbogenschonern. Der Stoff gab mir Sicherheit und Schutz vor neugierigen Blicken, die ich zwar auch im Reha-Zentrum, aber mehr noch in meiner „alten" Umgebung wahrnahm. Er ermutigte mich durch seine liebevolle Zuwendung, indem er mein schwerfälliges Gehen oder das endlos dauernde Treppensteigen geduldig unterstützte. Die Treppen des Wiener Rathauses kamen mir noch nie so lang und steil vor, er trug mich beinahe, so fest am Arm haltend, duldsam

Stiege für Stiege hinauf, bis ich endlich oben ankam. Ohne auch nur den geringsten Vorwurf spürte ich die Liebe und Sorge, mit der er mein Unvermögen und meine Behinderung akzeptierte.

Lieber Wolfgang,
als unsere Liebe geboren wurde, sahen wir die Sonne im Herzen des anderen. Wir wärmten uns an unserem Lachen, tranken die Worte der Liebe und ließen das Glück füreinander leuchten. In meinen Tagen der Genesung warst du der Leuchtturm, an dem ich mich aufrichten konnte. Es gibt ein japanisches Sprichwort: „Falle sieben Mal, stehe acht Mal auf." Mir wurde in jenen Tagen klar, dass Aufstehen manchmal nur mit Unterstützung funktionieren kann.

Zaubern Sie Bilder in Ihr Gehirn und setzen Sie Glückshormone frei!

Wir machen uns unsere Bilder der Wirklichkeit!

Analysieren Sie Ihren Umgang mit sich selbst in Situationen, die Sie bisher als negativ beurteilt haben, nämlich an den inneren Bewertungen, die zu Ärger und Wut führen.

Wir haben bereits erfahren: Wie wir unser Gehirn trainiert haben, ist entscheidend und bestimmt den Inhalt der Sprache. Eigene Gedankenbilder, mit denen wir unser Gehirn täglich, stündlich, ja minütlich füttern, bilden die neuronalen Verschaltungen in unserem Gehirn. Dadurch werden die Nervenbahnen wie gut befahrene Straßen genutzt. Je öfter wir also inneren Bildern und Vorstellungen nachhängen, umso breiter werden die Pfade der nervlichen Verschaltungen, die durch Hormone gebildet werden. Da sich die Energie im Gehirn stets den leichteren Weg sucht, den Weg ohne Widerstand, funktioniert das perfekt. Was so viel heißt, dass das Funktionieren unserer Nervenbahnen von unseren inneren Bildern abhängt, die wir Menschen uns von den unterschiedlichsten Situationen unseres Lebens, vom Business, von allem Erlebten machen. Wie und wofür der Mensch sein Hirn benützt und welche neuronalen und synaptischen Verschaltungen im Gehirn gebahnt und gefestigt werden, darauf kommt es an. Über die fünf Sinne werden Signale aufgenommen, die Großhirnrinde „komponiert" ein inneres Bild. Diese Bilder werden im Archiv unseres emotionalen Zentrums, dem limbischen System, mit früheren Erfahrungen verglichen. Die Bewertungen der Bilder haben zur Folge, dass das Gehirn Botenstoffe, also Hormone freisetzt, die im gesamten Körper Reaktionen auslösen.

Bewertet eine Person sich selbst oder die Beziehung zu anderen als positiv, werden positive Visionen und Möglichkeiten gefunden werden. Konzentrieren wir uns aber auf Negatives, werden wir auch Negatives ernten. Von Angstbildern wissen wir, dass sofort Adrenalin produziert wird. In starken Verliebtheitsphasen werden im Körper bekannterweise Endorphine, unsere Glückshormone freigesetzt. Doch das sind nur zwei von vielen Botenstoffen im Körper. Sie bahnen sich ihren Weg im Gehirn wie durch ein Fischernetz.

In dunklen und turbulenten Zeiten oder auch in langen Stresszeiten wird unser Gehirn mit Stresshormonen quasi „zugemüllt". Oft dauern solche Zeiten lange, wochenlang, manchmal sogar Monate. Wir spüren das unangenehme Gefühl im Bauch, im Herzen oder im ganzen Körper. So von Stresshormonen überschwemmt, erinnern wir uns einfach nicht mehr daran, dass es einmal anders war. Gefangen in der manchmal selbst gewählten Perspektive, findet das Gehirn von selbst keinen Ausweg mehr. Die positiven Vernetzungspfade wachsen allmählich zu. Dann erinnern wir uns nur noch schwer an die tollen positiven Momente.

Die Macht der Bilder ist so groß, dass Gerald Hüther, Neurobiologe an der Psychiatrischen Klinik in Göttingen, dafür plädiert, dass „wir ernsthaft nachdenken sollten, wie wir künftig die inneren Bilder und nicht die Bilder uns bestimmen." Welche Herausforderung in unserer krisengeschüttelten Gesellschaft!

Momente des Glücks!

Die Erinnerung an meine schönsten Momente hielt ich immer schon in meinem Glückstagebuch fest. Darin zu lesen machte mich wach und lebendig.

Einmal, lange vor meinem Unfall, saßen wir in einem wunderbaren, liebevoll bepflanzten Garten. Die dicht wachsenden Kräuter, die vielen bunten, üppigen Blumen luden Wanderer zu einer Rast ein. Die Wanderung hatte uns müde gemacht. Wir waren an einer Biegung falsch abgezweigt und hatten fast zwei Stunden länger gebraucht als geplant. Doch die Schönheit der Umgebung und der Zauber der Wachau entschädigte uns. An jeder Lichtung begrüßte uns der Blick ins Donautal mit den gepflegten Weingärten und den strukturierten Hängen. Müde und gleichzeitig froh, nippten wir an einem erfrischenden Glas Weißwein. Köstlich mundete uns das Getränk und ließ unsere Anstrengungen und die Müdigkeit verschwinden. Der saftige Nusskuchen zauberte Bilder unserer Kindheit in Erinnerung. „Nur meine Großmutter hat es geschafft, solch eine Herrlichkeit aus Nüssen zu backen", kicherte ich und biss in den dick befüllten Teig mit der saftigen Nussfülle. Der schattige Garten und die herrlich blühenden Blumen ließen uns unsere Anstrengung vergessen. Das genussvolle „Mhhhh…" und die strahlenden Augen verrieten es: Wir waren rundum glücklich. Einer jener seltenen Glücksmomente!

Woher kommen die Bilder vom Glück, die Ihnen die unangenehmen Phasen des Lebens erhellen sollen? Vielfach durch unsere sinnliche Erfahrung.

Wer mit offenen Sinnen durch das Leben geht, öffnet sich auch für den Sinn, sagt Uwe Böschemeyer[30], Begründer der Wertimagination. Er meint, dass wir offen sein müssen für die Erfahrungen, die uns das Leben täglich schenkt. Offen sein für die bunten Perlen, die wir im Leben finden. Wir können diese aufnehmen und aufschreiben.

Sammeln Sie Glücksmomente, und zwar ein Leben lang! Je öfter, desto besser. Sie werden besonders in schwierigen Momenten entdecken, wie viel Kraft diese Schätze in sich bergen.

Beginnen Sie deshalb, Ihre Lebensschatzkiste zu füllen oder ein persönliches Schatzbuch zu schreiben:

- Sammeln Sie Dinge und Momente, die Ihnen Freude gemacht haben. (Fotos, kleine Symbole, Zeichnungen, …)
- Schreiben Sie Momente persönlicher Freude auf.
- Achten Sie auf Kleinigkeiten, das Lachen eines Kindes oder der Kassiererin im Supermarkt.
- Schaffen Sie sich Platz und Raum, Träume zu träumen und innere Bilder zu formen, die Sie dann notieren.
- Achten Sie auf Ihre Sprache. Drücken Sie Dankbarkeit und Wertschätzung aus, besonders jenen Menschen gegenüber, die Ihnen ganz nahe sind.
- Erweisen Sie jemandem Respekt. Ob es durch echtes Interesse oder durch eine Geste geschieht, bleibt Ihnen überlassen.

– Lassen Sie Ihr inneres Kind leben. Tun Sie einmal am Tag etwas Spontanes. Etwas, das Sie sich sonst eher verbieten. Geben Sie Ihrer natürlichen Neugier nach und entdecken Sie neue Facetten an sich selbst.
– Wagen Sie etwas auszuprobieren, auf das Sie immer schon Lust hatten.
– Legen Sie Listen an mit der Frage: Was mache ich großartig? Worauf bin ich stolz?

Helfen Sie sich und Ihrem Gehirn mit einem Trick. Stöbern Sie immer wieder in Ihrer Schatzkiste oder Ihrem Buch. Lesen Sie Geschriebenes, erfreuen Sie sich an Bildern und Gegenständen. Nehmen Sie sich Zeit und Sie erhalten damit Abstand aus Ihrer vielleicht schwierigen Situation.

„Die Tatsachen gehören alle zur Aufgabe, nicht zur Lösung", sagte einst Ludwig Wittgenstein. Er hatte recht. Dass wir in einer Welt leben, in der nicht alles so ist, wie es sein sollte, ist eine Tatsache. Doch sie ist nun einmal die einzige Welt, die wir haben. Menschen haben sie zu dem Ort gemacht, der sie ist. Menschen sind auch die Einzigen, die unser Erdenerleben ändern können. Die Macht der Bilder ist eine von vielen Möglichkeiten auf der Suche nach dem Glück. Die gewählte Perspektive kann uns helfen, ob die inneren Bilder in unserem Gehirn leicht oder schwer zugänglich sind. Wir entscheiden selbst, ob sie Stress erzeugen oder uns entspannen. Unsere Vorstellungen, unsere Bewertungen entscheiden, wie wir über Situationen denken. Denn es gibt ein erfülltes Leben, trotz vieler unerfüllter Wünsche.

Immer wieder fragen mich heute Menschen, die eine große Lebensveränderung durchleben, welche Möglichkeiten es gibt, aus ihrem Tief herauszufinden. Wenn dunkle Tage auftauchen, rate ich dann meistens zu einer Übung, die mir selbst unendlich viel positive Kraft vermittelt hat. Es ist eben das systematische Erforschen und Aufschreiben der eigenen erlebten Glücksmomente, unter anderem auch all jener Momente, die wir bereits in jungen Jahren, vielleicht sogar schon in der Kindheit, erlebt haben. Situationen, in denen wir Angst überwunden oder etwas Mutiges geschafft haben. Rufen Sie sich das, was Ihnen gelungen ist und worüber Sie sich am meisten gefreut haben, ins Gedächtnis. Schreiben Sie Ihre Erinnerungen in Ihrem Glücks- oder Erfolgstagebuch auf. Das klingt simpel, ich weiß! Die Wirkung ist jedoch enorm!

Noch während meines Krankenhausaufenthalts schrieb ich meine Erlebnisse auf. Sowohl die guten als auch die schlechten. Mein kleines Büchlein wurde auf der Vorderseite mit all meinen guten Erfahrungen gefüllt. Anfangs waren es nur Kleinigkeiten. Humorvolle Begegnungen mit meinen Therapeutinnen und wohltuende Berührungen. Diese waren etwas ganz Besonderes, da ich mich vier Wochen lang nicht bewegen konnte und meine linke Hand schon beim geringsten „Windhauch" reagierte. Jede gute Nachricht, Erfolge bei meinen Behandlungen, die ersten kleinen Schritte nach dem starren Liegen, sogar winzigste Momente in meinem Herzen, Augenblicke inneren Friedens, die zu dieser Zeit sehr selten waren, alles hielt ich in meinem Büchlein fest.

Von der Rückseite beginnend, schrieb ich die weniger positiven Gefühle, Empfindungen, Rückschläge und Ängste auf. Anfangs gab es davon noch sehr viele.

Das Schreiben schenkte mir eine enorme innere Erleichterung. Besonders die positiven Erlebnisse der vorderen Seiten machten mich sehr glücklich, während das Schreiben auf der „Rückseite" eher ein unangenehmes Gefühl auslöste.

Später und auch heute noch lese ich die aufbauenden Zeilen und bemerke immer wieder das enorme Glücksgefühl, das sich in mir ausbreitet. Eine gute Stimmung verscheucht rasch schlechte Gedanken.

Ein Eintrag während meiner Reha-Zeit, den ich trotz vollen Therapieplans schrieb, lautete:

Wie ein kleines Mädchen freue ich mich, dass ich meinen Arm nun höher heben kann. Ich schaffe es schon bis zur halben Schulterhöhe. Millimeter um Millimeter arbeiten wir uns vorwärts, meine Therapeutin, das elektrische Trainingsgerät und ich. Es geht viel besser als noch vor drei Monaten. Damals hing mein Arm wie eine „dicke Wurst" bewegungslos neben meinem Körper herab. Die neun kapitalen Brüche, besonders jene an der Speiche, Elle und im Handgelenk, scheinen nun völlig durchzuheilen. Die zischenden, schmerzenden Blitze von der Schulter bis zu den Fingerspitzen sind laut Ärztin ein Zeichen, dass sich auch der Nerv langsam regeneriert. Meine kleinen amputierten Finger beginnen wieder „normaler" auszusehen, die Schwellung geht zurück. Juhu, es gibt wieder Hoffnung! Mit Griffverdickungen bewerkstellige ich nun auch schon, das Besteck zu halten. Eine Gabel zum Mund führen, das geht noch nicht, doch ein kleiner Erfolg ist es allemal. Ein Stück Obst in die Hand zu nehmen oder einen Gegenstand zu halten, ist zwar noch immer eine schweißtreibende Herausforderung, aber mein Wille ist stark und meine Versuche werden immer erfolgreicher. Leider geht vieles zu Bruch, auch meine teuren Hautcremen, doch jeder Versuch ist es wert. Abgesehen von meinem Arm, der natürlich alle Aufmerksamkeit benötigt, zeigt der übrige Körper auch Verbesserungen. Es gelingt mir bereits, ein ganzes Stockwerk zu Fuß zu gehen. Ich trainiere das Treppensteigen, doch nach einer Etage zwingt mich der Schmerz zum Aufgeben und ich muss den Lift nehmen.

Unglücklicherweise war meine Stimmung nicht immer so hoffnungsstark und positiv, es gab auch Momente, in denen ich jammerte und klagte, ob meiner schrecklichen Schmerzen. In diesem Falle war ich der Pharmaindustrie sehr dankbar. Denn im Zusammenhang mit einer erhöhten Dosis Schmerzmittel wurden auch sie erträglich. Dabei nahm ich die Trübung meiner Sinne durch Morphium und Opium gerne in Kauf. Mein Geisteszustand war etwas gedämpft, aber, und das war wichtig, ich war schmerzfrei. Selbst wenn mein Denken nicht so klar war wie früher, meine Worte nicht so „sprudelten" wie einst, die Dankbarkeit über diese Erleichterung war unbeschreiblich.

Die Zeit des Schreibens wurde zu einer seelenstärkenden Ressource. Dadurch machte ich mich zur Glücksforscherin. Neben den aktuellen Erlebnissen begannen sich meine Gedanken zu erweitern, ich suchte und schrieb über alles Positive in meinem Leben, ergründete Glücksmomente auch in meiner Erinnerung. Stellte mir Fragen. Was war das Positivste in meinem Leben? Wann hatte ich es erlebt? Wie lange dauerten diese Gefühle? Wo und wann fühlte ich Glück? Mit wem konnte ich diese Erfahrungen teilen? Welche Begegnungen waren für mich wichtige? Was erlebte ich mit meinem Partner? Was hat mich mit Sinn erfüllt? Gab es bei mir materielle und finanzielle Erfolge, auf die ich stolz sein konnte? Wann war ich besonders in Balance und glücklich? Ganze innere Filme über Menschen, Persönlichkeiten, Bücher und Lehrer, die mich innerlich bewegten und prägten, liefen in meinem Kopfkino und gleichzeitig in mein Glückstagebuch.

Wer sich allerdings beim Suchen nach dem Positiven schwertut, dem empfehle ich in der Übung kleine Schritte zu tun. Nehmen Sie sich erst einmal einen einzigen Tag vor und schreiben Sie Ihre Erlebnisse auf. Einen Tag lang mit Stift und Papier „bewaffnet" zu erleben, genügt fürs Erste. Später dann einen weiteren Tag, dann einen dritten, vierten und so weiter. Bis Ihnen das Auffinden der Glücksmomente immer leichter fällt.

Der Geist, der trägt – Werte, die Motoren für den Neustart

Werte als Wegweiser in unserem Leben

Werte bestimmen, worauf wir unsere Aufmerksamkeit lenken und sie beeinflussen unsere Entscheidungen besonders dann, wenn wir merken, dass sich eine Veränderung anbahnt. (Im Kapitel „Die fünf Säulen der Lebensenergie ausbalancieren" haben wir bereits kurz über die Wichtigkeit dieser Lebenssäule gehört.)

Der Schlüssel zu einem ausgeglichenen und glücklichen Leben besteht darin, nach unseren eigenen höchsten Idealen zu leben. Kontinuierlich in Übereinstimmung mit dem zu handeln, von dem wir glauben, dass es in unserem Leben geht. Das können wir aber erst dann, wenn wir uns klar darüber sind, welche unsere Werte sind.

Die Werte, nach denen wir unser Leben ausrichten, sind stille Wegweiser, die unserem Leben die Richtung verleihen. So lösen sie Entscheidungen aus, bestimmte Dinge zu tun, andere zu lassen. Und aus der Summe unserer Entscheidungen gestaltet sich unser Lebensweg, entwickeln sich die wesentlichen Themen oder die bestimmenden Grundideen unseres Lebens.

Wenn Harald Schmid in einem Interview erzählt: *„Ein Teil meines Erfolges hat mit meinem klaren Wertesystem* *zu tun. Familie war und ist mir trotz meiner beruflichen Aufgaben immer sehr wichtig"*, spricht er von seinem hohen persönlichen Lebenswert. Diesen Wert nicht aus den Augen zu verlieren, stabilisiert selbst in hektischen Zeiten. Nach der eigenen Werteorientierung zu leben, darin steckt eine ungeheure Kraft. In Übereinstimmung mit dem zu sein, was eine einschneidende Bedeutung für uns hat, erzeugt ein Gefühl innerer Sicherheit. Menschen imponieren durch eine Ausstrahlung von Gewissheit und Bestimmtheit. Authentisch zu sein mit dem, was uns wichtig ist, schenkt innere Ruhe, Gelassenheit und Souveränität. Wer zusätzlich dazu noch so lebt und handelt, wie es nach seiner inneren Orientierung und seinen inneren Werten richtig ist, entwickelt zusätzlich Selbstachtung, innere Stabilität und Stärke.

Fehlen uns Werte oder erleben wir über einen längeren Zeitraum ein Defizit in unserem Leben, kann unser Körper reagieren. Meist zeigt sich das in Form von Unruhe, Angespanntheit oder einem Druckgefühl. Möglicherweise verlieren wir auch unser Sinnempfinden. Krisen machen uns darauf aufmerksam, dass wir unsere wichtigsten Werte wieder leben sollten. Wir verfügen offensichtlich über einen Schutzmechanismus, der sicherstellen soll, dass wir unsere Werte nicht vergessen. Nur Angst und Stress können Werte zerstören und den Zugang zu ihnen blockieren. Wenn jedoch die Erfüllung von Werten gelingt, kann wirklich tiefe Freude entstehen.

Während meiner Rehabilitation motivierte es mich, ja, es beflügelte mich beinahe, auf meine Erfolge konzentriert gewesen zu sein. Dadurch entwickelte sich in mir das sogenannte Urvertrauen, das ich davor nicht immer gehabt hatte. Gleichzeitig fragte ich mich selbst, welche Art von Vertrauen das sein würde? Als erwachsene Frau habe ich die anerzogenen katholischen Wertvorstellungen längst abgelegt. Jedoch weiß ich seit dieser Zeit auch mit einer Gewissheit, die ich früher nie in dieser Art erlebt hatte, dass es in mir eine Instanz gibt, die die Fähigkeit des völligen Vertrauens besitzt. Ich nenne diese Vertrautheit Gott, wir könnten es aber auch unser höheres Selbst oder unsere Schöpferkraft nennen. Der Glaube an meine eigene Fähigkeit und die „Kreateurin" meines Lebens sein zu können wurde mit den Kenntnissen der modernen Forschung realistisch und umsetzbar. Mein Verstand hatte das nötige „Futter", um einen Glauben entwickeln zu können, in dem ich selbst mitwirken konnte. Verbunden mit der Liebe zu mir und zu anderen Menschen können wir in einem paradiesischen Zustand leben, wenn wir lernen loszulassen und das Wollen verlernen.

Wenn ich an meine Situation vor dem Unfall denke, so war ich so unglücklich wie noch nie in meinem Leben. Ich hatte in der Hoffnung ein ruhigeres, stressfreies Leben zu leben, meine Selbstständigkeit aufgegeben, ich hatte meine vielen Reisen mit Kontinuität getauscht. Ich wollte „wertevoll" leben. Wollte allen Beteiligten Gewinn und Freude sein und konnte es einfach nicht. Irgendwie hatte meine Seele eine Kurskorrektur vorgenommen, nur ich wusste noch nicht wohin. Meine innere Forscherin wollte eine Menge Fragen beantwortet wissen. Fragen, die nach der Ursache forschen, tiefer in den Grund tauchen und den Sinn erfahren wollten. Gleichzeitig aber flüsterten sie mir zu: „Warum tust du das? Fragen führen dich ohnehin nicht an das Wesen der Ursache." Ja, mir wurde klar, das tiefste Wissen konnte ich nur mit einer einzigen Verbündeten finden, nämlich der Zeit. Mit ihr würde ich den Sinn verstehen, meinen Lernauftrag erkennen. Also blieb mir nur eines – Geduld lernen und warten!

In höchster Verwirrung hilft es uns, den Wert des Im-Jetzt-Seins zu erleben und die Tatsachen einfach als Tatsachen anzunehmen. Jeder Kampf gegen Offensichtlichkeiten, gegen

Ihre körperlichen Symptome, gegen eine Depression oder eine Beziehungskrise verbraucht viel zu viel Energie. Der Widerstand ist eine Kampfansage gegen das Leben. Ich erkannte, im Fluss des Lebens zu sein bedeutete auch anzunehmen, was ist, mit der Gewissheit, das selbst starke Stürme, Unwetter und Niederschläge einen ruhigen Fluss wohl aufwühlen und in „Wallung" bringen können, aber nicht mehr. Nach der Unruhe folgt immer auch eine Phase der Ruhe, diese kann schneller gedeihen, vorausgesetzt wir geben den Widerstand auf. Für mich bedeutete das, auf Werte wie Vertrauen, Hoffnung, Zuversicht, Glaube zu bauen. In dieser Zeit spielten diese Werte eine prägende und sinngebende Rolle und leiteten mich an. Damals machte ich auch mit mir bis dahin unbekannten Werten Bekanntschaft und merkte, wie sehr ich diese damals ausgeblendet hatte. Dabei spreche ich von Demut, Verwirrung und dem Wert der Kontinuität.

Wie findet man seine Werte?

Hilfreich ist es, seine Werte aus dem eigenen Verhalten abzuleiten. Aus den Erfahrungen, die uns im Leben wesentlich geprägt haben, ob positiv oder auch negativ. Die Grundeinstellungen und Überzeugungen, die sich daraus entwickelt haben, sind wesentlich für die Entscheidungen. Nehmen Sie sich Zeit für eine Innenschau! Denn wer innehält, kann sein Werteempfinden verfeinern und seinen Handlungsspielraum erweitern. Wenn wir uns mit den Fragen nach dem Sinn des Lebens beschäftigen, wird sehr schnell klar werden, dass uns die Wissenschaft keine Antworten geben kann. Wir können sie nur in uns selbst finden. Daher sind Fragen wie: „Was macht mich aus?", „Welche lebensverändernden Ereignisse gab es bisher in meinem Leben?", „Welchen Hintergrund gab es, weshalb ich so entschieden habe?", „Welcher Gedanke leitete mich, als ich diese Entscheidung traf?", „Wie fühlte ich mich nach meiner Entscheidung?", entscheidend für das Finden Ihrer substanziellen Werte.

Deshalb ist es auch so hilfreich, sich ein Heft anzulegen, in das Sie Ihre Erkenntnisse schreiben. Lassen Sie alle Denkmöglichkeiten zu, die Ihnen einfallen, seien es Ihre Gedanken, seien es Farbvorstellungen oder Formen. Lassen Sie alles zu, ohne sich zu blockieren.

Die Beziehung mit sich selbst zu vertiefen ist wie Yoga für die Seele! Es macht Spaß und dient noch dazu Ihrer Gesundheit. In diesem Fall steht es Ihrem erfüllten Leben zur Seite und unterstützt Sie, den Weg dorthin zurückzufinden.

Stabile Werte haben drei Aspekte

Die Idee von Dreiheit, die ich schon einmal kurz angesprochen habe, stammt ursprünglich aus der Arbeit von Insa Sparrer und Matthias Varga von Kibéd und deren systemischem Format der Glaubenspolaritätenarbeit (GPA)[31]. Die Wurzeln dieser Arbeit finden sich in der Yoga-Philosophie und der Einteilung religiöser Systeme. Viele Religionen verwenden das Prinzip der Dreiheit.

In der Arbeit mit Werten existieren drei Pole als natürliche Kraftquellen, aus denen Menschen schöpfen können. Alle Pole sind gleich wichtig und gleichzeitig wirksam. Wird jedoch ein Pol verleugnet oder überbetont, benötigen die anderen Pole einen Ausgleich. Werden alle drei Pole im eigenen Wertesystem berücksichtigt, so gibt es uns enorme Kraft. Den Zugang zu allen drei Quellen zu finden, begünstigt die eigene Regeneration, die Entwicklung, Motivation und Stabilität und erleichtert den Zugang zu seiner eigenen Lebensenergie.

Zu diesen drei Polen natürlicher Kraftquellen gehören nach Varga von Kibéd folgende Systeme:

1. *Das Wissen, die Erkenntnis:* Dazu gehören die Klarheit, die Vision, die Kenntnis, die Logik, die Hoffnung, der Überblick, das Unterscheidungsvermögen, die Einsicht, der Zusammenhang, das Wahre, die Wissenschaft, die Grenze und die Wahrnehmung.

2. *Die Liebe, die Wertschätzung:* Dazu gehören das Vertrauen, das Mitgefühl, die Gefühle, die Sehnsucht, die Liebe, die Einfühlsamkeit, die Schönheit, die Ästhetik, das Schöne, das Hingezogensein, die Kunst und das Innere.

3. *Die Ordnung, die Struktur:* Dazu gehören die Pflicht, die Handlung, die Ehrfurcht, der Ausgleich, der Verstand, die Tat, das Gute, die Ethik, die Ursache-Wirkung, die Verantwortung, der Glaube und die Gerechtigkeit.

Wenn wir diese Dreiheit als Hinweise dafür erkennen, was wir verändern können, gelingt es möglicherweise schon zu Beginn, Krisen abzuwenden und sich mit dem Fluss des Lebens und den Signalen des Universums zu verbinden. Es kann uns als Modell dienen und unserer Intuition einen leichteren Weg in den Alltag finden helfen.

Warum erzähle ich das?

Die Dreiheit als Lebensprinzip wird durchaus häufig beschrieben. Wenn die Ordnung gestört wird und zum Beispiel das Vertrauen fehlt, erleben wir dieses Fehlen als erschreckend oder beängstigend. Bei plötzlichem Verlust einer Anstellung und gleichzeitiger Angst vor der Zukunft sind schon so manche Fünfzigjährige in Krisen geschlittert. Sie mussten den Wert „Vertrauen in die Zukunft" wiederfinden. Wird Wachstum überbetont, ohne dabei die Wertschätzung (die Liebe) zu beachten, kann das zu einem Ungleichgewicht führen.

Wir hören oft von Lottosiegern, deren menschliche Beziehungen und deren Ehen zerbrechen. Von Konzernen, die höchste Gewinne machen, aber in ihren Fabriken unmenschlichste Bedingungen für ihre Mitarbeiter zulassen. Fehlt dem Wachstum die Ordnung, auch wenn der Pol der Liebe stabil ist, erleben wir möglicherweise ein liebenswürdiges Chaos. Typisch sind hier kreative Menschen, auch Jungunternehmer, die begeistert für ihre Sache brennen, es aber nicht einmal schaffen, ihre Rechnungen zu schreiben oder ihre Buchhaltung auf Vordermann zu bringen. Meist gelingt es diesen liebenswürdigen Chaoten nicht, einen Termin einzuhalten. Sie bringen damit Menschen mit hohem Ordnungswert zur Raserei.

Wenn Sie an sich bemerken, dass die Pole Wissen, Liebe und Ordnung, die Lebensqualität, die Leistung, den Kontakt, die Gesundheit und den Sinn unausgewogen entwickeln, Sie sich im Trubel des Stresses wiederfinden und Sie sogar schon klare körperliche Symptome verspüren, sollten Sie wirklich rasch handeln. In dem Fall ist es angeraten, Energien zu tanken und Ihre Zielausrichtung und die Werte, die Sie antreiben, zu prüfen. Denn wer sich das „Warum er etwas tut?" nicht bewusst macht, keine oder viel zu viele Ziele verfolgt, verliert sich und seine Energie. Erinnern Sie sich noch an den liebevollen Chaoten oder den Lottosieger?

Ein ausgewogenes Wertesystem ermöglicht ein energiegeladenes Leben. Mithilfe der Werte kann man auch Glaubenssätze oder eigene Überzeugungen ändern, indem man die Trias auf ihre Ausgewogenheit überprüft.

Die folgende Tabelle wird Sie beim Finden Ihrer Ausgewogenheit unterstützen. Finden Sie jene Werte, die Ihnen wichtig erscheinen. Danach fragen Sie sich: Fehlt ein Wert in einer Ordnung? Wurde einer überbetont? Was möchte ich mehr erleben? Was weniger?

Vertrauen	Ordnung	Wissen
Fraternite	Egalite	Liberte
Feuer	Erde	Luft
Verwirrung (durchei-nander)	Hilflosigkeit (Ordnung Handlung)	Nichtwissen
Treue	Struktur	Vision
Wertschätzung	Freiheit	Geistige Freiheit
Achtsamkeit im Umgang	Funktionalität	
Freude	Praktisch	
Schönheit	Ausgleich und	Unterscheidungs-fähigkeit
Dankbarkeit	Verantwortung	Klarheit
		Logik
		Theoretische Funktionalität
Kommunikation	Tradition	Selbstverwirklichung
Förderung der Mitarbeiter	Beständigkeit	
	Verlässlichkeit	
	Prestige	
Soziales Engagement	Perfektion	Reform
Mitfühlend bleiben	Pflicht	Weitblick
Respekt	Pünktlichkeit	Intuition
Akzeptanz	Zuverlässigkeit	Fördern
Identitätsgefühl		
Menschlichkeit – Offenheit	Prinzip von Sicherheit und Stabilität	Wandel Zukunft
Zugehörigkeit	Präsenz	Ausgleich
Solidarität		
	Vorbildlichkeit	Kompetenz
Zusammenspiel	Verankerung	Verantwortung
Zuverlässigkeit	Substanz	Unabhängigkeit
Zusammenarbeit	Zielstrebigkeit	Wissbegierigkeit
Offenheit	Wirtschaftlichkeit	Neuerung
Loyalität	Wachstum	Lernen

Identität	Wettbewerbsfähig	Wirkung- Auswirkung
Integrität	Zweckmäßigkeit	Pionier
Individualität	Pragmatismus	Herausforderung
Kollegialität/	Nachhaltigkeit	Idealismus
Kameradschaft	Hartnäckigkeit	Improvisation
Glaubwürdigkeit	Kontinuität	Initiative
Fairness	Korrektheit	Kreativität
Bindung	Kontrolle	Fortschrittlichkeit
Einigkeit	Konventionalität	Dynamik
pers. Entwicklung	Fleiß	
	Flexibilität	Effektivität
	Bodenständigkeit	Flexibilität
	Dauerhaftigkeit	Expertentum
	Beharrlichkeit	Beweglichkeit

Meine wichtigsten Wertehelfer – Werte auf den Kopf gestellt

Wendezeiten sind deshalb so heilsam, weil wir in diesen Zeiten über uns hinauswachsen können, gerade deshalb, weil wir nicht wissen, wohin uns der Weg führt.

Bei steigendem Druck, Wettbewerb und rasch ändernden Bedingungen braucht es Mut, auf Werte und Menschlichkeit zu setzen, spielen sie doch bei Veränderungen eine tragende Rolle. Werte sind außerordentlich verhaltenswirksam und werden in Systemen oft auch sehr unbewusst kommuniziert. Systeme sind Menschen und Bereiche, die miteinander in Beziehung stehen. Es können Familien, Unternehmen, der Körper oder die Gesellschaft sein. In Firmen gibt es unbewusste „Spiel- und Verhaltensregeln", meist sind es unausgesprochene „Don´ts und Does", die wichtig sind für ein Miteinander. Zum Beispiel: Wer sitzt wo in der Kantine? Kann man beim Vorgesetzten einfach einmal an die Tür klopfen, ohne einen Termin zu haben? Solche „Regeln" besitzt beinahe jedes System. In unserem Leben drücken sich solche

„Regeln" in persönlichen Wertvorstellungen aus. Je stärker wir uns unserer Werte bewusst werden, umso klarer wird unsere Lebensstruktur. Wir richten uns und unser Leben danach aus und sind besser in der Lage, Entscheidungen treffen zu können. Daneben erreichen uns auch viele andere positive Effekte.

Wenn wir wissen, was wir wollen oder nicht wollen, wird jede Entscheidung leichter. Ob Jobs oder Aufgaben zugestimmt wird, wenn diese zum Beispiel mit häufigeren Auslandsreisen verbunden sind, wird dadurch klarer. Auch wo wir uns verwurzeln oder wie wir unsere Freiheit gestalten hängt von unseren Werten ab. Werden Werte entwickelt und klar kommuniziert, geben sie auf allen Ebenen eine starke Orientierung.

Am deutlichsten bemerkte ich unbewusste Werthaltungen in Unternehmen.

Wird zum Beispiel während Veränderungsprozessen das „Gewesene", also das Alte, nicht genug gewürdigt, gelingen Änderungen schwer. Das erlebte ich oft bei den Mitarbeitern von Konzernen, die beinahe über Nacht wesentliche Arbeitsbereiche verändern sollten. Ohne der Würdigung ihrer bereits erbrachten tollen Leistungen sträubten sich die Mitarbeiter innerlich, die Neuerungen umzusetzen. Erst bei entsprechender Würdigung und Dankbarkeit wurden die Ideen erfolgreiche Maßnahmen.

Werden Vor- und Nachteile des Neuen nicht wirklich bewusst gemacht, zeigt sich sehr schnell, dass auch die eigenen Leistungen und die eigenen Fähigkeiten wenig oder nur gering wertgeschätzt werden. Das erschwert zum Beispiel Nachfolgern in Führungspositionen oder Familien- und Systemmitgliedern die Übernahme ihrer „Rollen" und Aufgaben. Beispielsweise wurde ein Firmenchef wegen seines fahrlässigen Verhaltens entlassen. Man beschuldigte ihn, Geld veruntreut zu haben. Rasch wurden alle Entscheidungen und Maßnahmen des Vorgängers schlechtgemacht. Der neue Chef konnte sich trotz Anstrengung nicht behaupten und bekam selbst bald das Gefühl, niemand würdige seine Ideen. Noch dazu saß er im gleichen Büro und am gleichen Arbeitsplatz. Das bereitete ihm enorme Schwierigkeiten beim Neuanfang, da die alten Ordnungen systemisch weiterwirkten.

Dankbarkeit verwandelt sich in Demut

Dankbarkeit erhellt jede Situation mit einem anderen Licht. Sie erhellt auch jene Zeiten, die schwierig für uns sind. Die innere Dankbarkeit führt zu einem ganz anderen Blick auf eine Sache und auf das Erlebte. Sie ist es, die uns die Erlaubnis dazu gibt, klarer über das Gehaltvolle und die Fülle der momentanen Lebenssituation nachdenken zu können. In einer Zeit, in der Bedingungen immer hochprozentiger einzuhalten sind, da jeder Fehler auch ein Nachspiel hat, wird die Dankbarkeit häufig vergessen. In den letzten Jahrzehnten haben wir uns im Großen und Ganzen zu einer Gesellschaft entwickelt, die auf Wissen und Verstand aufbaut. Das Denken, die Logik, die Wissenschaft wurden überbetont und entwickelten sich zur neuen „Religion". Auch wenn das Weibliche, die Weichheit und auch der Prozess des Sich-entwickeln-Lassens vergessen, ja sogar abgewertet wurden, bedeutet Weichheit, Intuition, Gefühle und damit „das Weibliche" zu leben noch immer, im Herzen Dankbarkeit zu fühlen. Ich nenne es eine Disposition unserer Zeit, in der diese Herzenskraft so wenig wertgeschätzt wird. Die Dankbarkeit als Herzensbildung wurde und wird in Schulen, Universitäten, Fachhochschulen, sogar in manchen Familien vielfach nicht oder nicht mehr gelehrt bzw.

gelebt – vielmehr vernachlässigt. Doch die Sehnsucht nach Gefühl und Wärme ist hoch und drückt sich plakativ in steigenden Krankenstands-Zahlen, häufigen Depressionen und Burn-out aus. Und das in einem sowieso schon krisengeschüttelten Wirtschaftssystem.

Dabei liegt der Schlüssel zur Freude und zum Glück darin, die wahren Gefühle, die wir in uns tragen, wahrnehmen und sie dann auch noch wertschätzend ausdrücken zu können. Leider ist das Fach „Emotionale Intelligenz" für die Verantwortlichen vieler Bildungseinrichtungen ebenso ein Fremdwort wie die Begrifflichkeit der bedingungslosen Liebe in so vielen Familien. Ein bedauerliches Defizit und ein riesiges Malheur des Menschen von heute. Der Ausdruck dieses Mangels an Menschlichkeit und das Fehlen von menschlichen Werten sind innere Unzufriedenheit, Lustlosigkeit, Brutalität und Desinteresse, die zu ewigem Zwist und Hader, zu Krankheiten und letztlich zu einem Defizit der Seele führen. In Unternehmen drückt sich das fehlende Verständnis füreinander in einem schlechten Stimmungsbild und mangelnder Motivation aus.

Die fehlende Nestwärme in vielen Familien führt speziell bei den Kindern und unserer Jugend zu Orientierungslosigkeit, zu Wehmut und Herzeleid. Schon als Kleinkinder lernen wir, uns unterhalten zu lassen, anstatt zu unterhalten oder gemeinsam zu erleben. Unkontrollierter Konsum digitaler Medien lenkt die heranwachsende Jugend oft in eine virtuelle Bilderwelt, die mit dem rationalen Leben nichts mehr zu tun hat. Die Informationen und der Austausch via Facebook und Twitter sind wichtiger als die Botschaften und der Austausch von Herz zu Herz. Leider werden liebevolle Gespräche und klärende Worte immer seltener als wichtig und richtig erachtet, es fehlt zumeist an der dazu notwendigen Zeit beziehungsweise an den kommunikativen Fähigkeiten der handelnden Personen. Eine Entwicklung, in der der Mensch verloren gegangen ist. Wir sollten wieder mehr Zugang zur „besonderen Kraft des Herzens" finden. Denn die Herzenskraft ist die edelste, aber auch die stärkste Energieform in uns Menschen. Sie ist eine stetig sprudelnde Quelle, eine nie versiegende Oase der Hoffnung und der Zuversicht. Die Energie des Herzens ist auch der Ursprung der Freude und des persönlich empfundenen Glücks. Aus dieser Quelle wächst Vertrauen zu uns selbst, zu unseren Nächsten und in das Universum.

Aus meiner Sicht schwingt im Hintergrund dieses gesellschaftlichen Denkfehlers das Abwerten positiver Dinge, ein Alles-oder-nichts-Denken, Etikettierungen, ein zu starkes Verallgemeinern, vor allem aber ein übertriebenes „Ich muss"-Denken mit. Zusammengefasst: Das Ego steht im Mittelpunkt der Aufmerksamkeit.

Je ich-bezogener ein Mensch lebt, desto unglücklicher wird er doch. Moderne „Ich-AGs" verwechseln Dankbarkeit mit Bescheidenheit. Sie meinen sogar, Bescheidenheit (= Dankbarkeit) stünde der Karriere und dem beruflichen Vorankommen im Weg. Daher empfinden viele Dankbarkeit und Demut geradezu als unpassend, besonders dann, wenn sie sich über ihre Leistung und ihren Erfolg definieren wollen. Beides sind Werte, die aus der Sicht des modernen Unternehmers, zugegeben einer durchaus einseitigen Sichtweise, eher als „Erfolgsverhinderer" bewertet werden. Steile Karrieren und übertriebene Machtspiele scheinen sich aus einem Mangel an Empfindungen entwickelt zu haben. Der Hunger nach Anerkennung, nach Glanz und „Scheinen wollen" blendet und verlockt. Doch nach einer Weile wird man des Blendwerks müde und erkennt, wie viel Energie dafür verbraucht wurde. Erst wirkliche Dankbarkeit öffnet uns wieder für das Leben. Tief im Herzen können wir das Glück wahrnehmen und es Stück für Stück in einem anderen Licht sehen und begreifen lernen. Mit der Hilfe der

Dankbarkeit und Demut können wir in jeder Faser und jeder Zelle die kleinen wunderschönen Dinge spüren und sie nicht erst dann wahrnehmen, wenn wir sie durch einen Schicksalsschlag verloren haben. Wir vermissen meist dann den wahren Wert der Dinge, wenn wir sie nicht mehr haben, wenn uns fehlt, was wir als selbstverständlich erachten. Erst der dankbare Blick auf persönliche Erfahrungen und Erlebnisse verändert die Perspektive von schwer oder leicht und schenkt Energie und Kraft.

Auch ich lebte das Leben moderner Frauen, selbstständig, erfolgreich, dynamisch, strebte auf der Karriereleiter nach oben und zahlte den Preis. Trotzdem war ich nicht immer bereit, mein Leben als erfüllt anzuerkennen. Wie bei vielen anderen auch, kreisten meine Gedanken über dem, „was mir fehlte", anstatt das zu genießen und mich daran zu erfreuen, was war bzw. was ich ohnehin bereits erwirtschaftete. Viel zu oft ließ auch ich die Fülle des Augenblicks ungenutzt vorbeiziehen, ohne das auszuschöpfen, was uns Tag für Tag geschenkt wird.

Mein schwerer Verkehrsunfall ließ mich wieder die Kleinigkeiten des Alltags wahrnehmen. Erst danach wurde mir das Geschenk des Lebens bewusst. Voller Dankbarkeit für all die Kleinigkeiten und das Wunder des Lebens war mein Herz plötzlich wieder offen. Beim Aufwachen hörte ich wieder den Hahn krähen und nahm die funkelnd glitzernden Sonnenstrahlen auf der Oberfläche des kleinen Biotops in unserem Garten wahr. Ich bewunderte die Tautropfen auf den Blütenblättern, die das hell leuchtende Licht des beginnenden Tages wie mit Vergrößerungslinsen in den mir sichtbaren Raum warfen. Alles strahlte! Jeder Tag war ein schöner Tag! Wärmende Gedanken, freudige Impulse und die Dankbarkeit, all das bewusst wahrnehmen zu dürfen, stiegen in mir auf. Mir war klar, dass es in der Fülle unserer materiellen und immateriellen Welt nicht selbstverständlich ist, all das wahrnehmen und sehen zu können, welch große Geschenke uns umgeben.

Leider wird uns der Gedanke oft erst so richtig deutlich, wenn wir persönlich mit dem Tod konfrontiert werden. Ich empfand seit jeher weder Angst noch Sorge, wenn ich über Tod oder Sterben nachdenke. Vielmehr habe ich dazu in den letzten Jahren eine ganz persönliche Meinung entwickelt. Der Tod bedeutet für mich körperliche Befreiung, ein Ablegen der Materie und ist deshalb für mich nicht zwangsläufig mit Schmerzen verbunden. Es scheint mir viel wichtiger zu sein, dass wir uns am vollen Leben erfreuen können. Erst mit einem vor Energie strotzenden, gesunden Körper wird das so richtig möglich. Durch die körperlichen Veränderungen wandelten sich auch die eigenen Wertevorstellungen. Ich hatte den Eindruck, im Außen, nämlich auf materieller Ebene, nichts mehr zu besitzen, über das ich meinen Wert definieren konnte. Früher waren es Äußerlichkeiten, perfekte Kleidung, Auto und Statussymbole, die mir wichtig erschienen. Meine Anerkennung holte ich mir über meine Leistungen. Erfolg und Karriere standen lange im Mittelpunkt meiner Aufmerksamkeit. Ich investierte eine Menge Zeit in die unterschiedlichsten Zukunftsgedanken, machte mir Sorgen um Karriere und Einkünfte und hatte durchaus die einen oder anderen Bewertungen über mich und andere parat. Ich lernte den Wert der Kontinuität kennen und richtete meine innere Skala der Stabilität und Beziehung neu aus. Und ich füllte meine innere Schatzkammer wieder auf, mit dem Schatz der Dankbarkeit!

Veränderungen und Zeiten des Umbruchs lösen in uns tiefe Gefühle aus, die neu sortiert werden wollen. Dankbarkeit für die im Moment erlebte Gegenwart ist dabei die Quelle der Energie, wie zum Beispiel der Ort, an dem ich mich gerade befinde, die Situation, in der ich mich befinde, das Gelingen kleinster Schritte, das Beste aus einer Lage zu machen. Wenn wir die Schönheit erkennen und die Möglichkeiten ausschöpfen, die wir gerade vorfinden, und uns daran erfreuen, wie voll so ein Lebenstag sein kann, füllen wir unsere inneren Batterien völlig neu auf. Manchmal ist es richtig, für eine Weile einfach loszulassen und der Müdigkeit den Raum zu geben, nichts mehr von sich und anderen erwarten zu wollen.

„Sinn finden wir nicht gestern, nicht morgen und auch nicht da, wo wir nicht sind", meint Uwe Böschemeyer, Entwickler der Wertimagination in der Psychotherapie, *„sondern in der Einstellung zu den Dingen!"*

Mit dem „Gedächtnis" des Herzens können wir angesichts des Großartigen im Leben wieder lernen, dankbar zu werden. Es gibt vieles, das wir nicht verstehen und nicht kontrollieren können, und wenn wir Glück haben, erkennen wir im Jetzt den wahren Wert, beginnen wir wieder, Bewegungen und Berührungen im Herzen zuzulassen, beginnen wir wieder, uns und unsere Umwelt mit dem Herzen zu begreifen und den ganzen Menschen zu sehen.

„Dankbarkeit ist für mich ein Ausdruck von ‚gefühlter' emotionaler Intelligenz und Herzensbildung, eine zarte Rührung und ein Spiegel von Erlebtem", meint mein Freund Günter. Ich danke ihm für diese wunderbare Beschreibung.

Leider erlebe ich noch viel zu viele Menschen, die sich ihre Warmherzigkeit nicht zugestehen können. Ich sehe hochintelligente Jungmanagerinnen und -manager, welche Idealen und Prinzipien nachhängen und die Weichheit, die sie in sich tragen, nicht zeigen. Solche Menschen erlauben sich einfach nicht, ihre Schwächen zu bekennen, obwohl darin die größte Stärke liegt. Sie sind gute Beobachter, doch sehen sie weniger in die Herzen der Menschen, sondern erblicken ihre eigenen

Vorstellungen und Bewertungen im anderen. Wie Andrea, die sich über kleinkarierte und intolerante Menschen ärgert und zur gleichen Zeit mit ihrer Nachbarin streitet, weil ihr Hund zu laut bellt.

Solchen Menschen werden wir kaum etwas recht machen können. Sie sind undankbar und können bei sich und bei anderen die winzigen Freuden, Erfolge und Anstrengungen nicht sehen, die es aber benötigt. Sie wollen sich nicht auf die Melodie der Herzen einlassen, sondern sind unfähig für das Empfinden von Freude. Dabei macht gerade die Dankbarkeit die Menschen aus, weil wir mit ihr in der Lage sind, das Leben mit neuen Augen zu sehen. Wir begreifen, dass Dankbarkeit auch den Respekt gegenüber anderen erhöht. „Wenn wir uns schwach, matt und unglücklich fühlen, beginnen wir zu danken und schon wird es besser", meinte einst Albert Schweizer.

Wir dürfen mit Dankbarkeit positiv bewältigte Situationen betrachten und so mehr und mehr mit unserer puren Lebenskraft in Berührung kommen.

Das werden Sie auch schon einmal erlebt haben. Denken Sie an eine positiv bewältigte Prüfung. Mir geben solche Erfolge immer unheimlich starken Auftrieb und Motivation. Dann fällt etwas Neues richtig leicht und macht ganz viel Spaß. Wenn wir wirklich wollen, gibt es immer Gelegenheit, uns Zeit unseres Lebens weiterzuentwickeln. Alles andere wäre Stillstand und geradezu vertane und verlorene Lebenszeit. Zum Glück gibt es immer mehr Menschen, die ihre Entdeckungsreise zum Ursprung ihrer Seele beginnen und den aufrichtigen Wunsch haben, zu lernen. Dabei geht es nicht darum, perfekt zu sein. Es geht darum, ganz zu sein. Zu verstehen, dass wir viel mehr sind als Materie und wir uns nichts, aber auch gar nichts von all den materiellen Werten in ein Leben danach mitnehmen können. So öffnen wir uns für die Freuden des Augenblicks. Die Wahrheit ist, es gibt nichts Wichtiges im Leben, das Sie behalten müssen, wirklich gar nichts. Das dicke Bankkonto, die Stilmöbel, die Immobilien, die soziale Anerkennung, Kinder, Familie, alles müssen wir einmal loslassen. Doch sich dankbar daran zu erfreuen, dass wir das alles erleben dürfen, macht uns reicher als alle Materie es könnte. Denn kein Reichtum auf der ganzen Erde kann dem Reichtum in uns selbst gleichen. Vorausgesetzt wir können diesen erkennen und sehen und spüren.

Solchen Reichtum wirklich erkennen zu können, erzeugt in uns unweigerlich eine Art von Demut vor einem größeren Ganzen. Dieses etwas „alte" und von der Kirche geprägte Wort Demut meint nicht das Wertlos-Machen oder das Dienen, sondern stellt eine so besondere Power dar, die wir erst verstehen können, wenn wir wirklich dankbar sind. Aus diesem Dank und dem Loslassen entsteht Demut. Sie steht für den Mut, sich einem großen Ganzen unterordnen zu wollen. Weniger Macht und Kontrolle auszuüben, um etwas zu erreichen, sondern sich jenen Dingen hinzugeben, die es zu lernen und zu begreifen gilt. Und davon gibt es vieles, glauben Sie mir!

Wo ich früher selbst bestimmte, musste ich mich jetzt einem Rhythmus unterordnen, der für mich und meine Genesung sorgte. Nicht mein Wille geschah, sondern jener, der die Heilung und mein zukünftiges Leben steuerte. Damals wehrte ich mich, dachte an Fremdbestimmtheit und ärgerte mich über meine Unfreiheit, nicht selbst entscheiden zu können. Doch im Akzeptieren der Tatsachen und im dankbaren Annehmen lag der Geheimcode meiner Seele, die sich einem alchemistischen Prozess unterwerfen musste. Die Alchemisten versuchten ehemals aus einfachen Materialien

Gold herzustellen. Mein Unfall tat quasi das Gleiche. Denn unter Gold verstehe ich das wahre Ich, ohne Aufputz.

Demütig zu akzeptieren, was *Jetzt* ist, brachte mein Ego und meine falsch verstandene Ich-Struktur zum Schmelzen. Mein wahres Ich, ohne Aufputz eines Jobs, einer gut bezahlten Beschäftigung, einer Definition des Materiellen, wurde sichtbar. In mir begann der Prozess der Selbstliebe und der Selbst-Achtung. Ich lernte anzunehmen, wie ich bin und was auch immer war. Ich lernte liebevoll Negatives in Positives zu verwandeln – sowie Schmerz in Freude. Meiner Genesung konnte ich nicht nachhetzen, sondern nur bewusst handeln und auf meine innere Stimme hören.

Nur wer die Angst kennt, kann mutig sein. Demut ist der Mut, sich dem Willen und der Notwendigkeit einer impliziten Ordnung zu überlassen. Der Mut, seinen Willen mit einem größeren „Willen" in Einklang zu bringen. Wann und ob wir in Übergangsphasen mit der Qualität der Demut auf unser Erlebtes zurückblicken können, ist sehr individuell. Manche, die mit Leidensdruck und Schmerz konfrontiert sind, kämpfen und hadern oder werden zornig und verbittert.

Wem es gelingt, anzunehmen, was ist und die Realität des Erlebten, des Lebens selbst zu spüren, wird auch imstande sein, das Jammern, das Klagen, das Selbstmitleid und das Ver- und Beurteilen zu unterlassen, die Realität und ihre Schattenseiten mit einem Lächeln anzunehmen. Es tritt dann mehr und mehr das Persönliche in den Hintergrund und die Sache, die größer ist als wir selbst, in den Vordergrund. Wer demütig dem Augenblick folgt, das Jetzt annimmt, das sich immer neu und immer anders zeigt, seine Aufmerksamkeit und damit seine Energie auf das richtet, was wir steuern können, der erlebt Freude. Jeder Augenblick, jedes Handeln und jedes Umgehen mit einer Situation wird leichter. Die daraus resultierenden Gefühle sind Klarheit statt Verwirrung, Vertrauen statt Angst, Gelassenheit statt Wut und Fülle statt Mangel. Diese Herzensqualität macht den Geist stark, ruhig und befreit ihn. Jedes Erleben hat seinen Sinn, selbst wenn wir diesen nicht gleich erkennen. So können wir zu recht annehmen, dass es diese Sinnhaftigkeit gibt. Wir können lernen, im Vorhinein dankbar zu sein, selbst wenn uns vorerst der Sinn noch verschlossen bleibt.

Dankbarkeit ist eine der kraftvollsten Heilerinnen unserer Zeit. Sie schafft Distanz und erleichtert den Druck, der auf der Seele lastet. Der Autor Thomas Merton[32] schrieb: *„Ein demütiger Mensch hat keine Angst vor Misserfolg. Er hat eigentlich vor überhaupt nichts Angst – nicht einmal vor sich selbst. Denn Demut bedeutet grenzenloses Vertrauen auf Gott, vor dem keine andere Macht bestehen kann und für den Hindernis ein Fremdwort ist."*

Verwirrung erzeugt Loslassen und Leichtigkeit

Unsere Wirklichkeit und alle unsere Wahrnehmungen konstruieren wir uns täglich selbst. Das bedeutet, dass niemand anderer auf dieser Welt die Dinge genauso sieht wie wir. Somit gibt es kein „allgemeines" Bild der Realität, sondern immer nur ein subjektives. Gleichzeitig bedeutet das auch, dass wir unsere Bilder der Wirklichkeit, unsere Beschreibungen, Erklärungen und Bewertungen jederzeit verändern können. Selbst wenn eine äußere Veränderung für uns schwierig erscheint, ist eine innere Veränderung immer möglich. Meist können wir die Ereignisse der Vergangenheit nicht mehr verändern, wir können das aber sehr wohl mit den Auswirkungen, die sie auf uns haben. Je mehr wir imstande sind, die Vergangenheit zu würdigen, zu akzeptieren und zu vergeben, umso mehr steigt unsere Fähigkeit, die Gegenwart zu bewältigen.

Bernadette erzählte mir, dass sie jetzt, in ihrer Pension, nicht mehr immer nur auf andere Rücksicht nehmen will. Sie will sich endlich mehr an ihrem Leben erfreuen und endlich frei entscheiden dürfen. Doch damit ginge es ihr gar nicht gut. Momentan fühle sie sich unbeweglich, blockiert und verwirrt. Auf ihrem Herzen laste ein schwerer Stein und sie fühle einen starken Druck auf ihrer Brust. Gemeinsam machten wir uns auf die Suche nach der Wurzel ihrer Beschwerden. Im Zuge der Erzählungen stellte sich heraus, dass sie praktisch in ihrem ganzen Leben immer auf andere Rücksicht nehmen musste und genommen hat. Während sie ihre Geschichte erzählte, verstärkten sich sofort ihre Symptome. Was schon bei anderen meiner Klientinnen und Klienten funktioniert hatte, klappte auch hier: Wir entlasteten ihre Situation, indem wir ihren Druck symbolisch in echte Mühlsteine abfließen ließen. Wir entsorgten diese Steine in der naheliegenden Donau. Zur nächsten Sitzung kam Bernadette strahlend mit den Worten zu mir: „Ich hätte nicht daran geglaubt, dass unser Experiment mit den Steinen Wirkung zeigen würde. Doch seither geht es mir so viel besser! Ich streite weniger mit meinem Mann und fühle mich viel freier und leichter. Jetzt weiß ich wieder, wofür ich mich entscheiden will!"

„Verwirrung ist eine Kraft, die uns das Vertrauen zurückbringt, ja, sie schenkt uns eine neue Perspektive zum Leben."

Wenn sich Wendezeiten ankündigen, liegen die Hauptsorgen vielfach darin, die eigene Komfortzone und sein vertrautes Umfeld verlassen zu müssen oder die Kontrolle darüber zu verlieren. Wir wollen das, was wir kennen und uns vertraut geworden ist, festhalten. Die Angst vor dem Verlust oder einer Ausgrenzung, Gedanken darüber, „was die anderen von mir denken werden, wenn ich gescheitert bin?" oder „Wie erkläre ich mich meinem Umfeld?" bringen uns völlig durcheinander. Gedanken an eine unbekannte Zukunft quälen und drehen sich beständig in uns, sie verwirren uns, weil wir ad hoc keinen Ausweg erkennen können. Verwirrung tritt dann ein, wenn die gewohnten Bezugspunkte und Einordnungen nicht mehr gelten. Sie sind das untrügerische Signal und damit die Vorbedingung für einen Wechsel zu etwas grundlegend Neuem. Wenn wir uns in diesem Stadium von Chaos und Unordnung befinden, meinen wir diesen Zustand kaum lange aushalten zu können. Wir meinen, wir müssen andere zu Entscheidungen zwingen oder glauben, durch erhöhten eigenen Druck schneller ans Ziel kommen zu müssen. Das tun wir nur deshalb, um den Zustand des Ungewissen so schnell wie möglich verlassen zu können.

Dabei ist die Verwirrung eine der größten Ressourcen, die wir haben, wenn wir nur unseren Blick darauf verändern könnten. Im Sufismus heißt es: „Aus der Knospe der Verwirrung hebt sich nämlich die Blüte der Verwunderung."

Verwirrung bedeutet, dass Neues entsteht, dass neue Synapsen in unserem Gehirn geformt oder eben aufgrund des Wirrwarrs erschaffen werden. Das Wort „wirr" trägt schon eine mannigfaltige Bedeutung in sich. Es bedeutet, etwas vermengt sich, etwas dreht sich ineinander, etwas mischt sich, etwas Neues formt sich aus einem Durcheinander, aus einem Drunter und Drüber modelliert sich eine neue Struktur. Verwirrung ist immer ein Zeichen, dass das Unbewusste eine Tür öffnet und wir einem viel größeren Möglichkeitsraum gegenüberstehen als wir je ahnten.

Wir können diese Ungewissheit durchaus mit einem Wohnungswechsel vergleichen. Trotz aller Vorfreude auf den Umzug an den neuen Ort steht uns eine sehr schwierige und problematische Zeitspanne bevor. Die Transporteure und

Helfer sind bei der Arbeit, wir stecken mitten drin. Selbst wenn wir genau wissen, dass alles für uns erledigt wird und wir einfach loslassen könnten, bedrücken uns Gedanken und Sorgen an die Zukunft, ob auch alles gut gehen werde. Doch auch hier, wie so oft, liegt der Schlüssel im Loslassen. Im Loslassen könnten wir lustvoll zusehen, wie sich nach und nach das Neue formt, das aus dem Wirrwarr entsteht und an Klarheit gewinnt. Es könnte sehr bewegend und spannend sein, wenn es dann so weit ist und wir beobachten, wie sich jeden Tag ein Teilchen neu formt und sich neu verbindet.

Geldsorgen und ein finanzieller Engpass führten bei Karin zum Beispiel zu echtem Stress. Die Stresshormone verhindern dabei die Produktion von Glücksbotenstoffen. Oft dauern solche Zeiten wirklich lange, manchmal sogar Monate. Das ist uns unangenehm. Gefangen in der eigenen Perspektive, findet das Gehirn von selbst keinen Ausweg mehr. Die positiven Vernetzungspfade wachsen allmählich zu. Doch anstatt in Angst und Unruhe zu erstarren, vertraute Karin auf eine gute Fügung. Sie gab nicht auf, selbst dann nicht, als sich Berge von Rechnungen ansammelten. Wenige Monate später bekam sie einen tollen Nebenjob angeboten, einen, der ihr sogar Spaß machte. Von ihrem neuen Chef erhielt sie ungebeten eine kräftige, finanzielle Prämie. Eine Nachricht des Finanzamts über ihren Steuerausgleich entspannte zusätzlich ihre Geldsorgen. Sie erhielt mehr Geld zurück, als sie erwartet hatte. Zudem bekam sie als dritte Überraschung einen Auftrag für ein Projekt, das ihr Einkommen für mehrere Monate sicherte. So formte sich das Leben für sie zum Positiven, sie musste nur geduldig vertrauen.

Die einzige Frage, die sich hier möglicherweise aufdrängt, ist, wie wir es schaffen können, jene Wirrsale als heilsam und förderlich anzunehmen? Mir scheint dabei das Wichtigste zu sein, die automatischen Blockaden, die in uns ablaufen, erkennen zu können und diese gegen eine Bereitschaft zur

Veränderung auszutauschen. Daher nehmen wir jene typischen Bremser, die uns hindern, unter die Lupe. Wir erkennen sie meist dann, wenn sie sich dauernd als kreisende Gedanken und Sorgen unterschiedlicher Ausprägungen in unseren Köpfen bewegen. Ein Trainerkollege, Klaus Theurezbacher, hat sie sehr übersichtlich zusammengefasst. Welche Hindernisse sind es nun, die sich uns in den Weg stellen und unsere innere Verwirrung auch noch verstärken?

– Angst vor dem, was kommen wird
  Wir malen uns aus, was kommen wird und welche Hürden wir zu meistern haben werden, anstatt einfach darauf zu vertrauen und die inneren, positiven Bilder zu aktivieren. Diese Bilder würden das Gehirn auf das Gelingen programmieren und die Angst auflösen.
– Unsicherheit, Vertrautes zu verlassen oder aufgeben zu müssen
  Das Neue verängstigt und verunsichert uns, anstatt frei und neugierig zu entdecken, was als Nächstes kommen wird. Ähnlich wie Kinder könnten wir offen auf das Leben zugehen und dabei so viel Freude erleben. Denn meistens liegt das Glücklichsein nur an uns und unserer grundsätzlichen Einstellung.
– Angst, die Kontrolle zu verlieren
  Vertrauen Sie sich einem großen Ganzen an, selbst wenn es Ihnen schwer erscheint. Das Universum ist immer auf Fülle und Wachstum ausgerichtet, wir müssen „nur" loslassen. Die Situationen fügen sich oft wie „zufällig" ineinander und das gute Gefühl dabei ist es, „unendlich getragen zu sein".
– Tatsachen leugnen
  Tatsachen sind, wie sie eben sind, und je mehr wir sie ablehnen, umso erdrückender empfinden wir sie. Selbst

wenn sich manche Empfindungen sehr real anspüren, sind sie nur Konstruktionen unserer Gedanken. Die größte Chance liegt deshalb im Annehmen, im Akzeptieren und im Loslassen. Denn es ist eben so, wie es ist. Veränderungen sind Möglichkeiten. Punktum!

– Intensität bagatellisieren

Bleiben Sie Ihren Gefühlen treu! Wenn starke Empfindungen vorhanden sind, geben Sie diesen den nötigen Raum und Platz. Keine noch so erfolgreiche Glückssträhne kann das Auftreten schlechter Gefühle verhindern. Erkennen Sie deren Heftigkeit, indem Sie sie voll annehmen, akzeptieren und wahrnehmen. Betrachten Sie sie wie ein wunderschönes Schmuckstück, nehmen Sie sie wahr und stellen Sie fest, wie sie sich genau anfühlen. Durch das widerstandslose Annehmen verbrennen Sie diese förmlich. Doch dann halten Sie sie nicht fest, lassen Sie sie los, indem Sie zu sich sagen: „Es ist Trauer/Zorn/Angst oder Enttäuschung da", anstatt „Ich bin traurig/zornig/ängstlich oder enttäuscht". Bald werden diese Gefühle nicht mehr in dieser Intensität auftauchen. Sie werden vom „Erleber" Ihrer Gefühle zum Beobachter und das lässt diese dubiosen Gefühle verschwinden.

– Hilflosigkeit, davonlaufen

Diese Strategie unserer Kindheit bringt leider in manchen Situationen schlichtweg gar nichts. Akzeptieren Sie, was ist, und stellen Sie sich den eigenen Empfindungen. Dies ist der erste wirkliche Schritt zu Veränderung.

Das Scheitern zu prognostizieren, ist eine sehr beliebte Praxis. Besonders jene, die sich dadurch eine Enttäuschung ersparen wollen, weil sie sowieso „vorher genau wissen", dass es schieflaufen würde, meinen, Pessimismus sei besser. Henry Ford meinte: „Wenn Sie glauben, Sie schaffen es oder wenn Sie glauben, Sie schaffen es nicht, Sie werden immer recht behalten." Das bedeutet, wir erzeugen uns eine Misere selbst. Das eigene Glückserleben zu trainieren lohnt sich, denn Gefühle werden über das Herz erzeugt, nicht im Gehirn.

- Feigheit, etwas Neues zu beginnen
Seien Sie mutig! Verstecken erhöht nur den Leidensdruck. Am besten beginnen Sie an kleinen Dingen, Ihren Mut zu trainieren. So gewinnen Sie an Stärke und geben sich und Ihrem Gehirn Impulse in diese Richtung. Veränderungen fallen weniger schwer, weil in kleinen Schritten zu lernen, dass etwas anderes ist als das, was wir normalerweise erleben, sehr erfreulich sein kann. Üben Sie sich daher in Mut!

- Bequemlichkeit
Bequemlichkeit ist manchmal der Grund dafür, weshalb wir meinen: „Ach, so schlimm ist es nicht, das halte ich aus!"
Nun gut, wenn Sie es so sehen möchten, völlig in Ordnung. Das Leben wird Sie sicherlich immer wieder dazu einladen, etwas zu verändern, so lange, bis Sie dazu bereit sind. Ich sehe das als eine Form des liebevollen Entgegenkommens, welche die Schöpfung oder das Universum stetig über uns ausbreitet.

- Besorgnis, die Verbindung und die Anerkennung zu anderen Menschen, aber auch zu seinem eigenen Status zu verlieren
Dahinter steckt ein Mangel an persönlichem Selbstwertgefühl oder sogar eine Selbstabwertung. Tricksen Sie solche Blockaden aus, indem Sie Ihre Identifizierung damit unterbrechen. Streichen Sie derlei Gedanken in Ihrem Kopf und gehen Sie sportlich auf die Jagd nach weiteren solchen Hirngespinsten – um sie in Folge auf immer und ewig aus Ihrem Leben zu verbannen.

Hilflosigkeit und Nichtwissen:
Geburtshelfer des Vertrauens

Ich träumte davon, einfach zwanglos den Moment erleben zu können und anspruchslos zu sein. Ich träumte auch davon, mich von der Illusion des „Wollens" und den Begehrlichkeiten zu trennen. Ich wollte wieder unbeschwert und mit Leichtigkeit in die Zukunft schauen dürfen und dabei angeregt und mühelos genießen können, was jeder Augenblick zu bieten hat. Dass ich dabei keine Ahnung hatte, wohin mein Lebensbus unterwegs sein könnte, beunruhigte mich immer weniger. Mein Mut und meine Gelassenheit wuchsen mit jedem Aspekt meiner inneren Herzensöffnung und der Gewissheit, dass ich selbst Schöpfer meiner Wirklichkeit war und bin. Erst dann, wenn ich losließe und dankbar das annähme, was gerade ist, würde ich weniger leiden und es als weniger schwer erleben lernen.

Um dies umzusetzen, musste der Verstand wie ein weinendes Kind beruhigt werden. Denn der Verstand „*will*" ordnen und sortieren und uns gleichzeitig auch in die Irre führen, weil er nur Ratgeber der bereits gemachten Erfahrungen sein kann und nicht auch Ratgeber des augenblicklichen Bauchgefühls. Über die unglaubliche Kraft des Nichtwissens und der Verwirrung habe ich bereits erzählt. Rückblickend dienen die Hilflosigkeit und das Nichtwissen als eine der intensivsten Quellen für einen Neubeginn, weil sie uns bereitmachen, mehr als nur bereits bekannte Lösungen zu antizipieren. Das Leben zeigt in jedem Moment seine schöpferische Kraft und webt aus unseren Gedanken und Vorstellungen unaufhörlich unsere Wirklichkeit. Worauf uns alte Weisheitslehren zu allen Zeiten immer schon hingewiesen haben, unterstützen uns heute die neuen Wissenschaften. Wenn Hans Peter Dürr meint, „dass alle Wirklichkeit keine starre Realität ist. Alles da ist! Wir nur den Raum für deren Entfaltung erzeugen brauchen", dann gehört er zu den Pionieren, die Mut machten, loszulassen und neue Wege zu finden.

Wenn der Verstand endlich ruhig ist, dann kann aus diesem Moment höchster Präsenz etwas Neues entstehen. Diese Erfahrung will gemacht werden. Die Wissenschaft der Quantenphysik bestätigt dieses Erleben und stillt damit den Durst des Verstandes. Nur sind viele irritiert, wenn die Stille zu viel Raum einnimmt. Doch gleichzeitig tut sie uns auch gut. Denn der Verstand darf pausieren, er hat uns lange genug mehr oder weniger hilfreiche Dienste erwiesen und sich viel zu viel Platz verordnet. Es ist Zeit, mehr und mehr das Fühlen und das Empfinden ins Zentrum zu rücken und aufzupassen, was damit und daraus geschieht. Was geschieht, wenn sich Verstand und Gefühl die Aufmerksamkeit ihres Besitzers teilen. Spannende Zeiten und unendliche Chancen liegen darin, im Momenterleben anzukommen und zwanglos und unbeschwert dem eigenen Gefühl Ausdruck zu verleihen. Denken Sie daran, wie ansteckend Ihre Heiterkeit sein kann, wenn sie voll aus Ihrem Herzen kommt! Neues öffnet sich, ein klares, inneres Wissen findet im Job, im Privatleben und im Freundeskreis ganz einfach Platz. Wir beginnen, mit der Weisheit des Unbewussten Kontakt aufzunehmen. Damit entstehen auch die Selbstorganisation und der echte Ausdruck, der das Ich zum Vertrauen ermutigt. Das Leben nimmt seinen Lauf, was es immer schon getan hat. Wir können die Kontrolle lassen und einer inneren Führung vertrauen.

Trau dich ... du selbst zu sein!
Vielleicht ergeht es Ihnen wie meiner Klientin, die nach ihrem Burn-out und einem traumatischen Erlebnis in ihrer Firma meine Hilfe suchte. Einige Sitzungen später und Monate nach ihren negativen Erfahrungen erkannte sie die

Zusammenhänge, auch davon, worauf sie einfach vergessen hatte.

Gegen sich zu sein, heißt gegen das Leben zu sein. Daher erhalten wir Zeichen und Fingerzeige, die uns auf unseren Irrtum aufmerksam machen. Heute beschreibt sie ihre Erlebnisse so:

„Ich machte meinen Job schon seit vielen Jahren. Hatte eine erfolgreiche Laufbahn hinter mir und konnte auf meiner Karriereleiter kontinuierlich nach oben steigen. Wechselnde Chefs und Kolleginnen und der Druck, immer mehr leisten zu müssen, stellten für mich immer nur kleine Hürden dar. Es gelang mir immer wieder, mich am Wochenende mit Energie aufzutanken. Lange Zeit ging das so gut. Bis der Arbeitsdruck und die Zeitnot immer knapper wurden. Meetings von Beginn der Woche bis zum Ende hielten mich fest im Griff. Alltags- und Routinetätigkeiten verschob ich auf den Abend oder nahm sie für das Wochenende mit nach Hause. Natürlich konnte ich dann auch nicht entspannen, drehte sich doch immer alles um meine Firmentätigkeit: ‚Ich muss noch … fertigmachen!‘ Manchmal kam ich so müde nach Hause, dass ich den Packen Papier wieder genauso in die Firma mitnahm, wie ich ihn nach Hause gebracht hatte. Ich stand nicht selten um fünf Uhr früh auf, um alles unter Dach und Fach bringen zu können. Mein Körper reagierte und setzte seine eigenen Signale. Blasenentzündung, Kopfschmerzen, Rückenprobleme und dann ein Bandscheibenvorfall!

Ich begann, die Sinnhaftigkeit meines Jobs zu hinterfragen, wurde immer kritischer gegenüber der Geschäftsführung, konnte aber nicht so kommunizieren, wie ich es gerne wollte, da ich noch immer viel zu dienstbeflissen mit meinen Aufgaben beschäftigt war. Heute weiß ich, dass ich keinen Zugang mehr zu meinen Gefühlen hatte, und daher keine Resonanz aufbauen konnte, um auszudrücken, was ich wirklich und wahrhaftig brauchte. Damit meine ich meinen Freiraum, neue Möglichkeiten, neue, andere, für mich passendere Aufgaben, mit einem Wort: Ich war nicht in der Lage zu sagen, was ich für mein Wohlergehen benötigte.

Dann, eines Tages, wurde ich zu einem Termin mit meinem Chef eingeladen. Ich dachte: ‚Ungewöhnlich um diese Zeit, Ende des Monats?‘ In Anwesenheit der Personalchefin erfuhr ich dann, dass ich mit sofortiger Wirkung freigestellt und per Ende der Kündigungsfrist, also vier Monate später, gekündigt würde. All die Jahre des Einsatzes für die Firma, waren die nun vergessen? Es zählte plötzlich nicht mehr, was ich 21 Jahre geleistet hatte! Ich wurde zum austauschbaren Menschen! Enttäuschung, Wut, Ärger, aber auch Angst und Verzweiflung wurden plötzlich meine Begleiter.

Ich war von einem Tag auf den anderen vor die existentielle Frage gestellt, wie es mit mir weitergehen sollte. Vor der Frage nach meiner Zukunft. Eigentlich stand ich vor einem großen, tiefen und beinahe unüberwindlichen Loch, hilflos und ohne zu wissen, was ich künftig tun sollte. Lange verweilte ich in meiner persönlichen ‚Dunkelkammer‘ in der Opferrolle und darin, mir leidzutun.

Bis plötzlich in mir der Prozess und meine Suche nach meinem Ich begann, nach meinem Wert, danach, was mir wirklich Freude machen würde, nach meiner Selbstbestimmtheit! Wollte ich mich zukünftig noch einmal auf ein ‚Sollte und Müsste‘-Prinzip einlassen? Wollte ich wieder eine Marionette eines Unternehmens sein, das nur die eigene Profitgier im Sinn hatte? Ich fragte mich: ‚Würde ich für Macht und Geld mein Selbst und meine Seele noch einmal verkaufen? Will ich wirklich jemand sein, der das Rampenlicht und den Erfolg vor seine wirklichen Bedürfnisse stellt? Oder will ich das Leben, das mich ausmacht, das meine Berufung ist?‘ Mir wurde klar, die Irrtümer von gestern sollten nicht die meiner Zukunft sein. Ich wollte aus meinen Fehlern lernen. So vertraute ich mir und meinem inneren Prozess. Ich lernte, loszulassen und darauf zu vertrauen, dass wir alle in einen großen Zusammenhang eingebunden sind. Das nahm mir die Schwere. Endlich konnte ich aufhören zu kämpfen und beginnen, mehr zu vertrauen. So fand ich zu einer Art der ‚heiteren Gelassenheit‘ und zu einer inneren Balance, durch die ich meine innere Führung wahrnehmen konnte. Seither erlebe ich so viel mehr Leichtigkeit und arbeite das, was ich immer schon machen wollte.“

Was unterstützt uns dabei, ein selbstbestimmtes Leben zu führen? Vieles hat damit zu tun, mutig zu sein, sich um sein eigenes Denken, Fühlen und Handeln zu kümmern. Darauf zu achten, was dem eigenen Ich entspricht und aus dem Gefühl, Opfer der Umstände zu werden, auszusteigen. Sein eigener Lebensautor zu werden. Weniger zu handeln als jemand, der dem „Sollte- und Müsste-Prinzip“ unterliegt, dem „Scheinen wollen“ hohen Wert beimisst oder anderen Einflüssen zum Opfer fällt. Stattdessen sollten wir uns auf unser volles Potenzial konzentrieren.

Den ersten Schritt schaffen wir über eine gewisse innere Distanz zum Erlebten. Selbst dann, wenn es sich bitter und schmerzhaft anfühlt, fragen wir uns ernsthaft: Was möchte ich? Wie sieht das aus, was ich denke, fühle und will? Existieren noch Möglichkeiten oder sind meine Gedanken längst in einem Tunneldenken des Negativen gefangen?

Vielfach verstricken wir uns so sehr in den eigenen Gedanken, dass wir es nicht mehr vermögen, Schönes, Gutes und Angenehmes wahrzunehmen. Deshalb ist es so wichtig, seine Gedanken und die gesamte Aufmerksamkeit ganz auf das Positive zu richten. Dabei unterstützen Fragen wie: Wann war es anders? Was genau war anders? Wie fühlte sich diese Form des Erlebens an? Gab es jemanden, der sich mitfreute oder der das Gute unterstützte?

Bald zeigen sich über genau diese Fragen systemische und

familiäre Hintergründe, die es zu erlösen und zu erleichtern gilt. Sie weisen uns darauf hin, ob Angst, Hass, Neid oder andere negative Gefühle der eigenen Eltern von uns fortgeschrieben oder ob die Lebensart der Eltern oder Großeltern unhinterfragt von uns fortgesetzt wurde und fordern uns auf, durch Versöhnung Frieden zu finden.

Viele andere Klientinnen und Klienten, die Ähnliches erlebten, fanden in der Rückgabe alter, übernommener Verhaltensmuster und Glaubenssätze oder im Trennen von vermengten und unklaren Lebensrollen Hilfe. Das Belastende wandelte sich zur Befreiung, weil es einen guten Platz im „Ganzen" bekam. Die Aussöhnung mit dem Leben, mit den Ahnen, mit sich selbst, durfte stattfinden. Erinnern Sie sich an Bernadette? Sie schaffte es endlich, ohne schlechtes Gewissen das zu tun, was ihr wirklich Freude bereitete. Oder Lucia, die sich endlich eine glückliche Beziehung erlaubte.

Bald tauschte die Schwere den Platz mit der Leichtigkeit, zumeist ein Gefühl, das sehr lange vermisst wurde. Mit der Leichtigkeit tauchte auch die Dankbarkeit auf. Sie ermöglichte, Vertrauen zu fassen und lud ein, sich der inneren Weisheit anzuvertrauen.

Sehr lange wurden wir ja nicht darin geschult, unsere Empfindungen ausdrücken und unserer inneren Empfindung vertrauen zu dürfen. Fremdbestimmt und vielleicht auch aus reiner Bequemlichkeit ließen wir uns von materiellen Vorteilen einvernehmen und achteten nicht mehr darauf, was unser Inneres sprach.

Medizin für die Seele, der inneren Führung vertrauen

Wer seiner inneren Führung folgt, vertraut dem Leben und dem Background, der das Leben formt. Wenn wir für die Möglichkeiten, die sich uns täglich anbieten, offen bleiben, gelingt es uns, das Leben mit Leichtigkeit anzunehmen und zu gestalten. Wir müssen nichts festhalten, weil alles im Universum auf Fülle ausgerichtet ist. Wenn es uns gelingt, in Einklang mit dem zu sein, was uns ausmacht, verringern wir die Kluft, die zwischen dem Wollen und der Wirklichkeit entstanden ist. Zum Beispiel bringen wir das Handeln, das Denken und das Wollen in Übereinstimmung mit dem, was wir sein möchten. Dann fangen wir an, uns selbst zu entdecken, uns selbst zu vertrauen und unser innerstes Wesen zu zeigen. Damit beginnt eine Art Umbau der inneren Bilder, die wir von uns selbst über viele Jahre hindurch gemacht haben. Bilder, die unser Handeln beeinflussten und unseren Glauben und unsere Werte ausmachten. Die Frage, ob es eigene Bilder sind oder jene, die weitergedacht wurden, geprägt aus den Denkmustern von Familien und Vorbildern, ist dabei nicht wichtig. Denn dieser innere Umbau der Bilder ist nicht nur ein bewusster Entschluss, nein, es ist ein innerer Vorgang, dazu zu werden, wie wir gerne sein wollen. Es gilt, ein realistisches und ehrliches Selbstbildnis zu entwickeln und jenen Quellen nachzugehen, die diese Bilder speisen. Um dadurch die eigene Würde und das eigene Glück wiederzuerlangen.

Was ich jetzt, nach meinem Unfall am spannendsten finde, ist die Tatsache zu erkennen, was es bedeutet, mit dem Strom des Lebens zu leben. Das bestätigen mir Gespräche mit anderen, die auch einen schweren Unfall erlitten haben. Übereinstimmend meinen alle dasselbe, sie hätten alle viele Warnhinweise und Signale erhalten, doch wären sie damit überfordert gewesen, diese zu deuten. Heute, nach ihren

Erfahrungen und Erlebnissen seien sie wachsamer und würden viel offener für so manche Fingerzeige sein. Ihre Bereitschaft, sich der inneren und äußeren Führung anzuvertrauen, benötigte scheinbar eines heftigen Anstoßes.

Franziska, mit der ich via Internet in Kontakt bin, schrieb mir: „Mein Motorradunfall passierte mir vor sechs Jahren und war gewissermaßen mein 2. Geburtstag. Manchmal fühle ich mich sogar wie ein Kleinkind. Bei dem schweren Verkehrsunfall wäre ich fast ums Leben gekommen. Danach veränderte sich mein Leben vollkommen. Das STOPP-Zeichen hat sich schon vorher mehrfach in meinem Leben angekündigt. Nur habe ich einfach nicht reagiert, da mir die ‚Tempobolzerei' richtigen Spaß bereitete. Immer waren es Unfälle oder Krankheiten, die mir eine Zwangsauszeit vorschrieben. Zuletzt ein Jahr davor, ebenfalls ein Unfall beim Überholen! Ergebnis: Handgelenksfraktur! Ich denke, wenn wir etwas verstehen und ändern sollen, erhalten wir so lange Impulse, bis wir endlich reagieren und auch tatsächlich etwas ändern. Manchmal, vielleicht auch nahe an der Grenze dessen, was in einem weiteren Leben zu lösen ist. Zumindest bin ich seit meinem Unfall, gestern waren es exakt sechs Jahre, nicht mehr krank gewesen. Entscheidend war, dass ich ein Schädel-Hirn-Trauma zweiten Grades davontrug und dadurch offensichtlich mein Denken, Fühlen und Erleben verändert wurde. Direkt nach dem Unfall war ich, was mein Gefühl betrifft, auf einem ziemlichen Nullpunkt angelangt und mein Erleben, was die Umwelt betrifft, fühlte sich an, als wäre ich auf einem anderen Stern gelandet. Kurzum, jetzt sind meine Gefühle wieder hundertprozentig vorhanden beziehungsweise sogar mehr als früher ausgeprägt, was eine besonders günstige Voraussetzung für meine Arbeit zu sein scheint."

Wenn auch ich nun selbst zurückblicke, erhielt ich ebenfalls zahlreiche Signale. Alles liebevolle Zeichen und Hinweise, etwas zu ändern. Ich sammelte gerade meine Impulse und dachte, um es jetzt und nicht erst in den nächsten fünf Leben lösen zu können, nehme ich die wichtigsten Hinweise ernst. In vielen reflektierenden Stunden mit meinen Freunden und mit mir, versuchte ich den Dingen auf den Grund zu gehen und für mich eine wirkliche Lösung zu finden.

In der Rückschau schien es, als hätte in mir eine Art versteckte Aggression geschlummert, die ich häufiger als mir lieb war, gegen mich selbst richtete. Auch heute noch bin ich aufgrund dieses Zornes dazu aufgefordert, ohne andere zu verletzen, das alte Muster der Verteidigung gegen das Loslassen zu tauschen. In meinem Leben gab es häufig Situationen, über die ich mich sehr ärgerte. Besonders in dem Unternehmen, in dem ich vor meinem Unfall tätig war. Mit den Vorgehensweisen war ich nicht einverstanden, besonders deshalb, weil die Art der Firmenentscheidungen gegen menschliche Grundwerte ausfiel. Wertschätzung und achtsamer Umgang mit Mitarbeitern waren und sind mir enorm wichtig. Daher war die letzte intensive berufliche Erfahrung ein frontaler Angriff gegen mein menschliches Empfinden. Es traf mich mitten ins Herz! Auch meine Rechte und mein Bedürfnis, wertgeschätzt zu werden, wurden berührt.

Vorerst spielte sich der Kampf auf einer sehr tiefen Ebene in mir selbst ab. Alte Verhaltensweisen und vielleicht auch ein tief sitzendes „Braves-Mädchen-Syndrom" hinderten mich daran, meine Empörung über eine derartige Vorgehensweise zu äußern. Gleichzeitig warnte mich mein Körper mit Herzklopfen und Schlafstörungen. Diese Dauerstresssymptome waren meine Wegbegleiter. In meiner damals noch neuen Beziehung mussten erst die einen oder anderen Ansichten über Partnerschaft und Zusammenleben neu definiert werden. Die Reibungspunkte, das Diskutieren und Philosophieren waren meinem Partner und mir eine wahre Herausforderung. Es kostete uns beide enorme Kraft.

Beide hatten wir bereits in den frühen Kinderjahren unser „Harmonie-Gen" ausgeprägt entwickelt und in unseren beiden Elternhäusern wenig über Streitkultur gelernt. So störte jeder Streit unsere Vorstellung und unsere Ideale vom Zusammenleben. Jeder von uns reagierte auf seine eigene Art und mit den früh erlernten Mustern. Daher konnte ich auch hier meinen versteckten Zorn nicht richtig ausleben. Für Sport blieb daneben wenig Raum, denn die Leitertätigkeit meines Partners verlangte auch den nötigen Einsatz, der sich insbesondere in vielen Überstunden äußerte. Ich nahm mir damals viel zu wenig Zeit zum Reflektieren. Ohne es zu bemerken, wurde ich in einen negativen Sog gezogen. Früh Erlerntes wurde nun Programm. Was nicht nach außen durfte, wurde gegen mich selbst gerichtet. Was jetzt so klingt, wie der dritte Akt eines Dramas, war damals gar nicht so dramatisch. Heute, mit dem nötigen Abstand, erkenne ich die Zusammenhänge und mache mir bewusst, wie wichtig Zentrierung für mich ist. Nur so können wir unsere *Warnsignale im Körper* erkennen und sie als Hinweise deuten.

Den bewussten Umgang mit negativen Gefühlen und Aggression zu erlernen, scheint mir besonders wichtig zu sein. Manchmal habe ich den Eindruck, unsere Gesellschaft, unsere Kultur hat keine klare Vorstellung und auch kaum Modelle, wie mit Aggressionen, Wut, Zorn, Ärger und anderen Formen der „roten Energie" umzugehen ist. Dabei ist die Erlaubnis, sich darin auszuprobieren, Kritik zu äußern, genauso nützlich, wie alte Denkmuster zu bearbeiten.

Als Kinder hören wir Sätze wie: „Schrei nicht so rum!" oder „Mama ist stolz auf dich, wenn du brav und ruhig bist!", erleben Wutausbrüche der Eltern mit Äußerungen wie „so darf man sich nicht benehmen" oder wird gar ungehöriges Verhalten mit Liebesentzug bestraft. Dazu wird bei den Jugendlichen das Gehirn förmlich mit Hormonen zugeschüttet. Die Orientierungs- und Hilflosigkeit drückt sich dann hauptsächlich in Aggressionen aus. Viele versuchen die aus der Kindheit gemachten, relevanten Erfahrungen mit Alkohol und Drogen zu dämpfen oder geben den Energien auf andere, unterschiedlichste Weise Ausdruck. Das Verbot wird zum Test. Wieso darf ich nicht auch einmal wütend oder aggressiv sein? Die steigende Anzahl von „Borderline"-Symptomen, Essstörungen und posttraumatischen Belastungsstörungen (PTBS) beweisen den Drang, Konfrontationen eher aus dem Weg gehen zu wollen. Die Selbstaggression wird zum Ausweg.

Irgendwann beruhigt sich dann das Hormonchaos in den jugendlichen Körpern und sie werden erwachsen. Wer es bis dahin nicht geschafft hat, Wut und Zorn auf eine konstruktive Art zu lösen und diese in sich zu transformieren, der bekommt die Lektionen des Lebens auf vielfache Weise „serviert". Ein Unfall ist auch eine Form der Selbstschädigung. Bei vielen Menschen drücken sich unzureichend verarbeitete, negative Emotionen in körperlichen Beschwerden aus. Bauch- oder Kopfschmerzen sind die harmlosen, ersten Signale.

Manche junge Erwachsene spüren nicht einmal mehr, was sie im Innersten wollen, weil sie es gewohnt sind, ihre Gefühle einfach auszuschalten. Das hat zur Folge, dass kreative Auseinandersetzungen mit Lebensumständen, die uns voranbringen könnten, verweigert werden. Wenn die innere Stimme nicht mehr gehört wird, verstärkt sich der Druck, Lösungen im Außen zu suchen, die durch das Ego geleitet werden.

Wer in diesen Verstrickungen des Ichs verwickelt ist, sollte dazu bereit sein, sich selbst zu hinterfragen, genau in sich hineinzuspüren und körperliche Symptome wahrzunehmen.

In Situationen, in denen das Ego dominiert, erleben wir uns als getrennt von anderen. Wenn wir „Ich" oder „Nein" sagen, grenzen wir uns ab.

Bei mir tauchte zusätzlich noch ein sehr heftiges Hashimoto Schilddrüsenproblem[33] auf. Das scheinbar auch auf etwas Grundlegendes hinweisen wollte. Nämlich auf eine andere Form der Autoaggression.

Heute ist der Zorn für mich ein Indikator, dass etwas nicht in Ordnung ist. Zorn zeigt mir ein Von-mir-entfernt-Sein. Ich erkenne daran, dass ich von dem getrennt bin, was ich will, nämlich wirklich leben. Gegenwärtig ist Krankheit ein Signal – mich zurückzunehmen und zu reflektieren, was los sein könnte, mich wieder mit meiner inneren Führung zu verbinden und ihr zu vertrauen. Nicht mein Ego ist nun angesagt, sondern der Wille des Verbundenseins und des Wachstums.

Mein Unfall ist fast zweieinhalb Jahre her und ich stehe wieder auf der Startlinie zu meinem persönlichen Glücksdurchbruch, zu einem beruflichen Neustart. Das ist wirklich toll und spannend, da ich nun offen für die Signale des Lebens bleibe, welche mir deutlich machen, wo meine Zustimmung oder meine Ablehnung nötig sein wird. Mich einzulassen, zu erkennen und wieder loszulassen, dient letztlich der Transformation von Wut, Zorn und Empörung. Dabei lehrte mich mein Zorn, einen neuen Zugang zu meiner Intuition zu finden. Durch die Übung kam die Sicherheit und sie diente meinem gesteigerten Selbstwert.

Und warum: weil ich mich mit all meinen Gefühlen als wertvoll – und in Ordnung erlebe.

Alles im Universum ist vollkommen, entspringt unserem Gedanken bewusst und unbewusst. Das Leben schenkt uns so viele Hinweise, dann, wenn wir bereit sind, sie auch zu hören. Sie werden sogar lauter und äußern sich in vielen Kleinigkeiten. Das Öffnen für die sogenannten „Zufälle" hilft uns auf dem Weg, auf dem wir erkennen, wann eine persönliche Veränderung angebracht oder wann klares Handeln gefordert ist. Meist fügt sich eins ins andere und wir können mutig unseren Träumen treubleiben und können weiter vertrauen.

Nur wenn der Kampf im Inneren beseitigt ist und wir im Frieden sind, finden wir zu den eigenen Potenzialen und können sie so uns und der Welt zur Verfügung stellen. Die Signale im Außen helfen uns, die richtigen Entscheidungen zu treffen, ein erfolgreiches Geschäft zu beginnen und eine starke Persönlichkeit zu entwickeln. Wir bleiben selbst dann stabil, wenn Absagen, Rückschläge und Unfälle uns ein Gefühl der Niederlage vermitteln wollen.

Wir haben es in der Hand, uns selbst den Druck zu nehmen, einfach wachsamer zu werden, darauf aufzupassen, was uns täglich passiert, was unsere Herzen erreicht. Wenn wir dann unserem Inneren gemäß handeln, steht der Vollkommenheit und dem Erfolg nichts mehr im Weg, ganz authentisch und ohne Verlust des Selbstvertrauens.

Der Himmel ist kein Ort, sondern ein Erleben

Wenn Sie mich bis hierher begleitet haben, wird Ihnen vielleicht mein persönlicher Veränderungsprozess aufgefallen sein? Ein Weg, der mich vom Ich zum Selbst führte und von vielen inneren Kämpfen gepflastert war. Immer waren es innere und äußere Ratgeber, Fingerzeige und Signale, die mich durch meine Kämpfe hindurch leiteten. Sie erinnerten mich auch daran, völlig frei in meiner Entscheidung zu sein. Als in mir diese Erlaubnis stattfand, frei zu sein und wählen zu können, fand auch gleichzeitig ein Berührtsein statt. Es scheint paradox: Die Erlaubnis frei zu sein, führte mich nach innen und warf mich auf mich selbst zurück. Dieses Horchen erzeugte eine Erfahrung des Geführtseins. Ich erkannte, dass ich eine Aufgabe und Rolle im Ganzen spiele. Vielleicht spiele ich für das Ganze eine Rolle?

Wenn wir es schaffen, eine dunkel oder schmerzhafte Erfahrung ins Licht zu halten, ist es, wie wenn wir eine Erfahrung in den „Himmel heben", schauen, worauf wir stolz sind, es drehen und wenden, bis es sich für uns gut anfühlt. So durchfluten wir es mit Licht, bis es leuchtet. Wir erfüllen es mit dem Lebensstrom, bis wir zur Dankbarkeit gelangen. Dann können wir wieder dem Fluss des Lebens folgen. Anscheinend müssen wir uns manchmal von etwas abwenden, um es wieder neu zu verbinden. Dann können wir entdecken, dass wir nichts von außen brauchen, um glücklich zu sein. Heilung ist nicht durch Bekämpfung von Krankheit möglich, es geht vielmehr darum, die Ebenen zu wechseln. Alles im Universum ist auf Ausdehnung und Wachstum ausgerichtet. Den Prozess des Lebens annehmen, dem Schicksal zustimmen und es als Möglichkeit und Chance anerkennen, das lohnt sich. Seither erlebe ich meine Erfahrungen als hundertfach wertvoller und fühle mich im Hier und Jetzt und in meiner Mitte angekommen. Ich bin mir meines Mutes und der Freiheit einer noch intensiver gewordenen Intuition bewusst und stehe dazu.

Vielleicht gelingt es mir ja, abschließend durch das Bild der Vorstellung eines Gartens, Hilfe für das Deuten der Signale zu vermitteln. Ein liebevoller, umsichtiger Gärtner beachtet das Gedeihen der Pflanzen, hegt und pflegt sie und verändert, wenn nötig, ihren Standort. Er düngt regelmäßig und entfernt Unkraut und Wildwuchs. Doch letztlich überlässt er das Wachstum einem größeren, einem übergeordneten Zusammenhang – der göttlichen Fügung. Denn alles in der Natur folgt einem genauen Plan, einem Zusammenhang.

Mein Neubeginn in die Selbstständigkeit unterliegt genauso einem Zyklus … und jede Zeit beansprucht unterschiedliche Bearbeitungsdauer und Pflege, um sich im gegebenen Moment am Blütenstand und den Früchten erfreuen zu können. Manchmal sind es Unwetter, die an unserem Garten einen Schaden verursachen können. Dann wiederum benötigt vermehrtes Wachstum einen radikalen Schnitt. Sicher ist aber, dass das Ziehen an den Blättern der Bäume das Wachstum nicht fördert, sondern nur die mit Liebe getane Arbeit, der Einsatz an Zeit, die Pflege und das Gießen, die Vielfalt und die Schönheit der Blüten und der Früchte zum Gedeihen bringen. Der Lohn unserer Mühen sind die Vielfalt der Farben, der mitunter betörende Duft eines Rosenstrauches oder der genüssliche Biss in einen saftigen und herrlich roten Apfel.

Aber was möchte ich mit meinem Beispiel des so wunderschönen Ziergartens ausdrücken?

Wenn ich es knapp – aber zielsicher auf den Punkt bringen darf:

Ohne Fleiß – kein Preis.

Ohne Liebe – keine Freude

Ohne Energie des Herzens – Einsamkeit

Ohne Vertrauen – Angst und Trübsal

Doch einer unumstößlichen Tatsache dürfen wir uns in unserem Leben – und das abschließend bemerkt – bewusst sein:

Wir alle – wir sind in eine göttliche Vorsehung – in eine vollkommene Liebe eingebettet.

Ende und Anfang eines wunderbaren Lebens in Gelassenheit.

Anhang

Quellen- und Literaturverzeichnis

Hier finden Sie einen Auszug aus Büchern, Schriften und Vorträgen, die mich inspiriert haben und die ich Ihnen, liebe Leserinnen gerne empfehle, wenn Sie tiefer in die Themen eintauchen möchten.

Bauer, Joachim: Das Gedächtnis des Körpers. Wie Beziehungen und Lebensstile unsere Gene steuern. Piper Verlag (2004)

Bauer, Joachim: Prinzip Menschlichkeit. Warum wir von Natur aus kooperieren. Hoffmann und Campe Verlag (2007)

Bauer, Joachim: Warum ich fühle, was du fühlst. Intuitive Kommunikation und das Geheimnis der Spiegelneurone. Heyne Verlag (2006)

Böschemeyer, Uwe: Worauf es ankommt. Werte als Wegweiser. Piper Taschenbuch (2005)

Böschemeyer, Uwe: Unsere Tiefe ist hell: Wertimagination – ein Schlüssel zur inneren Welt. Kösel Verlag (2005)

Cameron, Julia: Der Weg des Künstlers. Ein spiritueller Pfad zur Aktivierung unserer Kreativität. Droemer Knaur Verlag (2000)

Dürr, Hans-Peter, deutscher Physiker, eh. Direktor am Max-Planck-Institut für Physik (Werner-Heisenberg-Institut) in München, Vortrag: „Bewusstsein und gesellschaftliche Verantwortung", Bad Kissingen, (2006)

Egli, Renè: Das Lola-Prinzip – Die Vollkommenheit der Welt; Ediotion d' Olt (1994)

Foester, Heinz von: Wissen und Gewissen. Versuch einer Brücke. Schmidt Siegfried J. (Hrsg.), 8. Aufl., suhrkamp taschenbuch wissenschaft (1993)

Foster, Jeff: Eine außergewöhnliche Abwesenheit. Noumenon Verlag (2010)

Gunther, Schmidt: Liebesaffären zwischen Problem und Lösung. Carl Auer Verlag (2004)

Hüther Gerald/Weser, Inge: Das Geheimnis der ersten neun Monate: Unsere frühesten Prägungen. Beltz (2012)

Hüther, Gerald: Die Macht der inneren Bilder. Wie Visionen das Gehirn, den Menschen und die Welt verändern. Vandenhoeck & Ruprecht (2006)

Hüther, Gerald: Neurobiologe und Gehirnforscher – www.gerald-huether.de.

Kibéd, Varga von/Sparrer, Insa: Ganz im Gegenteil: Tetralemmaarbeit und andere Grundformen Systemischer Strukturaufstellungen – für Querdenker und solche, die es werden wollen. Carl-Auer, 7. unveränd. Aufl. (2011)

Matthew McKay/Patrick Fanning: Selbstwert – Die beste Investition Ihres Lebens.: Ein Trainingsbuch. So entwickeln Sie Selbstwertgefühl – Schritt für Schritt zu mehr Lebensqualität. Jungfermann Verlag, 5. Aufl. (2008)

Merton, Thomas: Im Einklang mit sich und der Welt: Contemplation in a Word of Action. Diogenes Verlag, 2. Aufl. (2009)

Pearce, Josef Chilton: Die Biologie der Transzendenz. Neurobiologische Grundlagen für die harmonische Entfaltung des Menschen. Arbor-Verlag (2004)

Petzold, Hilarion Gottfried: Trotz allem ICH: Gefühle des Selbstwerts und die Erfahrung von Identität. HERDERS spektrum –Taschenbuch (2005).

Pöhm, Matthias: Sie wollen keinen Erfolg, Sie wollen glücklich sein. 1. Buch: Der Weg zum Glücksdurchbruch. Pöhm Seminarfactory. oehm Verlag (2011)

Schäfer, Thomas: Wenn der Körper Signale sendet. Wege zur Gesundheit durch Familienaufstellungen. Knaur Verlag (2012)

Schreiber, David Servan: Die Neue Medizin der Emotionen: Stress, Angst, Depression: Gesund werden ohne Medikamente. Kunstman Verlag (2004)

Seiwert, Lothar: Wenn du es eilig hast, gehe langsam. Campus (1998)

Seiwert Lothar:Das Bumerang Prinzip. Mehr Zeit fürs Glück. GU (2002)

Shazer, Steve de: Der Dreh Carl Auer Verlag 1999 und „... Worte waren ursprünglich Zauber" Verlag modernes lernen (1996)

Spitzer, Manfred: Lernen: Gehirnforschung und die Schule des Lebens. Spektrum Verlag (2006)

Stahl, Thies von/Wolf, Julian: Die kleine Schule des Wünschens. (PAL) NLP-Deutschland (2009)

Stone, Randolph, Mediziner, entwickelte die Polarity-Methode (1914–1973) zur Behandlung des Menschen ohne Medikamente. Vgl. The Conscious Art of Living Well; Ludwig Wittgenstein im Tractatus Logico – Philosophicus Suhrkamp Verlag

Tipping, Colin C.: Ich vergebe. Der radikale Abschied vom Opferdasein. Verlag Kamphausen (2004)

Weiss, Thorsten: Lebe Neue Bewusstheit. Entfalte dein Akasha-Potenzial. Schirner Verlag (2013)

Wittgenstein, Ludwig: Tractatus Logico – Philosophicus. Logisch-philosophische Abhandlung. edition suhrkamp SV (1963)

Anmerkungen

1 Jeff Foster: Eine außergewöhnliche Abwesenheit. Noumenon (2010)

2 Gerald Hüther, Neurobiologe und Gehirnforscher, www.gerald-huether.de

3 Hans-Peter Emil Dürr, deutscher Physiker, eh. Direktor am Max-Planck-Institut für Physik (Werner-Heisenberg-Institut) in München, Vortrag: Bewusstsein und gesellschaftliche Verantwortung. Bad Kissingen (2006)

4 The Conscious Art of Living Well

5 Isabella Farkasch, Trainerin, Künstlerin, Numerologin: www.creativelife.at

6 Gerald Hüther, Die Macht der inneren Bilder. Wie Visionen das Gehirn, den Menschen und die Welt verändern: S. 77. Vandenhoeck & Ruprecht (2006)

7 Joachim Bauer, Prinzip Menschlichkeit, Hoffmann und Campe Verlag (2007)

8 Manfred Spitzer, Lernen: Gehirnforschung und die Schule des Lebens. Kap. 9 – Emotionen. Spektrum Verlag (2006)

9 Joachim Bauer, Prinzip Menschlichkeit, S. 63

10 Hauptvertreter des radikalen Konstruktivismus, dazu gehören: Heinz von Foerster (Biophysik), Ernst von Glasersfeld (Kybernetik), Paul Watzlawick(Psychotherapie), Humberto Maturana und Francisco Varela (Neurobiologen)

11 Carl Gustav Jung, Die Philosophie des Unbewussten (1869)

12 Gerald Hüther, Wie aus Stress Gefühle werden. Vandenhoeck & Ruprecht (2005)

13 Steve de Shazer, Begründer der Solution Focus Therapie in Milwaukee USA

14 Joseph Chilton Pearce – Institute of Heart Math

15 Joachim Bauer, „Warum ICH fühle was DU fühlst", Hoffmann und Campe Verlag (2005).

16 Behandlung von Phantomschmerzen, Schmerzen beim komplexen regionalen Schmerzsyndrom. Van Cranenburgh, 2007, S. 34. Die Spiegeltherapie kann als ressourcenorientierte Methode gesehen werden, die das Spiegelbild der indirekt betroffenen Hand als Unterstützung für diese mentale Vorstellung nützt. Die Reflexion aktiviert, unter Zuhilfenahme des visuellen Eingangs, die kontralaterale Hemisphäre. Das Betrachten der indirekt betroffe-

nen Extremität im Spiegel führt demzufolge zur kortikalen Aktivierung der motorischen Areale der betroffenen Extremität, was wiederum zur Bildung neuer Synapsen und der Reorganisation des Kortex führt (Dohle, Nakaten, Püllen, Rietz & Karbe, 2005, S. 61; Rothgangel, 2008, o. S.). Weiteres vermittelt der durch den Spiegel über das Auge vorgetäuschte physiologische Bewegungsablauf des betroffenen Armes den PatientInnen ein positives Feedback und kann so unterstützend zum motorischen Lernen beitragen. Durch die spezifische Aktivierung motorischer Areale der betroffenen Hemisphäre durch das Betrachten des Spiegelbildes, wird den Spiegelneuronen eine entscheidende Rolle beim Wiedererlernen von Bewegungen zugeschrieben und Schmerz reduziert. Quelle Bachelorarbeit 1, Claudia Meixner 07/10.

17 Spiegelneuronen, Buccino, 2001, 2004; Lacoboni, 2007; Rizzolatti 2004 zitiert nach Rothgangel & Morton, 2004, S. 46; Joachim Bauer: „Warum ich fühle was du fühlst", Verlag Hoffmann und Campe

18 Josef Chilton Pearce, Die Biologie der Transzendenz. Neurobiologische Grundlagen für die harmonische Entfaltung des Menschen. Arbor-Verlag (2004)

19 Uwe Böschemeyer, Institut für Wertimagination Lüneburg, Unsere Tiefe ist hell. Verlag (2005)

20 Uwe Böschemeyer. Institut für Wertimagination Lüneburg. Worauf es ankommt. Piper Verlag (2003)

21 Wertgestalten stammen aus der Forschungsarbeit von. Böschemeyer, der die Arbeit von Viktor Frankl über den unbewussten Geist weiterführte und daraus die Methode der Wertimagination entwickelte.

22 Julia Cameron, Der Weg des Künstlers. Knaur Verlag (1996)

23 Matthias Pöhm: Sie wollen keinen Erfolg, Sie wollen glücklich sein. oem Verlag (2011)

24 Buchempfehlung: Colin C. Tipping: „Ich vergebe. Der radikale Abschied vom Opferdasein. Verlag Kamphausen (2009)

25 Petzold, Hilarion Gottfried: Trotz allem ICH: Gefühle des Selbstwerts und die Erfahrung von Identität. HERDERS spektrum –Taschenbuch (1985)

26 Fuldaer Zeitung vom 22. 6. 1988.

27 Siehe dazu auch Lothar Seiwert, Wenn du es eilig hast, gehe langsam Campus 1998, Lothar Seiwert, Das Bumerang Prinzip, Mehr Zeit fürs Glück. GU (2002)

28   Jeff Foster. Eine außergewöhnliche Abwesenheit. Noumenon Verlag (2010).

29   Thies von Stahl, Julian Wolf: Die kleine Schule des Wünschens. (PAL) NLP-Deutschland (2009).

30   Uwe Böschemeyer: Worauf es ankommt. Werte als Wegweiser. Piper Taschenbuch (2005).

31   Varga von Kibéd/Insa Sparrer: Ganz im Gegenteil: Tetralemmaarbeit und andere Grundformen Systemischer Strukturaufstellungen – für Querdenker und solche, die es werden wollen. Carl-Auer, 7. unveränd. Aufl. (2011)

32   Thomas Merton: Im Einklang mit sich und der Welt: Contemplation in a Word of Action. Diogenes Verlag, 2. Aufl. (2009).

33   Hashimoto Thyreoiditis – Hilfe bei chronischer Schilddrüsenentzündung. Bei der Hashimoto-Thyreoiditis handelt es sich um eine Autoimmunerkrankung, die zu einer chronischen Entzündung der Schilddrüse führt. Dabei bildet der Körper Abwehreiweiße gegen sein eigenes Schilddrüsengewebe. Hashimoto-Thyreoiditis gilt als nicht heilbar. Viele Betroffene sind auf der Suche nach alternativen Therapieverfahren, da sie den langfristigen Einsatz der Medikamente fürchten.